# 《课程思政教学研究》编委会

**学术顾问**（按姓氏笔画排序）

冯　俊　孙正聿　张异宾　张勇传　潘　垣

**主　编**

董尚文

**副主编**

杨海斌　程新宇

**编　委**（按姓氏笔画排序）

杨家宽　别祖云　张廷国　张明新　张勇慧
岳　奎　周华民　夏增民　倪素香　徐　敏
高　亮　梅景辉

**编辑部成员**（按姓氏笔画排序）

叶金州　闫俊懂　杨海斌　吴兰丽　邹维琯
闻　骏　徐　敏　董尚文　程新宇　舒年春
廖晓炜

主　编　董尚文

# 课程思政教学研究

第2辑·第1卷
（总第3卷）

主　管　华中科技大学
主　办　华中科技大学哲学学院
　　　　华中科技大学课程思政教学研究中心

华中科技大学出版社
http://press.hust.edu.cn
中国·武汉

图书在版编目(CIP)数据

课程思政教学研究.第2辑.第1卷:总第3卷/董尚文主编.—武汉:华中科技大学出版社,2022.12
ISBN 978-7-5680-8915-9

Ⅰ.①课… Ⅱ.①董… Ⅲ.①思想政治教育-教学研究-高等学校 Ⅳ.①G641

中国版本图书馆 CIP 数据核字(2022)第 257140 号

课程思政教学研究　第 2 辑·第 1 卷(总第 3 卷)　　　　　　　　　　　　　　　董尚文　主编
Kecheng Sizheng Jiaoxue Yanjiu　Di 2 Ji·Di 1 Juan (Zong Di 3 Juan)

策划编辑：周晓方　杨　玲

责任编辑：庹北麟

封面设计：原色设计

责任监印：周治超

出版发行：华中科技大学出版社(中国·武汉)　　　电话：(027)81321913
　　　　　武汉市东湖新技术开发区华工科技园　　　邮编：430223

录　　排：华中科技大学惠友文印中心

印　　刷：湖北恒泰印务有限公司

开　　本：787mm×1092mm　1/16

印　　张：15.5　插页:2

字　　数：261 千字

版　　次：2022 年 12 月第 1 版第 1 次印刷

定　　价：78.00 元

本书若有印装质量问题,请向出版社营销中心调换
全国免费服务热线：400-6679-118　竭诚为您服务
版权所有　侵权必究

# 导　言

党的二十大报告指出，教育是国之大计、党之大计，是全面建设社会主义现代化国家的基础性、战略性支撑之一，我们要坚持教育优先发展，加快建设教育强国，坚持为党育人、为国育才，办好人民满意的教育。而教育的根本问题，就是培养什么人、怎样培养人、为谁培养人，育人的根本在于立德，因此，立德树人成效是检验高校一切工作的根本标准。

全面推进课程思政建设是落实立德树人根本任务的战略举措。华中科技大学哲学学院和课程思政教学研究中心，始终把课程思政的理念推广、学术研究和经验总结作为手头的重要工作来抓，编辑出版全国高校首家大型学术集刊《课程思政教学研究》，目前已出版第三卷。

本卷共收入了21篇文章，不仅有对课程思政本身的理论研究，而且所涉学科专业包括哲学、文学、法学、经济学、医学、外语、旅游管理、地质学、力学、土木工程、交通工程等，课程类型包括专业课、公共基础课、实验课；此外，还包括探讨思政课程相关问题的文章。本辑所收论文颇多亮点，可以说抓住了当前课程思政教学实践与研究中的重点和难点问题。

首先是课程思政教学理论研究。这一部分在分析当前课程思政关注重点的同时，也充分关注如何在具体的教学实践中提高教师的课程思政教学能力。杨杰、王思雨、罗骏通过对核心期刊相关发文情况的分析指出，载于核心期刊的关于课程思政的研究成果，发文机构主要为京津冀、长三角高校；发文作者以高校思政理论课教师、高校及教育部门的领导和管理者为主，非思政专业课教师较少。这说明，我国高校，尤其是中西部地区高校，对课程思政教学的研究开展得还不够,重视的程度还不高,研究的层次还比较低;专业课一线教师直接参与相关研究的还不多。课程思政是专门针对专业课而言的,我们经常讲,"各门课都要守好一段渠、种好责任田,使各类课程与思想政治理论课同向同行,形成协同效应",如果专业课一线教师参与课程思政教学研究的程度太低,那就背离了开展课程思政教学的初衷,因此,这一问题值得重视。提高专业课教师的课程思政教学能力,加强培训是重要环节,张晓娟、高永格、吴迪从校本培训的角度,提出了高校教师课程思政教学能力提升"三三三"策略,即抓好教师、课程、竞赛"三对象",找准校本培训发力点;把好文化认同、价值引领、扎实学识"三原则",打造扎根中国大地的培训师;做好支持迁移、支持协作、支持共享"三功能",为高校教师课程思政教学能力提升提供实践路径。邓航玲、夏增民则从教学流程的角度,探讨了课程思政教学的设计和实践思路。专业课一线教师开展课程思政教学研究,还是应该重点从教学实践入手,强化教学设计,注重教学流程,抓好教学过程,然后分享相关成功经验。

其次是如何破解当前课程思政教学中普遍存在的"表面化""硬融入"的迷局,《基于工程类专业内涵的课程思政探索与实践》一文在寻找解决方案上做了尝试,那就是课程思政一定要坚持专业属性,必须依托某一学科或某一具体课程的专业内涵开展课程思政教学。该文从土木工程学科的特点及内涵出发,在教学过程中,指出土木工程是人类社会发展的重要推动力;又从土木工程发展历史的角度审视人类历史,结合中国历史上的工程成就,增强学生的文化自信;结合中国工程师的贡献,阐释科学家精神是爱国主义的重要体现,并强调新中国土木工程建设成就是中国特色社会主义优越性的重要例证,进而以土木工程发展前景激励青年学生坚定使命担当和增强创新创造精神。通过以上教学设计,思政内容与专业知识浑然一体,达到了"盐溶于汤"的效果。

最后是如何在课程思政教学中发挥学生积极性、主动性的问题。目前关于课程思政的讨论及实践,大都是站在教师或管理者的角度去分析、去推动,显得"高高在上""脱离了受众"。然而,教学是"教与学"的结合,学生也是教学活动的主体,课程思政教学重点在教学实效,因此必须重视学生对整个教学过程的反馈,把学生纳入课程思政教学的各个环节当中。《课程思政建设的身份抓手——以外语课程思政为例》一文,就通过在教学实践中转向关注学生的全面发展,以二语习得中的身份研究为理论依据,提出以教学过程中学生的多元身份要素为抓手,改变传统课堂教一学二元关系,建构新型的课堂关系,实现育才与育人的统一。这在教学设计的思路上将给开展课程思政的教师以很大启发。

另外,我们还应该关注到,课程思政不是教师个人的单打独斗,也不是简单地梳理、挖掘思政元素,然后将其融入专业课程的教学当中,它应该是整个课程组的集体合作,在教学设计上应有"顶层设计",由单个的、某一教师的课程思政教学实践上升为整体的课程育人体系。《高校旅游管理专业课程思政"一核三翼四环节"协同育人体系的构建与实践》一文就对此进行了有益尝试。该文通过梳理旅游课程思政内涵,构建了高校旅游管理专业课程思政"一核三翼四环节"协同育人体系,即以培养高素质创新型复合型旅游人才为核心,将思政教育纳入整个教学目标,通过"三翼"(三个课堂)的有机联动,"四环节"(理论与实践、课内与课外、校内与校外、线上与线下)的无缝衔接,融入课程教学全过程,构建完整的课程思政协同育人体系。

总之,虽然目前在课程思政教学的深入开展过程中,既有旧的问题需要解决,如思政元素的挖掘和有机融入等,又不断有新的问题涌出,如思政效果评估等,但这些都需要在课程思政教学理念推广和课程思政教学实践中,在不断地开展教学创新中得到解决。本辑所收录的论文,就是推进解决课程思政教学中若干问题的尝试,不仅在教学设计上对专业课一线教师有所启发,而且提供了可供效法的解决方案。相信《课程思政教学研究》在后续的编辑出版中,会进一步对课程思政的全面推进、对高校立德树人根本任务的切实落实做出更大的贡献。

# 目 录

## 1　理论研究

3　郑萌萌　"纵向融通、横向联通、立体贯通"打通思政课育人"最后一公里"

16　刘　冲　任　爽　课程思政融入专业建设的理念与路径

29　代水平　习近平法治思想融入课程思政的价值意蕴、实现路径与施行要点

41　张晓娟　高永格　吴　迪　高校教师课程思政能力提升策略研究——校本培训供给侧改革视角

53　杨　杰　王思雨　罗　骏　我国课程思政研究的现状、热点与发展趋势

70　肖银洁　吕宏山　新时代爱国主义精神的形成依据、基本意蕴及赓续发展

## 85　实践探索

87　张福公　徐　强　新文科背景下马克思主义哲学课程体系的课程思政建设路径研究

99　胡其志　许立强　庄心善　基于工程类专业内涵的课程思政探索与实践

110　邓航玲　夏增民　教学流程视角下课程思政的教学设计与实践

120　吴　佳　李绩才　高校旅游管理专业课程思政"一核三翼四环节"协同育人体系的构建与实践

131　李　晖　课程思政建设的身份抓手——以外语课程思政为例

141　汤　锐　四情涵养视域下大学生的英雄情感观养成——以"中国近现代史纲要"为例

150　丁　卉　杨盛力　彭　妙　丁　乾　医学专业课程思政教学设计——以"肿瘤学"为例

## 159　教案设计

161　王玫黎　"国际公法"课堂教学中爱国主义精神传导路径探索

171　杨　丹　刘　海　曲燕彬　刘自敏　"农村经济发展调查"国家一流课程思政建设逻辑

183　梁鸿飞　包欢乐　融合育人：嵌入社会主义核心价值观的民法课程

195　吴晓庆　朱小芹　王凤飞　协同理念下的"大学物理实验"课程思政创新研究

206 王波平 中华优秀传统文化融入中国古代文学课程思政主题研究

215 侯作富 黄和祥 刘 洋 基础力学课程教学中的思政元素

222 央金卓玛 李 洋 西藏大学"环境地质学"课程思政设计与实践

229 周 锐 徐礼祯 周海俊 周智冠 郑晓隆 面向新工科的智能交通系统课程思政建设探究

236 首届全国"课程思政教学研究"学术研讨会邀请函

理论研究

# "纵向融通、横向联通、立体贯通"
# 打通思政课育人"最后一公里"

郑萌萌

**摘要**：思政课是落实立德树人根本任务的关键课程。然而当前，深度学习的课程要求与囿于教材的教学供给之间的矛盾，"以学生为中心"的应然要求与"课堂沉默"的实然状况之间的矛盾，实践模式的刻板、单一与学生的主体性、个性化需求之间的矛盾，造成教学"堵点"，严重影响课程内容"入心"。打通育人"最后一公里"，需要科学研判思政课教学"堵点"，正确理解思政课的理论性、政治性和教学性，采用纵向融通、横向联通、立体贯通方式，讲深、讲透、讲活思政课道理，达成政治引导、价值塑造、知识探究、能力培养的教育教学目标。

**关键词**：思政课教学"堵点"；思政课本质；纵向融通；横向联通；立体贯通

思政课是全面、系统讲授马克思主义理论的课程，"理论育人"是高校思政课的主业。但是就实际现状而言，思政课教学存在"堵点"，部分思政课教师对思政课本质认识不到位，这些都在一定程度上造成思政课难以"入心"，无法打

**基金项目**：本文系国家社科基金项目"网络意识形态新变化及应对策略研究"（项目编号：18BKS037）、中国矿业大学重大项目培育专项"习近平总书记关于青年成长成才相关重要论述研究"（项目编号：2022ZDPYSK11）研究成果。

**作者简介**：郑萌萌，中国矿业大学马克思主义学院副教授、硕士研究生导师，主要研究方向为政治文化传播、思想政治教育。

通育人"最后一公里"。因此,需要科学研判思政课"堵点",正确理解思政课本质,采用有效创新举措激活教与学的积极性,以期达成教育教学目标。

## 一、科学研判思政课教学"堵点"

高校思政课是帮助大学生树立正确三观的重要途径,对于人才培养的贡献十分突出,具有受重视度高、理论宏大、导向性强等特点。然而当前,思政课教学却遭遇一个亟待解决的难题,即赢在"起跑线",堵在"最后一公里"。具体来说,大中小学思政课一体化建设、中学阶段学生对知识原理的记忆,让思政课的相关内容先后实现了"入耳""入脑"。可是,在"入心"这一关键的"最后一公里",课程却被"堵"住了。究其原因,"堵点"集中体现在三对矛盾上。

(1) 深度学习的课程要求与囿于教材的教学供给之间的矛盾。

作为一个不断变化的概念,深度学习在发展的不同阶段有不同的理解方式。对于深度学习的内涵,国内外学者并未给出统一的界定,代表性观点有以下三种类型:第一,从与浅层学习的比较来看,学者们认为深度学习包含高水平或者主动的认知加工,表现为对学习内容的批判性理解[1],能够将已有的知识迁移到新的情境中做出决策和解决问题[2]。第二,从发生过程来看,学者们认为深度学习是让学生通过真正理解学习内容进而解决不同情境的新问题的学习过程[3],是个体将学习的知识从一种情境应用到另一种新的情境的过程[4]。第三,从学习结果来看,学者们认为深度学习强调较高的认知目标层次、高阶思维能力的培养、学习过程中的反思与元认知,注重学习行为方面的高情感投入和高行为投入[5],要求学习者掌握非结构化的深层知识并进行批判性的

---

[1] Vivien Beattie IV, Bill Collins and Bill McInnes, "Deep and surface learning: A simple or simplistic dichotomy?", *Accounting Education*, 1997, vol. 6, pp. 1-12.

[2] 何玲,黎加厚:《促进学生深度学习》,《现代教学》2005 年第 5 期,第 29-30 页。

[3] John D. Bransford, Ann L. Brown, and Rodney R. Cocking, *How people learn: Brain, mind, experience, and school*, National Academy Press, 2000, pp. 65.

[4] National Research Council, *Education for life and work: Developing transferable knowledge and skills in the 21st century*, National Academies Press, 2012.

[5] 段金菊、余胜泉:《学习科学视域下的 e-Learning 深度学习研究》,《远程教育杂志》2013 年第 4 期,第 43-51 页。

高阶思维、主动的知识建构、有效的迁移应用及真实问题的解决①。

思政课作为集理论性、政治性、教育性于一体的课程,从课程目标体系来看,就内在蕴含着深度学习的要求。依据中宣部、教育部印发的《新时代学校思想政治理论课改革创新实施方案》提出的要求,大学阶段思政课课程目标体系"重点引导学生系统掌握马克思主义基本原理和马克思主义中国化理论成果,了解党史、新中国史、改革开放史、社会主义发展史,认识世情、国情、党情,深刻领会习近平新时代中国特色社会主义思想,培养运用马克思主义立场观点方法分析和解决问题的能力;自觉践行社会主义核心价值观,尊重和维护宪法法律权威,识大局、尊法治、修美德;矢志不渝听党话跟党走,争做社会主义合格建设者和可靠接班人"。② 对标课程目标体系,我们不难看出,思政课课程目标实质上包含知识、能力、价值三大方面。从认知转化为能力、价值,必定包含对知识的深加工,而这一行为,就是深度学习的主要表现。

然而当前,思政课教学供给却呈现出囿于教材的特点,主要表现在两个方面。第一,教材使用教条化。众所周知,思政课教材为国家统编,强调科学性、权威性和相对稳定性。思政课的课程目标强调知行合一,学情差异要求注重学生个性,这就需要教师对教材进行"二次开发"而不能教条化使用。但是当前,部分思政课教师依然固守教材,充当"搬运工"角色,机械地将教材内容搬到课堂上,忽视学生的积极性和主动性;部分教师过于强调教材知识点的讲授,单纯注重学生对知识原理的记忆和背诵,忽视学生在教学活动中的情感体验。第二,教材使用形式化。部分教师虽然创新了教学方式,通过各种活动来激发学生的学习兴趣。但是,我们必须清醒地认识到,看似热闹的教学过程只是教学形式的丰富,而并非真正意义的"二次改造",有些教学形式的运用存在不合理、不恰当甚至不正确等问题。例如在运用"启发思维"时问题设置不合理、解答不到位,在运用"案例教学"时案例使用不精准、分析不恰当,在运用"讨论互动"时"翻转"缺失、评价过于泛化,等等。形式化使用教材在一定程度上影响了思政课价值引领功能的发挥,实质是囿于教材的教学供给问题。

---

① 张浩、吴秀娟:《深度学习的内涵及认知理论基础探析》,《中国电化教育》2012年第10期,第7-11、21页。
② 《新时代学校思想政治理论课改革创新实施方案》,2020年12月18日,http://www.gov.cn/zhengce/zhengceku/2021-01/01/content_5576046.htm。

(2)"以学生为中心"的应然要求与"课堂沉默"的实然状况之间的矛盾。

"以学生为中心"的观点由美国心理学家卡尔·罗杰斯在1952年提出,之后引发学界研究热潮,给美国高等教育带来观念、方法以及管理等方面的巨大变革。1998年,联合国教科文组织明确提出高等教育需要转向"以学生为中心",并预言这一理念必将对21世纪的高等教育产生深远影响。① 接着,"以学生为中心"的教育理念影响了中国的高等教育,学者们纷纷对这一理念展开了热烈讨论。随着信息技术的迅猛发展,"以学生为中心"的理念逐渐成为高等教育"从工业时代走向信息时代必须完成的历史性变革"②。可见,"以学生为中心"既是国际高等教育大势所趋,也是我国实现学生全面发展的关键所在。

2016年,习近平总书记在全国高校思想政治工作会议中指出,高校思想政治工作关系高校培养什么样的人、如何培养人以及为谁培养人这个根本问题。③ 思政课是高校开展思想政治工作的主阵地和主渠道,它不仅要传播学科的知识、技能,更重要的是培养政治认同和实现价值引领。思政课教学的成功与否,直接影响着大学生能否形成正确的三观。因此,思政课更要深刻贯彻"以学生为中心"的理念,从教学设计到教学实践始终坚持贴近学生,将知识体系内化为信仰体系,真正实现思政课的教育目标。

然而,思政课的实然状况却是"课堂沉默"现象持续存在。"课堂沉默"即"学生在课堂上产生的各种无声现象"④,包括聆听时沉默、互动时沉默、反馈时沉默等表现形式⑤。造成思政课课堂沉默的原因主要包括三个方面:其一,从相关调研结果来看,学生之所以会在思政课课堂选择"沉默",主要在于思政课采用灌输型教学模式,授课内容偏重理论,与现实结合不足,授课过程缺乏互动讨论,因此学生参与度低、气氛沉闷。其二,从思政课政治性特点来看,思政课教师为了实现正确的价值引导,往往积极行使教育权力,犀利纠正错误观

---

① 刘献君:《论"以学生为中心"》,《高等教育研究》2012年第8期,第1-6页。
② 桑新民、谢阳斌:《在学习方式的变革中提高大学教学质量和办学水平——高等教育信息化的攻坚战》,《高等教育研究》2012年第5期,第64-69页。
③ 《习近平谈治国理政》(第2卷),外文出版社,2017,第376页。
④ 时广军:《国内学生沉默研究的元分析——基于2002—2016年的文献》,《山东师范大学学报(人文社会科学版)》2017年第3期,第98-105页。
⑤ 翟懋慧:《高校思政课堂消极沉默现象反思》,《吉林省教育学院学报》2020年第9期,第72-76页。

点,牢牢掌控课堂话语权。但是,这种掌控在一定程度上会造成"课堂沉默"。具体来说,课堂讨论时,教师过多强调政治性造成的舆论压力,会使得对话题讨论持有不同意见的学生因为害怕成为"意见少数",最终屈从于教师的意见或者课堂的"主流意见",被迫选择"沉默"。其三,从思政课教育环境来看,网络媒介碎片化、爆炸式的信息生产方式,在一定程度上模糊了真实与虚假的界限。快餐式、娱乐化的信息传播方式,在一定程度上削弱了大学生思想政治教育的接受效果。处于"拔节孕穗期"的大学生群体,价值观体系不稳定、社会经验不丰富、媒介素养不健全,在面对现实生活中各种复杂问题时,容易被他人意见左右。当外部舆论环境形成的"认知"与思政课堂中教师的引导形成偏差时,他们往往选择"沉默"。

(3)实践模式的刻板、单一与学生的主体性、个性化需求之间的矛盾。

高校思政课实践教学是指按照教学大纲要求,以学生的亲自参与和深度体验为核心,对课堂教学内容真理性进行验证,对教材知识体系价值性进行还原的实践指向性和教学意向性活动。① 党中央高度重视高校思政课实践教学,2005年,中共中央宣传部、教育部印发的《关于进一步加强和改进高等学校思想政治理论课的意见》指出,高校思政课所有课程都要加强实践环节,要建立和完善实践教学保障机制,探索实践育人的长效机制;2018年,教育部印发的《新时代高校思想政治理论课教学工作基本要求》明确了高校思政课实践教学的学分保障;2019年,习近平总书记在学校思想政治理论课教师座谈会上明确指出,要坚持理论性和实践性相统一,重视思政课的实践性。当前,高校思政课实践教学取得了较为丰硕的成果,但是与党中央的要求还存在一定差距,表现在以下几个方面。

第一,实践内容固化,难以满足教学需求。高校思政课实践教学是依托教材开展的实践活动,旨在发挥大学生主动意识、充分开发大学生潜能。众所周知,高校思政课实践教学拥有统一的要求,包括经费、设施、考核,等等。统一要求体现出党和国家对实践课的高度重视,也是确保教育方针得到贯彻落实的保障。然而在高校实践教学活动中,内容固化现象严重。部分高校的实践活动缺乏整体设计,连贯性不强。实践内容滞后于经济社会发展且同质化现

---

① 马福运,侯艳娜:《深度整合:"四位一体"立体化实践教学模式探索》,《河南社会科学》2020年第5期,第118页。

象严重,许多实践活动与社会现实脱节,无法凸显社会的热点和学生的兴趣点。更重要的是,许多高校的思政课实践教学并未考虑到教育对象的差异性,针对不同专业、不同年级的学生开展千篇一律的教学活动,导致学生参与度不高,影响实践教学的最终效果。

第二,实践教学活动重形式轻价值。当前,高校的思政课实践教学呈现出多样性特征,比如调研、参观、走访,等等。但是,形式的多样性并未掩饰价值体验的不足。虽然许多高校的思政课实践教学已经从封闭的课堂教学中分离出来,但是也仅仅流连于"三观"——参观、围观和旁观①。实际上,作为价值观教育的实践环节,高校思政课实践教学更加关注的是学生的体验和感受②,这种体验是实现理论知识从认知走向认同、价值观从外化走向内化的重要环节。如果只注重"参观"而忽视"体验",只重视"参与"而缺乏"情感投入",那么实践课程在一定程度上会造成学生情感冷漠、僵化盲从,影响他们正确价值观的养成。

第三,实践过程主体性和亲和力弱。高校思政课实践教学重在引导大学生亲身体验、自由探索,从中发现、分析和解决问题。因此,大学生应在实践教学中积极参与并且主动融入实践探索的各个环节。然而在实际过程中,高校思政课实践教学存在主体性和亲和力弱等问题。一方面,部分思政课教师秉持传统观念,过于强调教师的主导性,在实践过程中大包大揽,把控从主题设计到活动开展的整个流程,未能让学生充分发挥沟通、组织能力,无法实现实践课锻炼学生主体能力、增长服务社会才干的作用。另一方面,"00后"大学生作为实践教学的主体,习惯于使用新媒体平台学习和生活,然而部分思政课教师无法运用新媒体技术有效开展实践教学,或是听不懂网络语言无法与大学生产生共鸣,造成亲和力不足的问题。此外,有些教师认知上存在一定偏差,认为实践教学就是一个活动,只需要把控好实践报告的质量,而忽视了学生的情感投入、责任态度,这也在一定程度上弱化了教学的亲和力。

## 二、正确理解思政课本质

2022年4月25日,习近平总书记在中国人民大学考察调研时明确提出

---

① 金林南:《思想政治教育学科范式的哲学沉思》,江苏人民出版社,2013,第305页。
② 石书臣、曾令辉:《推进新时代大中小学思想政治理论课一体化建设》,《思想理论教育》2021年第6期,第19-25页。

"思政课的本质是讲道理"。那么,如何理解思政课的本质,这是每一位思政课教师必须认真思考的问题。具体来说,正确理解思政课本质应当包含三个方面的要求。

第一,明确思政课的理论性。高校思政课因其承担着理论教育的功能而呈现出理论性。理论性是思政课的基本属性,是思政课的立身之本,它决定思政课建设的深度、学理分析的透彻度以及价值引导的程度。根据中宣部、教育部印发的《新时代学校思想政治理论课改革创新实施方案》,思政课重点引导学生系统掌握马克思主义基本原理和马克思主义中国化理论成果,这两部分也就构成了思政课理论本质的主要内容。马克思主义是关于自然界、人类社会、人类思维发展的一般规律的理论体系,它通过揭示事物本质属性、发展规律和内在关联,成为人们认识世界、分析问题的有力思想武器。因此,思政课教师要学深弄通马克思主义基本原理,在教学中重视讲理论,用理论教育人、感染人、鼓舞人,而不是停留在经验总结和观点罗列上。在此基础上,思政课教师还要自觉将马克思主义中国化理论成果贯穿于教学全过程,帮助学生深刻理解马克思主义为什么"行"、中国共产党为什么"能"、中国特色社会主义为什么"好"。

第二,认清思政课的政治性。思政课是"培养中国特色社会主义事业合格建设者和可靠接班人,落实立德树人根本任务的主干渠道"[1],它在引导高校学生坚定马克思主义信仰、增进对党和政府信任、增强对中国特色社会主义建设信心等方面发挥了重要作用。思政课关系到为党和国家培养什么样的人,政治性是它的身份标识。因此,思政课不是德育课、人文修养课,而是旨在通过专门的课程教学使教育对象形成一定的政治观点、政治信念和政治信仰。[2] 当前,意识形态领域斗争日趋激烈。从国内外环境来看,西方敌对势力一刻也没有停止用各种错误思潮、思想观点干扰青年学生,我国社会转型期的各种矛盾和问题为广大青年学生带来了多重困惑;从思政课的教育对象自身来看,青年正处于"拔节孕穗期",最需要精心引导和栽培,最需要教师及时为其答疑释惑。这些都决定了思政课要旗帜鲜明讲政治,在教学中坚持正确的政治方向。

---

[1] 胡子祥:《思想政治理论课教学质量内涵辨析》,《思想理论教育》2017年第9期,第68-72页。

[2] 付清松、李丽:《政治、思想、理论:论高校思政课性质定位的三位一体结构》,《学校党建与思想教育》2021年第23期,第29-32页。

习近平总书记多次强调思政课教师"政治要强""让有信仰的人讲信仰,善于从政治上看问题,在大是大非面前保持政治清醒"。因此,思政课教师要学会将教学的重点、难点与政治热点结合起来,以学术讲政治,将政治融入理论之中,用透彻的理论分析政治问题。

第三,重视思政课的教学性。思政课的教学性不在于单纯地灌输和传授知识原理,而是引导学生去领悟、去表达、去探究。当前,党中央的高度重视推动思政课改革创新研究成为我国学术界的热点问题。学者们总结出思政课教学方法共分为16大类28小类①,提出利用微课改善现有教学模式弊端、突破教学发展瓶颈②,整合"慕课"和传统课堂优势使教学模式的发展更好地为教学目标服务③,通过网络平台、微信平台构建"微思政"模式④等。多元化的教学环节呈现、多样化的教学方法显现、个性化的教师风格展现,让思政课内涵丰富、多姿多彩。但如何达到"入心"的效果,需要对照习近平总书记在学校思想政治理论课教师座谈会的讲话中所提出的"八个统一"。此外,思政课的教学本质是从思想上、理论上促进学生成长,我们不能将教学手段方法创新当作教学改革的全部而丢弃理论教育,应当避免重现象描述轻理论探讨、重教学方法轻本质内容、形式多样化而内容性不强等问题。

## 三、打通思政课育人"最后一公里"

### (一)纵向融通讲深思政课道理

习近平总书记强调,"推动思想政治理论课改革创新,要不断增强思政课的思想性、理论性和亲和力、针对性"。这一要求为思政课建设提供了重要遵循。笔者通过前期的问卷调研发现,学生普遍认为当前的思政课教学过于偏重理论,与现实结合不足,学生期待思政课能够提供与时政热点相关的内容。

--------

① 佘双好、周江平:《思想政治理论课教学方法研究现状及发展趋势》,《思想教育研究》2017年第12期,第74-79页。

② 张云霞、江慧:《以微课为契机的高校教学模式变革探讨》,《学校党建与思想教育》2017年第6期,第35-37页。

③ 朱效梅:《思政课"慕课"教学的实践性思考》,《中国高等教育》2018年第19期,第39-41页。

④ 周琳:《"微时代"高校"微思政"模式构建探究》,《学校党建与思想教育》2019年第4期,第43-45页。

基于此,打通思政课育人"最后一公里",就要突出学生的困惑点、聚焦学生的关注点,通过纵向融通提升课程的思想性和理论性,为学生创造深刻的学习体验。具体来说,可以通过专题授课、问题引导、项目驱动三个方面来实现。

专题授课是指在保证思政课教学理论结构完整和体系完备的基础上,通过围绕特定话题和问题形成理论专题。① 这种打破原有教材局限,整合各类资源形成的相对独立又彼此联系的专题,能深入阐释思政课教学内容,突出思政课思想性和学理性。在专题授课的内容设置中,教师应契合学生需求,突出对社会热点的关注。以"思想道德与法治"课为例,笔者在授课过程中,通过分析习近平的成长之路,引导学生思考理想信念对个人成长成才的重要意义,进而讲授专题内容"说钙——理想信念的内涵及意义";通过分析郑州"电梯劝烟猝死案"两次审理的经过,引导学生思考"改判"背后传递的价值判断和法治导向,进而讲授专题内容"'改判'——道德与法治的关系"。在开展专题授课时,我们始终坚持以问题引导教学。比如专题"说钙——理想信念的内涵及意义"中,教师通过"什么是理想?理想的基本特征是什么?理想信念的重要性体现在哪些方面?"这三个问题搭建整个专题的框架。在对每个问题的讲解中,又通过系列问题启发学生思考,与教师一同寻求答案。除了讲授专题,笔者还围绕教学内容为学生打造了项目化任务,通过小组合作的方式、课堂展示成果的形式激活学生的主体意识、培养学生合作探究能力。近年来,为了提升课程的思想性,笔者所在学校不断强化"大思政"理念,鼓励学生发掘专业中的思政元素。例如,建筑设计专业的学生通过中国寺庙建筑之美展现祖国美,信息传播专业的学生结合热点话题如碎片化生活、内卷现象拍摄情景短剧《碎片人的自白》《卷王的前半生》,美术专业的学生结合家乡红色文化设计制作文创卡片等。

(二)横向联通讲透思政课道理

习近平总书记在中国人民大学考察调研时指出,要"把道理讲深、讲透、讲活"。把道理讲透,需要通过理论知识与实践感悟相融合、思政小课堂与社会大课堂相结合的方式。然而当前,实践教学混同于暑期大学生社会实践活动,实践教学内容与思政课理论教学联系松散,以实践体验成果反哺、支持理论教

---

① 姜喜咏:《高校思想政治理论课专题教学的几个问题》,《思想政治课研究》2018年第6期,第21-28页。

学的意识和力度不足,这些问题都严重影响了思政课道理的透彻明晰。基于此,打通思政课育人"最后一公里",就要以深化理论认知为目标,以多样化的实践教学形式丰富学生的现实体验和实践感悟,并把学生的优秀调研报告或从实践中带回来的问题作为教师深化理论教学的鲜活资源和第一手资料。具体来说,可以通过微实践、研学一体、主题活动三个方面来实现。

讲透思政课道理,需要从小处着手,从社会生活中选取选题,开展内涵深刻的"微实践"。"微实践"旨在引导学生学思悟行,实现理论知识与实践感悟相融合,包括"微调查""微公益""微模拟""微诵读"等活动形式。在"微实践"中,教师要积极鼓励和引导学生跳出"小我"、融入"大我",结合专业特长和国家战略需求开展实践。例如,鼓励能源、测绘等专业的学生利用所学知识为大家分析解读"双碳"政策、国家能源安全新战略,探寻"拉闸限电"政策背后的原因;引导文秘专业的同学协助企事业单位完成公文起草、新闻撰写、活动策划等工作,提前感受"职场氛围"。"研学一体"旨在促进学生思维成长,以研促学,让学生更深入感受理论之美。因此,思政课教师可以积极利用马克思主义学院力量开办各类研学一体的活动。例如,创办经典读书会、举办"与信仰同行"活动,带领青年大学生研读经典;结合课程内容带领学生走进红色场馆,讲深讲透红色故事蕴含的精神及其内在逻辑,加深学生对理论知识的理解和领会。此外,为了鼓励各学院学生高质量开展主题活动,思政课教师可以培养一批马克思主义学院的优秀研究生担任课程助教,鼓励各学院学生主动对接助教开展知识竞答、宣传创作、主题团日等活动。

(三)立体贯通讲活思政课道理

习近平总书记指出,"要在教学过程中进行多样化探索,通过多种方式实现教学目标"[①]。长期以来,思政课都存在"曲高和寡"的问题,难以让学生接受。因此,为讲活思政课道理,教师要善用网络赋能传统教学,打造智慧课堂;巧用驻地红色资源,打造户外情景课堂;勤用校史资源、"四史"资源、身边的鲜活资源,打造沉浸式课堂,推动思政课教学有滋有味、入脑入心。

第一,善用网络赋能传统教学,打造智慧课堂。从信息化视角来看,智慧课堂是在教学中应用大数据、人工智能等信息技术而产生的新型课堂。我国

---

① 习近平:《思政课是落实立德树人根本任务的关键课程》,人民出版社,2020,第21页。

学界对信息化"智慧课堂"的研究始于2010年,上海市虹口区推出的"电子书包"项目改变了传统的教学模式和学习方式①,接着,学者们对"智慧课堂"的教与学系统、智慧能力的培养途径开展了理论探索。在当前"混合式教学要成为今后高等教育教学新常态"②的大背景下,智慧课堂被广泛应用于混合式教学,一方面可以有效增强师生互动、提升课堂气氛;另一方面能够满足学生碎片化学习特点,打造智能、高效的学习生态环境。以笔者讲授的"思想道德与法治"为例,智慧课堂即采用"思想道德与法治"在线课程+"学习通"智慧移动平台,通过重组教学内容、重塑教学结构、重构教学流程、重设教学评价,实现信息技术与教育教学深度融合。智慧课堂的运行包括三个阶段:第一阶段,线上调动学情。即通过线上微课视频的学习引出教学内容,通过师生之间的互动话题激活学生参与意识,帮助教师提前了解学情。第二阶段,线下双师授课。即在学生完成线上学习任务的基础上,回到课堂由两位任课教师合作进行有针对性、高阶性的讲授和引导。其中,一位教师根据教学内容组织、设计、主导课堂教学流程和节奏,另一位教师随时举手发言进行内容的补充、深化和拓展、延伸,同时作为学生中的"鲶鱼"带动学生提出问题,或通过词云、弹幕、在线投票、选人提问等方式引发学生思考与互动。第三阶段,线上拓展延伸。即学生继续回到线上平台开展自我检测以及拓展阅读,等等。

第二,巧用驻地红色资源,打造户外情景课堂。习近平总书记多次强调,用好红色资源,传承好红色基因,把红色江山世世代代传下去。③ 由此,将红色精神融入思政课是落实党中央精神的必然要求,而驻地红色资源为思政课教师将红色精神融入教学提供了大量的素材。作为思政课教师,应结合所讲授课程,挖掘并运用第一手资料融入思政课堂,从理论、逻辑、历史、现实等视角将驻地红色资源所蕴含的红色精神及其内在逻辑讲深讲透,在鲜活的故事中讲道理、讲学理、讲哲理,旗帜鲜明地讲政治,促进学生加深对理论知识的理解、领会,提升学生思想政治教育实效性,引导学生树立文化自信。以笔者讲

---

① 余祖江:《上海八所学校试点电子书包"智慧课堂"改变传统教学模式》,《中国教育信息化》2011年第18期,第93页。

② 吴岩:《抓好教育教学"新基建"走好人才自主培养之路》,http://education.news.cn/2021-12/02/c_1211471188.htm。

③ 习近平:《用好红色资源,传承好红色基因,把红色江山世世代代传下去》,《求是》2021年第10期,第4-18页。

授的"思想道德与法治"为例,教师利用徐州淮海战役纪念馆开展了以"人民的胜利"为主题的户外情景课堂,采取"现场情景+主题研讨+实践感悟"的教学模式。其中,现场情景即在淮海战役纪念馆讲解员的带领下,集体参观淮海战役纪念馆。通过历史文物、图片、视频、特效、艺术场景等,系统阐释、生动展示淮海战役蕴含的"听党指挥、依靠人民、团结协同、决战决胜"的伟大精神;主题研讨即由思政课教师分析淮海战役胜利的原因,深入挖掘人民胜利的典型故事,以期达到以史动人、以事育人、以情感人;实践感悟则是由学生代表交流自己学习的心得体会。

第三,勤用校史资源、"四史"资源、身边的鲜活资源,打造沉浸式课堂。思政课要想实现"润物细无声",就要勤用校史资源汲取奋斗力量,勤用"四史"资源汲取思想之光,勤用身边的鲜活资源汲取精神之钙,积极打造沉浸式课堂。具体来说,沉浸式课堂包括移情入境、移情入史和移情入物三种方式。所谓移情入境,即结合课程相关内容,挖掘、利用校史资源,由主讲教师和校史馆人员共同打造沉浸式课堂。通过问题议程设置,引发学生连锁互动和深入探究。以"思想道德与法治"为例,笔者结合课程"时代新人"的内容,带领学生走进校史馆,通过百年校史中优秀校友的事迹讲授专题内容"时代新人说",激励学生向前辈学习,做堪当民族复兴大任的时代新人。所谓移情入史,旨在将"四史"资源融入思政课,结合课程内容开展纪念日活动进课堂。比如,在12月9日当天,我们开展了"12·9运动"进课堂活动。教师通过主题短片将同学们带入历史情境,围绕关键词"英雄"推出教学主题"中国革命道德",实现纪念日活动与教学内容无缝对接,激励学生向英雄学习,坚定不移听党话、跟党走的信念。所谓移情入物,是结合课程内容,联合多家单位共同打造劳动课堂。以笔者打造的"国潮香包制作课"为例。这次课程主题是制作徐州香包,由马克思主义学院联合建筑与设计学院、市民间艺术协会等单位共同完成。徐州香包是传统民间艺术品,于2008年入选第一批国家级非物质文化遗产扩展项目名录。"国潮香包制作课"通过让学生制作体验以思政为主题的香包作品,在传承中华优秀传统文化的同时赋予香包新的时代意义,从而深化学生对"思想道德与法治"教材中涉及的马克思主义劳动观、职业道德、创新等知识点的理解,引导学生崇尚劳动,增强文化自信。

## 四、结语

德国教育学家第斯多惠曾说:"教学的艺术不在于传授本领,而在善于激励、唤醒和鼓舞。"思政课作为落实立德树人根本任务的关键课程,它的根本任务不在于单纯地灌输和传授知识原理,而是引导学生去领悟、去表达、去探究。"纵向融通、横向联通、立体贯通"是推动高校思想政治理论课改革创新、增强教学针对性和实效性的重要手段,其核心目标是激发学生的主动性和创造性,让学生在获取知识的同时,收获良好的学习体验、深入的思考交流和正确的价值判断,进而打通思政课育人"最后一公里",实现思政课内容"入心"。在运用过程中,需要教师对课程作出统筹安排和精准把握,击中学生困惑、回应学生期待、关注学生反馈,精心打造高品质的课堂教学,使当代大学生对高校思想政治理论课教学从排斥和被动接受,转变为喜欢和主动参与。

# 课程思政融入专业建设的理念与路径

刘 冲 任 爽

**摘要**：课程思政融入专业建设是高校专业教育综合育人的重要途径，也是培育大学生核心素养的重要方式。当前，思政融入工作仍存在目标定位偏失、内涵认识失当、育人过程脱轨等问题。思政融入应以培养"德才兼修"的复合型专门人才为目标，以思想政治教育与专业教育深度融合为方式，坚持全员全过程全方位育人的"三全"原则，以课程融入、课堂融入和实践融入为实践着力点，提升专业综合育人质量，强化专业综合育人特色。

**关键词**：课程思政；思政融入；专业建设；理念；路径

《教育部关于加快建设高水平本科教育 全面提高人才培养能力的意见》（"新时代高教40条"）强调"把思想政治教育贯穿高水平本科教育全过程"，提出了提升思政工作质量、强化课程思政和专业思政的具体要求。教育部等十部门《全面推进"大思政课"建设的工作方案》也从"改革创新主渠道教学"和

---

**基金项目**：本文系四川省2021—2023年高等教育人才培养质量和教学改革项目"基于U-S协同的教育硕士研究生实践能力培养机制研究"（项目编号：JG2021-825）、四川师范大学2020年课程思政教改项目"课程思政融入小学教育专业建设的路径研究"（项目编号：JWC202082125）研究成果。

**作者简介**：刘冲，四川师范大学教育科学学院副教授，硕士生导师，主要从事课程与教学论研究；任爽，四川师范大学教育科学学院硕士研究生，主要从事课程与教学论研究。

"善用社会大课堂"两个方面规范了"大思政课"的实施方式。作为高校思想政治工作的重要组成部分,课程思政坚持全员全过程全方位育人原则(即"三全育人"),自觉融入课程建设、课堂教学和专业实践等专业建设各领域各环节。课程思政融入专业建设(以下简称"思政融入")是学习贯彻"新时代高教40条"和"大思政课"政策精神的重要工作,对于提高专业建设质量具有重要推动作用。

## 一、课程思政融入专业建设的实践内涵

课程思政主张思想政治教育融入课程教学之中,思想政治理论课发挥显性思政功能,蕴含丰富思政元素的其他公共课、专业课及实践教学等育人环节发挥隐性思政功能。① "思政融入"意指思想政治教育渗透于专业育人全程,既发挥思想政治课的显性思政功能,也发挥非思政课的隐性思政功能。思政融入赋予专业教育以思想灵魂,使专业教育由正确思想和价值观引领,丰富了高校思政教育的资源体系和育人方式。

(一)思政融入坚持"三全育人"原则

思政融入是在高校思想政治教育工作"三全育人"原则指导下,将思想政治教育全面融入专业建设全过程的实践探索。思政融入以专业为载体,发掘专业特点和优势,挖掘专业核心价值,将课程思政融入专业教育教学全过程和全要素,实现专业教育与思想政治教育一体化建设与发展,助推专业人才培养模式特色的形成。② 思政融入的关键在于"融合",即专业教育与思想政治教育的"融合"。"融合"的实现条件是"三全育人":"全员"意味着专业领域的每一位教职工都应成为思政教育者;"全过程"意味着大学生专业学习生活过程应成为浸润思政意识、常识和行动的成长过程;"全方位"意味着专业教育各环节各领域都应挖掘、渗透和强化思政元素。

(二)思政融入是专业教育综合育人的重要途径

任何阶段的教育都是基础性和专业性并存的,同时也是知识性与思想性

---

① 何红娟:《"思政课程"到"课程思政"发展的内在逻辑及建构策略》,《思想政治教育研究》2017年第5期,第60-64页。
② 李春旺、范宝祥、田沛哲:《"专业思政"的内涵、体系构建与实践》,《北京联合大学学报》2019年第4期,第1-6页。

并存的。教育是由知而识、从识到智的过程，教育过程不是"学以致用"的功利追求过程，而是通过知识学习发展生活智慧、善化生命价值的过程。① 智慧不是"奇技淫巧"或"八面玲珑"，而是"守正出新"。"守正"是前提，"出新"是成果。教育要坚守的"正"是正确的思想观念、价值取向和人格立场。专业课程是专业领域内或专业领域间的知识、经验和活动的集合，是历经数百万年人类实践积淀的知识财富，蕴含着丰富的思政元素。高校专任教师应努力、认真、全面地挖掘专业课程中的思政元素，将其融入课堂教学和专业实践过程中，通过优化课程内容与结构，改进课堂教学方式，提高专业实践效果，真正发挥专业教育的综合育人功能。

### （三）思政融入是培育大学生核心素养的重要方式

学生核心素养培育是当前我国基础教育改革的重要主题，对新时代教育改革发展具有导向作用。核心素养教育是基础教育阶段提升国民素质的需要，也是高等教育阶段支持和成就一批又一批德才兼修的全面发展人才的需要。基础教育领域学生核心素养培育的实践思路为高等教育领域大学生核心素养培育提供了启示与借鉴。大学生核心素养与中小学生核心素养不同，其要在21世纪科技发展的具体背景下界定，并在此前提下推进大学课程、教学和学习的变革。② 核心素养是关于人的成长和发展过程的最重要的东西，即"正确价值观念、必备品格和关键能力"③。素养不仅仅是素质，也是素质的养成过程。核心素养教育不是堆砌素质的教育，而是素质养成过程的教育，育人过程是核心素养教育的关键。与中小学课程学习相比，大学的学科专业特性更强，同时又在课程目标、内容等方面存在着跨学科专业的横向或纵向关联。大学生核心素养培育不是某一学科专业领域孤立的任务，而是不同学科专业协调配合共同育人的目标。思政融入与大学学科专业育人过程在时空上高度契合，且思政元素是不同学科专业及课程教学相关联的"整合器"和"聚焦点"，是培育大学生核心素养的重要途径，是高等教育领域落实立德树人根本任务的过程保证。

---

① 刘冲、巴登尼玛：《论教育学的文明立场——一种基于生命关系视角的分析》，《当代教育科学》2021年第5期，第3-9页。

② 张应强、张洋磊：《从科技发展新趋势看培养大学生核心素养》，《高等教育研究》2017年第12期，第73-80页。

③ 教育部：《普通高中课程方案（2017年版2020年修订）》，人民教育出版社，2020，第4页。

## 二、课程思政融入专业建设的现存问题

从当前一些专业的思政融入实际看,目标定位偏失、内涵认识失当和育人过程脱轨等问题依然存在。

### (一)思政融入的目标定位偏失

本科教育应该做到"四回归",即回归常识、回归初心、回归本分、回归梦想。① 思政融入是引领新时代高等教育专业建设和本科人才培养改革的重要举措,是本科教育实现"四回归"的重要抓手。实践证明,最有效、最能打动人心的思政教育往往是通过思政元素与学科专业领域内课程要素自然融合、有效迁移而实现的结果。然而,一些专业课教师仍无法准确厘清思政融入的核心目标定位,找不到持续推进思政融入的支撑点和着力点,导致思政教育与专业教育融合不足、结合不紧,专业教育与思政教育相互独立、封闭运行,出现思政教育与专业教育"两张皮"现象。此外,思政融入的目标定位在一定程度上还有功利化倾向,一些专业课教师有"蹭热度"之嫌,在当下高等教育领域思政教育改革热潮兴起之时,热衷于思政类课题或基金项目申报,而在专业育人实践中并未从"三全"协同育人原则出发,未把思想政治元素真正融入专业建设和大学生核心素养培育。

### (二)思政融入的内涵认识失当

作为近年我国高等教育改革的重要主题,"课程思政"这一术语早已被高校教师普遍认知,但一些专业课教师和大学生仍习惯于将课程思政工作视为应由党委、学工部、马克思主义学院等部门或院系全面承担的工作,认为思政教育不应在专业教育中占据太多课时或太大内容比重。甚至有专业课教师认为,专业教育的中心任务是大学生专业素养训练,思想政治教育仅仅是专业教育的辅助任务。更有甚者认为,专业教育有其独立、完整的体系,思政融入会冲击或打破专业教育的既有格局。这些认识的错误首先在于对思政融入的内涵理解失当。课程思政"是从中华民族伟大复兴战略全局和世界百年未有之

---

① 陈宝生:《在新时代全国高等学校本科教育工作会议上的讲话》,《中国高等教育》2018 年第 Z3 期,第 4-10 页。

大变局的高度,特别是从对'人'的争夺的激烈程度来思考'育人'问题的"①,这应成为高校教师应知应懂且主动践行的常识。准确把握思政融入的内涵是扎实开展思政融入工作的观念前提,有此前提才能有效促进专业教育综合育人功能的发挥,真正促进大学生的德才兼修。

### (三) 思政融入的过程脱轨

课程思政坚持"三全"协同育人原则,思政融入需结合专业特质,从专业建设全局系统谋划,通过育人过程各方因素有机整合协调推进。从行为逻辑上讲,开展和推进课程思政建设首先要解决是什么和为什么的问题,其次要解决怎样做的问题,最后要解决如何评和如何改的问题。② 这些问题直指专业育人过程的核心环节,特别是课程建设、课堂教学和专业实践环节。在专业建设的工作现实中,上述环节与思想政治教育脱轨的现象依然存在。

课程建设与思政脱轨现象表现在四个方面。第一,一些专业出于完成课程思政任务要求的功利目的,把课程思政资源过度集中于部分课程或部分教师,导致其他课程和教师缺少实践课程思政的机会和条件,阻滞了"三全育人"课程思政格局的形成。第二,课程目标与专业人才培养目标、思政教育目标的对应设计不够,课程思政在不同专业课程之间的耦合性和关联性不足,无法发挥专业课程整合联通的一体化、全方位协同思政育人功能。第三,重科研轻教学的高校教师考评机制客观上制约了专业课教师在课程思政上的精力和时间投入,基层教学组织和教研室对思政融入专业课程设计和教材的支持和督促不足,难以把专业课程教材内容与思政内容真正融为一体。第四,部分专业课程思政评价体系不健全,有些专业课程敷衍应对,所选择的思政案例或思政教育方式无法吸引学生,课程思政效果不佳。

教学过程与思政脱轨现象表现在三个方面。第一,一些专业课的教学改革尚未探索出既体现专业特点和育人目标,又很好地贯彻课程思政要求的特色化教学思政方案,专业课教师受专业教学思维局限,还不能将课程思政有效融入专业课教学过程。第二,专业课教师的学术背景大多与本专业领域相关,

---

① 夏永林、陈盼盼:《课程思政与思政课程协同育人的问题研究》,载于《课程思政教学研究》(第1辑第2卷),华中科技大学出版社,2022,第132-142页。
② 程新宇:《课程思政建设问题论纲》,载于《课程思政教学研究》(第1辑第1卷),华中科技大学出版社,2021,第19-35页。

缺乏教育学、心理学等教育专业理论和方法,即便是毕业于师范类专业的教师,短期的岗前培训也不足以支撑专业课教师从容应对复杂的教学设计、实施和评价工作,这就使得专业课教师既要提高教学胜任力,又要顾及思政融入,二者兼顾起来有所困难。第三,专业课教学评价体系中关于课程思政的评价设计不够,师生课程思政敏感度不足,影响思政融入的效果。

专业实践与思政脱轨现象表现在三个方面。第一,思政融入专业实践教学的探索尚处于起步阶段,存在着思政元素分散、重复,或与专业实践联系不紧密等问题,基因式、弥散式的专业实践思政体系尚未形成。第二,思政融入专业实践的方式不当,在实践教学中将思政内容生搬硬套、简单移植、强行灌输等错误做法依然存在,影响育人效果,甚至助长实践教学的"低级红""高级黑"现象的发生。第三,思政元素在专业实践评价体系中缺失,思政目标与专业实践评价结合度不紧密,或只涉及浅层次的思政评价标准,使思政融入专业实践的评价失去了应有意义。

专业教育承担着专业人才培养任务,也承担着综合育人使命。专业教育必须准确、务实地认识到思政融入专业建设全程的重要性和紧迫性,加强渗透思政元素的育人目标体系和过程体系建设,形成思想政治教育融入专业建设的"三全育人"大格局。

## 三、课程思政融入专业建设的目标追求

思想政治教育与专业教育在育人目标方面是高度一致的,其根本目的在于"培养社会主义合格建设者和可靠接班人"[①]。将课程思政的根本目的与专业培养要求相结合后,思政融入的目标追求具体化为培养"德才兼修"的复合型专门人才。

### (一)思政融入的目标突破点

"德才兼修"育人目标的实现,客观上要求思想政治教育必须贯穿于专业教育全过程。专业建设必须坚持正确的办学方向,通过思政融入不断提高思政工作质量和专业建设质量。通常情况下,人才培养目标的制定主要考虑三个依据:一是政策依据,即党和国家关于该学科专业人才培养的政策要求与导

---

① 赵泽林:《守正创新:课程思政教学的三个基本问题》,载于《课程思政教学研究》(第1辑第1卷),华中科技大学出版社,2021,第57-64页。

向;二是行业依据,即本学科专业所服务区域、行业或产业的发展现状和人才需求情况;三是校本依据,即本校本学科专业在人才培养方面的特色和传统。三个依据事实上都指向"德才兼修"的育人目标,而"德才兼修"本就包含了思政育人和专业育人的双重融合目标内涵。

思政融入应立足专业建设现实矛盾和主要瓶颈进行目标定位突破,主要突破点集中在三个方面:一是从理念上确定思政融入的目标,各专业应从学理上深度梳理思政融入本专业的核心理念、重要意义和根本内涵,挖掘课程思政与本专业人才培养目标、毕业要求的融合点,确立思政融入的观念前提;二是在实践中分解思政融入的目标,当思政融入专业建设的目标确定后,专业建设应在课程建设、课堂教学和专业实践等育人过程三大关键领域着力,以本专业办学条件、办学传统和办学特色为基础,优化课程体系,改进课堂教学,推进专业实践变革;三是加强实现思政融入目标的保障机制建设,培养兼具思政胜任力和专业教学胜任力的师资队伍,建设与思政融入相配套的专业建设制度,开发充足且实用性强的思政资源。

(二) 思政融入的基本目标

思政融入以培养"德才兼修"的复合型专门人才为目标。"德才兼修"是新时代高等教育人才的素养定位,是融人生理想与信念、人生价值与责任、专业情怀与认同、专业知识与能力等素养维度的整体要求,决定着一个人的持续建构力和终身适应力,应成为各专业始终坚持的人才培养导向。思政融入以思想政治教育与专业教育深度融合为方式。思想政治教育与专业教育的融合不是"拉郎配",而是人才培养和专业建设的内在要求。培养"德才兼修"的人才只有通过思政融入才能实现。思想政治教育与专业教育的融合是"浸润"的过程,可谓"润物细无声"。专业思政坚持全员全过程全方位育人的"三全"原则。专业教育教学过程中的每一位教职工都应成为人才培养的执行者、支持者和帮助者,都应成为每个大学生德才兼修的成长路上的重要他人。每个教职工都应切实履行教书育人职责,致力于为党育人、为国育才,立德树人,培育全面发展的社会主义事业建设者和接班人。思政融入应不断提升专业综合育人质量,强化专业综合育人特色。各专业之所以要重视思政工作,一个重要原因在于思政工作对专业特色和专业品质的提升具有积极作用。思政融入得越"实""准""牢",专业综合育人质量就越高,专业综合育人特色就越鲜明,专业建设品质就越是能得到较高的认可度。

总之,思政融入应以培养"德才兼修"的复合型专门人才为目标,以思想政治教育与专业教育深度融合为方式,坚持全员全过程全方位育人的"三全"原则,不断提升专业综合育人质量,强化专业综合育人特色。

## 四、课程思政融入专业育人过程的方式

课程建设、课堂教学和专业实践是专业育人过程的核心部分,是专业建设的重点领域,也是课程思政融入专业建设的关键环节。

### (一)思政融入课程建设的方式

课程思政融入专业建设,是"将高校思想政治教育融入课程教学和改革的各环节、各方面,实现立德树人的润物无声"①。学校的理想、愿景、价值等观念的落实,都离不开课程这一重要载体。课程在专业建设中居于核心地位,思政融入课程是课程思政融入专业建设的重中之重。课程形式表现为课程方案、课标标准和教科书等物化文本,其实质是与学生专业学习与成长密切相关的知识、经验和活动的总和,是学生经历的全部学校生活。课程的基本问题包括课程目标、课程内容、课程实施和课程评价等,其中课程实施和课程评价与教学问题重合,现主要讨论思政融入课程目标和课程内容的方式问题。

课程目标应同时指向思想政治教育目标和专业人才培养目标,体现德才兼修的人才培养要求。受基础教育课程改革对于课程"三维"目标的影响,一些高校教务部门在课程目标问题上也倡导"知识与技能""过程与方法""情感态度与价值观"的三维目标。需强调的是,"三维目标"不是"三个目标",而是具有内在逻辑的作为"一个整体"的"三维目标"。将"三维目标"整合为一个整体的基本线索是"核心素养",而"核心素养"的基本领域包括正确价值观和必备品格,这是与思政融入高度关联的领域。正如论者指出的,核心素养作为引领和抓手,"为开展专业思政与课程思政耦合育人建设指明方向"②。思政能否融入课程目标,关键看思政元素能否转化为课程目标内蕴的正确价值观和必备品格。

---

① 梁慧梅:《课程思政和专业思政一体化建设的实践诉求》,《广西民族师范学院学报》2020年第3期,第91-95页。
② 闫长斌、郭院成:《推进专业思政与课程思政耦合育人:认识、策略与着力点》,《中国大学教学》2020年第10期,第35-41页。

课程模块设计应符合融思政与专业目标于一体的课程目标。课程模块是对课程内容的结构化组合,反映课程建设者对该课程领域的理性认识水平和课程建设水平。一些专业课教师习惯于以该课程领域某一部或某几部经典教材为依据,结合学分和学时实际设计课程模块。这种设计方式有助于学生学到本课程领域的经典知识、理论和方法,但在时代性、前沿性和创生性方面就显得很薄弱。课程内容须根据科技发展、社会生活、时代变迁而调整,真正满足当代大学生的学习需求。无论是否以经典教材为依据设计课程模块,课程建设者都应对课程内容进行二次开发,将思政元素融入课程各模块,服务于德才兼修的人才培养目标。课程内容总体上包括三类:一是基础类内容,指本课程领域的基础概念和基本定理、定律或原理,具有经典性特点;二是应用类内容,是根据基本原理发展出来的实践性知识与能力,具有实践性特点;三是开发类内容,是依据基础知识和应用知识开发出的指向理论或技术转化的知识,具有操作性特点。思政元素具有"浸润""撒盐"的特点,能融入任何一类课程内容,且课程内容本身也蕴含着丰富的思政元素,思政融入课程内容不是难题。

(二) 思政融入课堂教学的方式

教学不应被简单理解为教师的教和学生的学,它实际上是"学生在教师指导下,掌握科学文化知识和技能,进而发展能力、增强体质、形成思想品德的教育活动"[①]。课堂教学是教育的基本途径,是一种特殊的认知过程,是协调学生个体发展和人类文明总体发展之间矛盾关系的实践活动。习近平总书记曾指出:"要用好课堂教学这个主渠道……各门课都要守好一段渠、种好责任田,使各类课程与思想政治理论课同向而行,形成协同效应。"[②]思政元素是否真正融入课堂教学过程,直接决定着课程思政成效和育人成效。课堂教学的基本要素是教师、学生和教学内容,课堂教学的基本问题包括教学目标、教学内容、教学方法、教学组织形式、教学评价等。教学目标、教学内容与课程目标、课程内容有重叠关系,此处不赘述。

思政融入课堂教学要恰当处理师生关系。教师和学生是课堂教学过程中

---

① 王本陆:《课程与教学论》,高等教育出版社,2017,第117页。
② 《把思想政治工作贯穿教育教学全过程 开创我国高等教育事业发展新局面》,《人民日报》2016年12月9日,第1版。

属人的要素,在实践中有着多重互动关系。课堂教学以学生的学习和发展为基本任务,师生在课堂中保持着教和学的职业关系;教和学的过程也是教师代表的社会规范与学生代表的年轻一代的交往互动,体现为师生之间的伦理关系;教师和学生都是实践中的主体,都是主体意义上的完整的人,体现为师生之间的情感关系。高校教师应觉知师生双主体间平等对话关系的实质,避免以说教、灌输甚至强迫的方式规训学生,转而以理解、沟通、对话的方式陪伴和支持学生的成长,以有理想信念、有道德情操、有扎实学识、有仁爱之心为目标,做学生锤炼品格、学习知识、创新思维和奉献祖国的引路人。建立平等师生关系,争做"四有"好老师,当好四个"引路人",这是保证思政融入课堂教学的必要前提。

思政融入要求课堂教学方法与手段的选择要适当。所谓"工欲善其事,必先利其器",每位教师都知晓教学方法、教学手段之于教学效果的重要性。然而,教学方法和教学手段究竟有哪些,这些方法和手段如何与思政有效整合,却是思政融入课堂教学的又一难题。一方面,教学方法是师生围绕教学内容而运用的整套教学行为方式,是师生互动条件下的选择,而非教师单方面的随意行动。另一方面,教学任务不同,教学方法的选择和运用也有差异。常用教学方法包括以语言传递为主的方法(讲授、问答、讨论、谈话等),以直接感知为主的方法(演示法、参观法),以实际训练为主的方法(实验法、作业法)等。教学手段是师生开展教学活动所使用的工具或技术,包括视觉手段、听觉手段、视听结合手段及交互教学手段等。无论选择何种教学方法,采用何种教学手段,都应考虑这些方法或手段对思政融入的适切性,顾及师生交往特点、学习任务特点和教学内容特点。

思政融入要求持续改进课堂教学组织形式。教学组织形式是师生按特定任务要求组合起来的教学活动的结构方式,体现着教学活动诸要素的搭配关系。广为人知且被普遍使用的教学组织形式是班级授课制。班级授课制解决了大规模教学对象条件下教学内容、教学进度和教学要求的一致性问题,为教育普及做出了贡献。然而,随着差异教学和个性化发展等价值取向的出现,加之学校教学条件不断改善,班级授课条件下难以兼顾每个学生、难以做到因材施教的弊端日益凸显。20世纪以来,出现了个别辅导、现场教学、合作学习、导生制等教学组织辅助形式,为当前课堂教学组织形式的选择提供了丰富的操作范式。专业课教师应将思政元素融入学习任务和学习过程之中,借助班级授课开展集体教学的优势,辅以个别指导等形式,关注学生整体发展和个性化差异,支持学生专业素养和思政素养同步高质量发展。

思政融入要求切实推进教学评价改革。教学评价是运用科学技术或手段测量、分析和评定教学活动质量的过程,具有诊断、导向和调节教育教学的功能。专业课教学评价改革的重点是教学评价改革和学习评价改革,特别是教师教学工作评价和学生学业质量评价。总体来说,高校教师的教学工作评价较受教务部门重视,而学生的学业质量评价的受重视度相对不够。但教师教学评价手段也存在缺乏科学性的问题,甚至出现教师为获得较高的评教分数而在教学过程或期末考试中刻意"讨好"学生或督导的情况。教学评价改革必然要求教、学双向并进,教师教学评价和学生学业质量评价应该具备共同点,教得好不好、学得好不好应有一个共同的标准,而思政恰恰就能成为这样的标准。思政元素既可转化为教学评价指标,又可转化为学业质量评价指标。考勤、作业和考试等常见评价方式应更注重运用量化与质性相结合的方法,全程、全息、全景展示思政融入对提高教学质量的促进效果。

### (三) 思政融入专业实践的方式

专业实践是大学生在专业课教师和实践教师"双师"指导下,在本专业服务行业现场开展的理论联系实际的现场体验与实操。在此过程中,专业理论与专业实践相互转化,以"学用合一"的方式促进大学生核心素养发展。校外专业实践与校内课堂教学环节相互补充,共同构成专业人才培养的过程体系,是课程思政的重要载体。然而,专业实践中的课程思政建设存在着思政教育顶层设计不足、实践平台对思政教育支撑不足、实践思政的长效机制不足等问题①,有必要通过实践思政的课程化构建、序列化实施和反思性评价加以改进。

思政融入需要专业实践教学体系的课程化构建。有些专业较重视理论课教学改革,轻视了专业实践教学,影响了专业教学质量。事实上,专业实践并非纯粹的实践操作,而是"理(论)实(践)一体"的综合育人环节。有些专业似乎重视实践教学,但也仅仅是按教务部门统一要求开齐开足实践教学环节而已,不同实践环节之间,例如见习、实习、研习之间,往往缺乏必要的关联、逻辑和层次,且存在实践过程空泛、实践内容重复等问题。解决问题的基本思路是

---

① 周纯杰、何顶新、张耀、胡晓娅:《新工科背景下自动化专业实践课程思政的设计与实施》,《高等工程教育研究》2022年第4期,第31-37页。

实现专业实践教学体系的课程化,即以课程建设的思路构建专业实践教学体系。实践教学各环节均应体现"实践出真知"的理念,将思想政治教育融入专业实践各环节之中,充分实践"一践行三学会"(践行师德、学会教学、学会育人、学会发展)的专业培养要求,做好课程目标、内容、实施和评价的设计,实现专业实践与专业课程之间、实践教学环节与课堂教学环节之间协调配合的一体化育人格局。

思政融入需要专业实践过程的序列化实施。序列化实施是配合课程化构建的重要举措,也是专业实践教学体系有序运转的必然要求。实践教学各环节应根据课程设计思路,分阶段、分步骤梯度推进实践课程实施。在实施过程中,指导教师应注意把握好三种取向的平衡:一是"忠实"取向,即实践教学完全按照既定方案开展,不受实践过程实际情况影响;二是"适应"取向,即实践教学依据实际情况适时、适当调整;三是"创生"取向,即实践教学不囿于既有方案或实践现状,为了学习者素养发展而不断创造支持条件。上述三种取向没有好坏、正误之分,都是专业实践教学实施过程中必要的策略。专业实践的思政融入主要通过教学实施实现,理性认识、价值观念、思维品质等思政元素在专业实践的实施过程中不断转化生成。

思政融入需要专业实践教学的反思性评价。实践不是排斥理论的盲目行动,也不是缺乏思考的现实活动,而是在一定思想或理论指引下的反思性行动。反思性是实践的基本特性,专业实践必然是反思性实践,否则其育人价值将大打折扣。以往的实践教学评价有简单化倾向,例如在专业见习、实习的评价环节,由于缺乏硬性的评价指标,实习基地指导教师、专业指导教师往往给学生打一个较高的分数。这样的"高分"评价其实是缺乏教育意义的,它既不能真实反映大学生在专业实践过程中的真实表现,也不能发挥评价对大学生专业成长的促进作用,实践评价环节沦为"走过场"。专业实践教学评价改革的重要突破口是确立见习、实习和研习的"三结合",形成先见习后实习、见习中有研习、实习中有研习的推进机制。研习的根本目的在于对见习、实习等专业实践进行反思,反思专业实践中的所感、所知和所悟,为此后更高质量地理解实践、介入实践乃至创新实践奠定认识基础。理想信念、职业情怀、职业伦理等思政元素应与"一践行三学会"的育人要求相结合,转化为专业实践教学评价的重要指标,并通过专业实践的反思性评价实现升华。

条件保障机制建设也是思政融入的重要工作领域。思政融入的条件保障主要体现在规章制度建设、师资队伍建设和思政资源支持等方面。规章制度建设工作重点是完善思政育人主体责任的落实机制和激励机制,确保思政融入工作有章可依。师资队伍建设工作重点是化解思政焦虑,激发专业课教师思政建设的内在动力[①],完善专业课教师思政育人胜任力支持系统。思政资源支持工作重点是整合校内外思政资源,构建思政育人共同体协作机制。

---

① 梁红、马鑫娟:《专业课教师的"思政焦虑":表现、症结与化解》,载于《课程思政教学研究》(第1辑第2卷),华中科技大学出版社,2022,第42-50页。

# 习近平法治思想融入课程思政的价值意蕴、实现路径与施行要点

代水平

**摘要:** 课程思政需要在党的治国理政思想中挖掘育人资源。习近平法治思想与课程思政有着内在关联,不仅能够隐形塑造青年学生的"三观",而且可以显性培育他们的法治意识。习近平法治思想融入课程思政需要逐步拓展主体范围、合理构建内容体系、不断充实教学资源、持续创新教育方法、评赛促建营造氛围。习近平法治思想融入课程思政的具体施行需要把握以下几个要点:思想上给予足够重视是前提,下大力气培育师资是根本,通过典型案例示范交流是重点,优化评价是关键。

**关键词:** 习近平法治思想;课程思政;价值意蕴;实现路径;施行要点

重视德育和智育的有机结合是古今中外教育人士的普遍共识。无论是中国古代的孔子、孟子,还是古希腊的"三贤",都强调在传授知识的同时重视品行教育。时至今日,世界各国愈发认识到德育的重要性。2015年11月,联合

---

**基金项目:** 本文系陕西省本科教学改革研究项目"习近平法治思想在课程思政建设中的转化路径与融入方法研究——以《立法学》为例"(项目编号:21BY037)、2021年陕西省新文科研究与实践项目"法学专业政产学研协同育人机制创新与实践"、西北大学研究生课程思政示范项目(《立法学专题》)阶段性成果。

**作者简介:** 代水平,西北大学法学院副教授,硕士生导师。

国教科文组织在《反思教育：向"全球共同利益"的理念转变》中重申，未来教育要更加重视人文主义，不仅要使受教育者收获技能，更要使其形成完整人格。近些年，我国也非常重视修身立德的传统教育资源，把它作为谋划未来教育改革的重要抓手。正如习近平总书记2018年在北京大学师生座谈会上所强调的，"要把立德树人的成效作为检验学校一切工作的根本标准"①。此后的全国教育大会更是把立德树人的成效作为检验高校教学工作成效的基本标准。

那么，如何才能做好立德树人这项工作呢？古往今来，人们已经积累了诸多有益经验。在教育内容方面，我国周朝就有"六艺"之要求，类似于我们现今所强调的德智体美劳全面发展；在教育方式方面，强调课堂讲授与实践习得相结合，质疑和反思并重，譬如孔子特别注重"学、思、行"的结合，再如苏格拉底提出了"美德即知识"的命题，并且创立了"苏格拉底教学法"。如上立德树人的有益经验非常值得我们汲取，当然也需要因应时代的发展变化进行拓展和深化。

近年来，高等院校的立德树人工作强调发挥"思政课程"和"课程思政"的同向同行作用，以提高人才培养质量。习近平总书记在全国高校思想政治工作会议上也专门作了指示，强调做好高校思想政治工作，"要用好课堂教学这个主渠道，思想政治理论课要坚持在改进中加强……其他各门课都要守好一段渠、种好责任田，使各类课程与思想政治理论课同向同行，形成协同效应"②。无论是"思政课程"，还是"课程思政"，都需要丰富的教育教学资源。《高等学校课程思政建设指导纲要》专门提到要深入挖掘各类课程和教学方式中蕴含的思想政治教育资源。一方面，要挖掘各门课程本身蕴含的教育资源，如有的理工科院校将线性代数中的基础概念与马克思主义哲学中的"变与不变""量变与质变"等辩证关系关联起来，引导学生树立正确的世界观③；另一方面，要善于创新教学方式，可以通过参观走访等方式开展"浸润式"教学，如有学校在"立法学"课程中，在红色资源集中的地方联合当地文物管理部门进行文物保护法制宣讲，并对革命文物保护法制的实施效果进行感受和评价，使学生增长

---

① 习近平：《在北京大学师生座谈会上的讲话》，《人民日报》2018年5月3日，第2版。
② 《把思想政治工作贯穿教育教学全过程　开创我国高等教育事业发展新局面》，《人民日报》2016年12月9日，第1版。
③ 杨威、陈怀琛、刘三阳、高淑萍、李兵斌：《大学数学类课程思政探索与实践——以西安电子科技大学线性代数教学为例》，《大学教育》2020年第3期，第77-79页。

了知识，陶冶了情操。

在积累和运用教学资源的过程中，一定要把党在不同阶段形成的治国理政思想作为非常重要的教学资源融入相关课程中，特别是"四史"和习近平新时代中国特色社会主义思想，以此来坚定青年一代的理想信念，厚植高校学生的爱国情怀。习近平新时代中国特色社会主义思想博大精深，涉及治国理政的方方面面，本文仅就习近平法治思想融入课程思政的价值意蕴、实现路径与施行要点进行探究，提出如下粗浅认识。

## 一、习近平法治思想融入课程思政的价值意蕴

作为新时代治国理政的重要思想，习近平法治思想回应的是时代发展的必然要求，有其特定的理论渊源、核心要义、逻辑主线和思维方法，每一方面都可成为宝贵的育人资源，自然对课程思政建设具有重要的指导价值。挖掘习近平法治思想融入课程思政的价值意蕴，首先，有必要从思想脉络、内涵融通和价值目标等层面厘清二者的内在关联；其次，要着重从方法论意义上来挖掘习近平法治思想对隐性塑造学生"三观"的指导价值；最后，要就习近平法治思想的理念、价值和要求对课程思政内容设计所提供的借鉴意义进行分析。

（一）习近平法治思想与课程思政的内在关联

课程思政，简而言之，就是在课程中融入知识讲授之外的目标，重点是形塑思想意识。"课程"本身就蕴含着程序、步骤的意义，强调课堂活动的组织性。"思政"，就是思想政治，强调课堂活动的目标除了传授知识之外，还要注重道德修养的提升、理想信念的坚守和政治立场的认同，这就需要把一些涵盖思政元素的理论和实践资源导入课程中。在导入过程中，尤其要注意的是不能生搬硬套，而是要厘清其内在关联，只有思政元素和专业课程具有内在一致性，才能收到"润物细无声"的效果。那么，习近平法治思想和课程思政有什么样的内在关联呢？

首先，习近平法治思想的理论渊源与育人指导思想具有内在一致性。习近平法治思想不仅体现着人类社会的发展规律，而且是马克思主义理论中国化在法治方面的最新成果，是习近平新时代中国特色社会主义思想的重要组成部分。习近平法治思想所蕴含的对治国理政的规律性认识，充分体现了唯物史观的基本原理，诸如"一切从实际出发"的方法论、"以人民为中心"的立场、"系统思维和辩证思维"相结合的矛盾分析法，等等。这些何尝不是教育的

指导思想呢？我们所强调的"立足中国实际办教育""一切以学生为中心""德智体美劳全面发展"等都闪耀着历史唯物主义和辩证唯物主义的光辉。由此可见，习近平法治思想和育人指导思想具有内在一致性，本质上都是对人类发展的规律性认识和科学把握。正因为如此，习近平新时代中国特色社会主义思想作为我国社会主义教育事业的指导思想在《中华人民共和国教育法》中得到明确规定，《中华人民共和国教育法》还强调教育应当坚持立德树人，要重视法治教育。作为习近平新时代中国特色社会主义思想重要组成部分的习近平法治思想，自然可以作为育人的指导思想和对受教育者进行法治教育的重要资源。

其次，习近平法治思想的丰富内涵与课程思政内容具有深度融合性。习近平法治思想博大精深、内涵丰富，科学回答了中国特色社会主义法治体系建设一系列重大理论和实践问题，提出了"十一个坚持"。这些核心要义或明或暗地体现着课程思政的内容，既有相对宏观的指引，也有较为微观的教导。从宏观层面来说，如果在课堂讲授中能够把"坚持党对全面依法治国的领导"这一问题讲透彻、说明白，就可以有效地强化学生的政治认同；同样地，如果能够结合法治实践，讲好如何才能做到"坚持以人民为中心"以及为什么要"坚持中国特色社会主义法治道路"，就可以有效地增强学生的人民立场和道路自信。从微观层面来说，如果能够结合具体事例来分析"坚持全面推进科学立法、严格执法、公正司法、全民守法"的逻辑关联，就可以有效地增强学生的法治意识；而"坚持建设德才兼备的高素质法治工作队伍"本身就是在讨论如何立德树人、德法兼修的问题，若能充分利用身边的先进法治人物的典型事迹来引导学生，就可以有效地增强学生的社会责任感和奉献精神，也能激发学生的学习热情。基于习近平法治思想的内涵与课程思政的内容具有深度融合性，教育部在《高等学校课程思政建设指导纲要》中强调，课程思政建设要紧紧围绕政治认同、宪法法治意识等优化内容供给，推进习近平新时代中国特色社会主义思想进教材进课堂进头脑，深入开展宪法法治教育，法学类专业课程要注重德法兼修的职业素养。

最后，习近平法治思想的时代价值与人才培养目标具有高度匹配性。习近平法治思想科学回答了新时代为什么实行全面依法治国，以及如何推进全面依法治国的重大理论和实践问题，具有十分重要的时代价值。当前，我国正在迈向全面建成社会主义现代化强国的第二个百年奋斗目标，现代化强国目标的实现需要治理体系和治理能力现代化作为保障,法治则是治理体系现代化最为重要的标志和依托。全面依法治国的推进离不开科学理论的指引,习近平法治思想在总结古今中外法治建设经验的基础上,系统梳理了党的十八大以来法治建设成就,阐明了全面依法治国的重大问题,对我国现代化建设具有重要的指导价值和保障作用。在习近平法治思想的指引下,法治将充分发挥固根本、稳预期、利长远的保障作用。概而言之,习近平法治思想顺应了时代发展的要求,能够促进和保障"为中国人民谋幸福、为中华民族谋复兴"这一宏伟目标的实现。总而言之,习近平法治思想的根本目标在于指引我国的法治建设,最终使我国成为富强、民主、文明、和谐、美丽的社会主义现代化强国。人才培养的根本目标也是实现中华民族伟大复兴中国梦。二者在目标达成上具有高度匹配性,二者的良性互动能够互相促进。因此,把习近平法治思想作为课程思政的重要资源是理所应当的,对课程思政建设具有重要价值。

(二)习近平法治思想对"三观"的隐性塑造

谈及人才培养,非常重要的一点就是"三观"的塑造,如果没有正确的人生观、世界观和价值观,就难以定位好自己的人生追求,也难以科学地认识世界、改造世界,更难以明辨是非,当然也很难成长为堪当大任的有用之才。"三观"的养成需要不断学习,要用科学的理论滋养心灵、启迪智慧,也需要有开放的心态来汲取一切有益的养料,如中国的优秀传统文化、西方的先进思想,特别是马克思主义中国化最新成果的指引。习近平总书记强调,"辩证唯物主义是中国共产党人的世界观和方法论",我们党"必须不断接受马克思主义哲学智慧的滋养,更加自觉地坚持和运用辩证唯物主义世界观和方法论"。[①] 习近平法治思想的形成离不开对古今中外治国理政经验的吸收和借鉴,其本身就是马克思主义法治理论中国化最新成果,其缜密的逻辑体系和严谨的思维方法处处蕴含着科学的世界观和方法论。将习近平法治思想融入课程思政中,有利于隐性塑造青年学子的"三观"。例如,习近平法治思想讲到法治道路的选择,特别强调要立足本国实际,绝不能盲目照搬西方的模式,认为"鞋子合不合脚,自己穿了才知道"。如果能结合一些具体的法治实践来阐释习近平法治思想,或者用习近平法治思想中的观点和论述来解释一些社会治理现象,就能够

---

① 习近平:《辩证唯物主义是中国共产党人的世界观和方法论》,《思想政治工作研究》2019年第2期,第9-11页。

强化学生们一切从实际出发的基本态度。再如,习近平法治思想提出,全面依法治国的总抓手是坚持建设中国特色社会主义法治体系;坚持全面依法治国,要坚持依法治国、依法执政、依法行政共同推进,坚持法治国家、法治政府、法治社会一体建设,要正确处理政治与法治、法治与德治、改革与法治的关系,等等。这些实际上都是在法治领域对马克思唯物辩证法中"事物的普遍联系""矛盾的对立统一"原理的细化。上述任何一个方面的观点和论述,如果能够深入浅出地融入专业课程中,并在课堂上组织学生进行开放式讨论,将能够潜移默化地影响和校正学生的"三观",实现知识传授、能力提升和价值塑造相统一的效果。

(三) 习近平法治思想对法治意识的显性培育

在全面依法治国的背景下,有必要进一步加强青年学生的法治教育,增强他们的法治意识。目前,绝大部分高校把"大学生思想道德修养和法律基础"作为学生的必修课,另外还开设相应的专业选修课和公共选修课。不论是什么性质的法学课程,都有必要把习近平法治思想引入其中,注重把隐性教育和显性教育有机结合起来。上文分析了讲好习近平法治思想,能够有效发挥其塑造"三观"的隐性作用。实际上,习近平法治思想对法治意识的培育也有直接的显性作用。而将显性教育和隐性教育相结合,是习近平总书记关于教育的重要论述提出的基本要求。习近平总书记指出,讲好新时代的思想政治理论课,必须做到"八个统一",其中之一就是"坚持显性教育和隐性教育相统一"。纵观习近平法治思想,有很多新观点、新论述都是培育法治意识的直接素材,其通俗易懂的语言风格更能够让受教育者将相关思想内化于心。以立法为例,习近平在第十八届中央政治局第四次集体学习时指出,人民群众对立法的期盼,已经不是有没有,而是好不好、管用不管用、能不能解决实际问题;不是什么法都能治国,不是什么法都能治好国;越是强调法治,越是要提高立法质量。如此简洁有力的表述,既让我们领悟了法治的精髓——良法善治,也指出了当前我国法治建设的一项重点任务,那就是要努力提高立法质量。结合这一内容,教师若能够引导学生讨论野生动物保护、公共卫生突发事件应对、国家安全等领域法律法规的修改和完善等热点问题,将既能进一步提升学生的法治意识,又能激发学生关注现实、关注民生的志趣,养成胸怀天下、悲悯众生的气度。

## 二、习近平法治思想融入课程思政的实现路径

习近平总书记在全国教育大会上指出,"教师是人类灵魂的工程师,是人类文明的传承者,承载着传播知识、传播思想、传播真理,塑造灵魂、塑造生命、塑造新人的时代重任"。平心而论,教师要承担好"三个传播"和"三个塑造"的时代重任十分不易,既需要自身努力成为"有理想信念、有道德情操、有扎实学识、有仁爱之心"的"四有"好老师,也需要积极探寻合理有效的路径把习近平法治思想融入课程思政中。概而言之,教师可以在构建内容体系、充实教学资源、创新教育方法、营造良好氛围等方面进行努力。

(一)逐步拓展课程思政主体范围

当前,无论是教育管理者、教育者还是受教育者,在认识方面都存在一些误区。部分人还没有转变观念,未充分认识到课程思政的地位和作用,认为思想政治教育只是思想政治课教师的职责;也有人虽然认可课程思政的理念和方式,但是认为课程思政只适合在一部分专业课程中开展;还有人认为,课程思政只需要一小部分老师开展即可,没必要全员参与。上述看法有一些偏误,统一认识也需要一个过程,应循序渐进地逐步拓展课程思政主体范围。就习近平法治思想在课程思政中的融入来说,首先,在法学类的专业平台课中可以做些探索,讲授"法理学""马列法学经典选读""宪法学""法制史"等课程的老师要主动作为;其次,讲授其他专业课的老师要在课程中适时体现习近平法治思想,例如讲授程序法的老师可以结合具体案件来阐释"法律面前人人平等"和"以人民为中心"的思想;再次,讲授公共管理、经济类课程的老师也可以在课程中结合本门课的特点,适当阐释习近平法治思想,例如讲到政府的宏观调控、应急管理时,引入习近平总书记关于法治与改革、依法行政、把权力关进制度的笼子等论述,将大有裨益。总而言之,只要肯下功夫挖掘,每门课都可以和习近平法治思想建立某种联系,每位教育者都可以把法治观念、为民意识融入特定的专业知识体系中,使得受教育者的思想得到洗礼,境界得到升华。当下需要做的是,让更多的老师认识到习近平法治思想融入课程思政的必要性、可行性,引导更多的老师把习近平法治思想作为重要的课程思政教育资源,并且在课程讲授中予以合理运用。

(二)合理构建内容体系

众所周知,课程思政不是"课程+思政",更不是课程"思政化",而是要把

思政元素和课程内容"有机结合"起来。也就是说,既不能把课程本身的内容和思政内容进行"生硬的搭配",因为这难以实现课程思政的目的;也不能忽略课程内容的讲授,转而对思政内容进行"空洞的说教",如此就喧宾夺主、得不偿失。著名教育学家赫尔巴特的教学结构理论认为,教学内容、教学方法与教学目的应该形成一个三维立体结构①,其中教学内容的选择是至关重要的,且教学内容的选择务必注重不同内容之间的关联性。对于课程思政,要达成知识传授、能力塑造和价值引领三位一体的目的,就一定要把思政内容和专业课程内容有机结合起来。就习近平法治思想融入课程思政而言,需要合理构建课程中可以"嵌入"习近平法治思想的内容体系,这可以从以下几个方面着手:一是对习近平法治思想的理论渊源和思维方法进行全面梳理,从理论逻辑的角度体现习近平法治思想的思想性,培养学生的法治思维,拓宽学生的理论视野;二是对习近平法治思想的形成过程和主要内容进行精准把握,从历史逻辑的角度展现习近平法治思想的科学性,培养学生的科学思维,厚植学生的家国情怀;三是对习近平法治思想指导法治建设的主要成效进行系统总结,从实践逻辑的角度呈现习近平法治思想的实践性,通过实践叙事引导学生积极投身实践,培养他们的迎难而上的探索精神和敢闯敢干的务实精神,增强学生建设法治中国的信心和决心。

### (三) 不断充实教学资源

"巧妇难为无米之炊",无论是传统的课堂讲授,还是新技术背景下的创新课堂,都需要有充足的教学资源做支撑。要想把习近平法治思想融入课程思政,就需要不断充实教学资源;不仅要丰富资源的种类,还要创新资源的呈现手段和利用方式。首先,要有专门的教材。教材的内容比较全面、体系比较完整,有利于学生从总体上对所学课程的知识体系进行把握。要想把习近平法治思想融入专业课程,最好要有专门介绍习近平法治思想的教材。目前,马工程教材《习近平法治思想概论》已经出版,这对于习近平法治思想的系统学习以及融入专业课程具有重要意义。其次,要有视频学习资料。自新冠肺炎疫情以来,线上教学资源日渐丰富,比如,教育部高等教育司集聚十余位法学教育名家推出了"习近平法治思想大讲堂",目前已经完成了对所有高校法学教

---

① 朱广琴:《基于立德树人的"课程思政"教学要素及机制探析》,《南京理工大学学报(社会科学版)》2019年第6期,第84-87页。

师的在线培训,收到了很好的效果,这将有力促进教师在课堂讲授中把习近平法治思想融入专业课程,发挥良好的课程思政教学效果。除了高校和教师开发更多的在线课程供学生学习外,教育部门和宣传部门还可以制作系列专题片,多渠道丰富教学资源。此外,各高校的实践教学基地也可以积极开发实践教育资源,拉近学生与法治实践的距离。

(四)持续创新教学方法

教学效果的好坏与教学方法的运用是否得当密切相关,对于课程思政而言,更是如此。无论是思政课程,还是课程思政,最大的难点是如何收到走心入脑的教育效果。要收到这样的效果,必须创新教学方法,不能只靠灌输,而要注重启发,要综合运用讨论式教学法、情景模拟教学法、项目教学法等多种方法。笔者在讲授"立法学"课程的时候,尝试运用上述方法,取得了较好的效果。例如讲到"法的修改"时,笔者结合新冠肺炎疫情防控措施,解读了全国人大常委会通过的《关于全面禁止非法野生动物交易、革除滥食野生动物陋习、切实保障人民群众生命健康安全的决定》,将习近平法治思想和习近平生态文明思想融入课程,并设计了讨论环节,引导学生深化对野生动物保护重要性的认识,正确认识、思考人与自然的关系。讲到"立法协商"时,为了让学生体验立法协商的优势,笔者以《××市食品摊贩管理条例(修订草案)》立法听证会为例,组织学生进行情景式模拟。有学生扮演了"小摊贩"的角色,他对自身艰辛生活的表述触动了大家本能的关爱情怀,而扮演执法者角色的学生则向大家普及了城市管理背后复杂的考量。开展课程思政还有一个有效方法是"项目教学法",就是通过特定的研究项目,让学生参与调研,在实地调研过程中增长知识、提高能力。同样在"立法学"课程中,笔者组织学生去革命圣地延安进行革命文物法律保护方面的项目调研。在和文物保护部门联合进行法制宣传的过程中,学生们了解了革命文物的保护状况,同时也接受了一场难得的爱国主义教育。其间,习近平总书记对依法保护利用革命文物的指示让大家记忆深刻。总而言之,教学方法的选择非常关键,方法对头,自然能够收到"润物细无声"的教学效果。

(五)评赛促建营造氛围

课程思政是近年来的新提法,如何做好课程思政建设,尤其是如何把习近平法治思想融入课程思政,还没有形成浓厚的氛围,也缺乏学习交流的平台。

为此,非常有必要组织评比或者课堂教学创新大赛,通过"以评促建、以赛促建"的方式逐步营造浓郁的氛围。例如,各高校可以举办"'课程思政'建设交流展示会",在会上对"课程思政教学设计""课程思政方法展示""课程思政PPT制作""课程思政微课"等进行评比,还可以组织省级、国家级课堂创新大赛。据了解,陕西省已经组织了三届课堂创新大赛,全国其他省份也在纷纷跟进。2021年7月,在教育部高等教育司的指导下,中国高等教育学会主办了以"推动教学创新 打造一流课程"为主题的"首届全国高校教师教学创新大赛",成效良好。为了激发各高校和教师的积极性,有关机构有必要出台相应的激励政策,在教改立项、教学奖励、职称评审等方面加大对课堂创新的支持力度,引导教师挖掘思政元素,尤其把习近平法治思想中的思政元素融入课程中。

## 三、习近平法治思想融入课程思政的施行要点

坐而论道易,起而行之难。要想真正把习近平法治思想融入课程思政,必须扎扎实实地抓好教育教学的每一个环节,特别是要从教学管理的角度采取措施,注重正面的激励和引导,使教师在思想上对其予以足够的重视,并采取多种方式培育师资,形成一批专业素质和思想水平都具有示范作用的教学队伍,突出课程思政在教学效果评价中的重要意义。部分高校的教育教学实践也证明了把上述举措作为促进习近平法治思想融入课程思政的施行要点,是可以起到良好效果的。

### (一)思想重视是前提

思想是行动的先导,任何事情,只有在思想上给予足够的重视,才有动力去积极实践。教书育人原本就是天然一体密不可分的,只是在教育功利化的影响下,无论是教育管理者还是教师,都出现了"重科研、轻教学"的倾向。部分教师从职称晋升、社会影响等方面考虑,觉得教学的显示度偏弱,于是忽视课堂教学的重要性,也不太注重把思政元素有机融入课程内容。基于此,加强课程思政建设,尤其是把习近平法治思想融入课程思政,前提是要转变理念认知,在思想上对其予以足够的重视。首先是学校层面要重视,学校的主管领导以及教务管理部门要积极创造条件,出台相关办法,引导各院系和所有教师重视课程思政建设,要形成"每门课程都可以有思政、每位教师都能够讲育人"的局面。其次是院系要重视,不同院系的专业差异较大,课程思政的重点也有所不同,院系作为管理和服务中心,要在激励机制建设、教学效果评价、教学研讨

组织等方面出实招,营造人人重视课程思政的浓郁氛围。再就是教师要重视,每位教师都要从立德树人的根本要求出发,努力挖掘所授课程蕴含的思政元素,尤其是把习近平法治思想中蕴含的思政素材融入课程内容之中。国内多所高校的诸多课程表明,只要用心搞好教学设计,总能找到课程思政的"心灵触发点",让学生感受到课程的"两性一度",并体悟到教师把知识传授、能力塑造和价值引领融为一体"艺术感"。

（二）师资培育是根本

"课程思政"的提法缘起于全国高校思想政治工作会议,深入把握其内涵,需要持续不断地学习和践行习近平总书记关于教育的重要论述。从多所高校近年来的实践来看,做好课程思政的关键在教师,难点也是教师。正如习近平所指出的,"办好思想政治理论课关键在教师,关键在发挥教师的积极性、主动性、创造性。思政课教师,要给学生心灵埋下真善美的种子,引导学生扣好人生第一粒扣子"[①]。能否深入挖掘每门课程中的思想政治教育元素,并将其有机融入课程育人过程中,很大程度上取决于教师的素养和育人水平。教师专业素养和思政素质的提升主要取决于自身的努力,但是也离不开组织的培育。因此,各高校对教师进行课程思政建设方面的培训是不可或缺的。具体来说,可以开展以下几个方面的工作:一是选聘专门从事教育研究的资深专家,从教育学理论的高度阐释课程思政的一般规律、重要价值,统一和提高教师对课程思政的认识;二是遴选部分在课程思建设方面有经验的一线教师开展示范培训,让教师们掌握课程思政建设的要领,丰富所授课程的教学资源,精心进行教学设计;三是加强对新入职教师和新增导师的培训,把课程思政作为一个专题进行培训,把好"入口关",系好教师课程思政教学的"第一粒扣子"。

（三）示范交流是重点

毋庸置疑,课程思政由于与意识形态和价值观教育紧密关联,具有一定的复杂性,因此,把习近平法治思想融入课程思政并不那么容易。在课程思政建设方面,需要少数先行者进行探索,进而通过交流形成示范效应,最终全面提升课程思政的广泛性和影响力。近年来,部分学校建立了"课程思政"示范课选拔与推广制度,加大了对课程思政的支持力度。一方面,通过建设"智慧教

---

① 《用新时代中国特色社会主义思想铸魂育人 贯彻党的教育方针落实立德树人根本任务》,《人民日报》2019年3月19日,第1版。

室""在线开放课程"等改善教学硬件设施,更好地为示范课程的建设与推广创造基础条件;另一方面,通过加强学校职能处室、院系教研部门、学生自治组织等主体间的协同配合,在入职培训、各类教学比赛和教学研讨等环节注重体现课程思政,自然形成了示范引导作用。示范交流一方面是传授方法和经验,更为重要的是对青年教师的一次再教育,让教师充分认识到:课程思政不是可有可无的,而是立德树人的主要渠道;每门课都可以融入思政元素,有机融入和精彩呈现需要下功夫进行教学设计,等等。教师有了这些心得,才能倾心做好课程建设和课堂讲授,才能给同事、学生形成示范作用,从而促进习近平法治思想更好地融入课程思政。

### (四) 优化评价是关键

课程思政对教师的专业能力和综合素养提出了很大的挑战,自然需要教师为此付出很大的心血。从尊重劳动的角度出发,这需要在评价机制方面对教师提供激励。近年来,教育主管部门意识到了此问题的重要性,专门出台了以教学贡献为核心内容的激励政策,主要是加大课程建设的支持力度,加大优秀课程和教师的奖励力度,加大教学业绩在专业技术职务评聘中的权重,营造重视课程改革与建设的良好氛围。① 部分高校也进行了大胆的尝试,打破了原来"重科研、轻教学"的局面,例如中国人民大学、山东大学等高校实施的教学激励措施力度很大②,有力地调动了教师的积极性,加大了教师的教学投入度。具体来说,优化评价可以从评价体系、评价方式、结果运用等方面进行完善。首先要建立健全立体化的评价体系,从教案展评、课程质量评价、课堂教学比赛、教学成果评比等方面全方位开展课程思政教学评价,因为思政元素运用得当的"金课"必然会要求教师在教学的每一个环节都精益求精;其次是评价方式的改革创新,完善多元评价机制,由教学督导、学生等多方主体进行评价,尤其是注重无记名的网络评价;最后就是结果运用,如上文所述,要对那些教学效果好、评价高的老师在职称评聘、教学奖励、人才荣誉等方面给予充分肯定。

---

① 《教育部关于一流本科课程建设的实施意见》,2019 年 10 月 30 日,http://www.moe.gov.cn/srcsite/A08/s7056/201910/t20191031_406269.html。
② 《提升本科教学质量如何发力》,中国教育新闻网-中国青年报,2020 年 3 月 17 日,http://www.jyb.cn/rmtzgjyb/202003/t20200317_307557.html。

# 高校教师课程思政能力提升策略研究
## ——校本培训供给侧改革视角

张晓娟　高永格　吴　迪

**摘要**：校本培训是培养教师教学能力的重要途径，在提升高校教师课程思政能力方面发挥着不可或缺的作用。本文基于校本培训供给侧改革思维与视角，探索提出高校教师课程思政能力提升"三三三"策略，即抓好教师、课程、竞赛"三对象"，找准校本培训发力点；把好文化认同、价值引领、扎实学识"三原则"，打造扎根中国大地的培训师；做好支持迁移、支持协作、支持共享"三功能"，构建"身心融合"的培训模式，实现校本培训由"需求侧拉动"向"供给侧推动"的转变，增强课程思政校本培训有效性，切实提升教师课程思政能力。

**关键词**：校本培训；供给侧改革；课程思政能力；提升；策略

习近平总书记在全国高校思想政治工作会议上提出，"使各类课程与思想

---

**基金项目**：本文系河北省高等学校人文社会科学研究项目"校本培训供给侧改革视域下高校教师教学能力提升路径设计与实践"（项目编号：SQ191072）、河北省高等教育教学改革研究与实践项目"新时代高校教师课程思政建设能力提升对策研究"（项目编号：2020GJJG580）、河北省研究生课程思政示范课程建设项目（项目编号：YKCSZ2021112）研究成果。

**作者简介**：张晓娟，河北工程大学教务处教材科科长，高级实验师，主要研究方向为教育技术和教师发展；高永格，河北工程大学教务处处长，教授，主要研究方向为教育管理；吴迪，河北工程大学信息与电气工程学院副教授，主要研究方向为数据挖掘。

政治理论课同向同行,形成协同效应"。这一重要论述掀起了高校课程思政教学改革热潮,《高等学校课程思政建设指导纲要》(以下简称《纲要》)的发布更是将课程思政建设的浪潮推上新的高点。教师作为全面推进课程思政建设的关键,其课程思政能力提升的重要性和紧迫性不言而喻。校本培训是一项公益性"服务产品",教师作为这一"服务产品"的消费者和享用者,与培训服务提供方(学校)的供需关系属于"长链关联"①。因此,教师尽管是培训服务的受益者,但由于与培训服务供给侧直接发生关联的教师专业发展利益一时很难凸显,因而教师对培训服务的需求不足,教师缺乏参与校本培训的主动性。这就必须实现校本培训由"需求侧拉动"向"供给侧推动"的转变。

## 一、抓好"三对象",找准校本培训发力点

教师是课程思政建设的关键。作为培训活动中的"受教育者",教师的学习特征与大学生有着显著不同:一是教师的教学经历和经验对其参加的培训活动有较大影响,二是教师的培训任务与其在学校讲授的课程和担任的工作角色密切相关。因此,面对这样一个特殊群体,只有找准培训发力点,才能做到精准施"培",有的放矢。

### (一) 抓好教师队伍"主力军",因"材"施"培"

《纲要》指出,要让所有教师都承担好育人责任。高校教师按岗位大类可分为一线教学人员、教学管理人员和教辅人员。毋庸置疑,一线教学人员作为专职教师,是目前高校开展教师课程思政能力培训的重点对象。而教学管理人员和教辅人员由于其日常工作的"非课堂性",往往不在培训对象的考虑范围内,尽管他们中有很大一部分人承担着课程教学任务。因此,要想形成"教师人人讲育人"的良好氛围,首先必须做到校本培训的全员覆盖;其次要按人员类别分别开展培训服务。例如,专职教师按照专业发展路径可分为新任教师、合格教师、骨干教师和专家型教师;教学管理人员按职务类别可细分为校级领导、行政机关与学院处级领导、行政机关与学院科级干部、科员等。可以说,每个阶段教师的课程思政能力水平都与其专业知识、教学经验与工作经历密切相关(注意这里不一定是正相关)。因此,提供的培训服务内容要根据他

---

① 龙宝新:《论教师培训供给侧改革的依据与思路》,《当代教师教育》2017年第1期,第46-52页。

们的现实"学情"分别进行设计,不能千人一面。例如,河北工程大学近几年以专题工作坊、教学论坛、教研沙龙等多种形式开展课程思政能力培训:针对教学管理人员的培训内容侧重于国家政策文件解读以及课程思政理念内涵、激励政策与改革方案等方面的培训探究;对于一线专任教师而言,除了介绍课程思政理念内涵外,还围绕他们关注的课程思政改革方法、教学设计与教学评价等来设计优化培训内容;而关于教辅工作人员的课程思政培训,则根据他们在教学中的工作性质和内容,着重围绕课程思政落实政策、保障措施等来开展,以确保他们为学校的课程思政教学改革提供必要条件和精准服务(见表1)。

表1 课程思政校本培训全员覆盖——因"材"施"培"

| 培训对象 | 教学管理人员 | 一线专任教师 | 教辅工作人员 |
| --- | --- | --- | --- |
| 培训对象细化 | 校领导;<br>中层干部;<br>科级干部;<br>科员 | 新任教师;<br>合格教师;<br>骨干教师;<br>专家型教师 | 信息技术辅助人员;<br>图书、饮食、安全等辅助人员;<br>实验教学辅助人员;<br>师资培训辅助人员 |
| 培训内容 | 1. 国家政策文件<br>2. 课程思政理念内涵<br>3. 课程思政激励政策<br>4. 课程思政改革方案 | 1. 课程思政理念内涵<br>2. 课程思政改革方法<br>3. 课程思政教学设计<br>4. 课程思政教学评价 | 1. 课程思政理念内涵<br>2. 课程思政改革意义<br>3. 课程思政落实政策<br>4. 课程思政保障措施 |

(二)抓好课程建设"主战场",因"课"施"培"

《纲要》指出,专业课程是课程思政建设的基本载体,要结合不同课程的特点、思维方法与价值理念,深入挖掘课程思政元素并有机融入课程教学,达到润物无声的育人效果。但就目前高校教师开展课程思政建设的现状来看,对与专业课程相切合的思政元素的深入有效挖掘仍然是一个痛点、难点。"爱党、爱国、爱社会主义、家国情怀、中国梦、社会主义核心价值观、中华优秀传统文化"等课程思政建设的重点内容相对更容易被教师当作某门具体课程的思政元素直接"插入"专业课程教学中来,只与专业课程内容做"物理焊接"而不能与其产生"化学反应",于是就不可避免地出现一种"假大空"现象,导致专业教育和思政教育"两张皮"的问题。河北工程大学通过教学研讨、经验交流、教学观摩等方式针对上述问题进行深入探究,并结合《纲要》精神对不同专业课程所蕴含的思政元素从理想信念、能力培养和职业素养三个层面进行了梳理,如表2所示。需要澄清的是,这三个层面绝不是独立自成一体的,而是相辅相成的。这也是对《纲要》中"全面推进课程思政建设,就是要寓价值观引导于知识传授和能力培养之中,帮助学生塑造正确的世界观、人生观、价值观,这是人才培养的应有之义"的最好诠释。

表2　不同专业课程所蕴含的三个层面的课程思政元素观测点

| 专业课程类别 | 思政元素观测点 |
| --- | --- |
| 文学、历史学、哲学类 | 理想信念:社会主义核心价值观、习近平新时代中国特色社会主义思想;<br>能力培养:马克思主义世界观和方法论的运用;<br>职业素养:自觉弘扬中华优秀传统文化、革命文化、社会主义先进文化 |
| 经济学、管理学、法学类 | 理想信念:社会主义核心价值观、中国特色哲学社会科学体系构建;<br>能力培养:对相关专业和行业领域的国家战略、法律法规和政策的了解,立足现实、深入社会实践;<br>职业素养:经世济民、诚信服务、德法兼修 |
| 教育学类 | 理想信念:学为人师、行为世范,"四有"好老师,(体育类)健康第一、奋斗有我、为国争光;<br>能力培养:传道、授业、解惑,(体育类)创新实践、终身学习;<br>职业素养:爱国守法、规范从教、以德立身、以德立学、以德施教,(体育类)顽强拼搏、坚持不懈、团结战斗、倡导全民健身、弘扬中华体育精神 |
| 理学、工学类 | 理想信念:中华民族伟大复兴中国梦、科技报国;<br>能力培养:科学思维方法,认识、分析、解决问题,创新实践;<br>职业素养:追求真理、精益求精、工匠精神、工程伦理意识 |
| 农学类 | 理想信念:大国"三农"、服务乡村振兴、绿水青山就是金山银山;<br>能力培养:立足实际、善于调查研究、理论联系实际;<br>职业素养:懂农业、爱农村、爱农民、生态文明保护、扎根祖国大地 |
| 医学类 | 理想信念:人民至上、生命至上、医者仁心;<br>能力培养:医术精湛、沟通能力、重大突发公共卫生事件应急能力;<br>职业素养:敬佑生命、救死扶伤、甘于奉献、大爱无疆 |
| 艺术学类 | 理想信念:文化自信、为谁创作、为谁立言;<br>能力培养:立足时代、扎根人民、深入生活;<br>职业素养:以美育人、以美化人,弘扬中华美育精神,传承和弘扬中华优秀传统文化 |

### (三) 抓好教学竞赛"主平台",因"赛"施"培"

课程思政能力是新时代对高校教师专业发展提出的新要求,是高校教师落实立德树人根本任务的重要素养。近两年来,随着《纲要》的发布,微课大赛、信息化教学竞赛、教学创新大赛等各类赛事也加大了对教师课程思政能力的关注。如2021年启动的第二届全国高校教师教学创新大赛与2020年首届相比,更加注重课程思政建设。"大赛通知"开篇表明本届大赛是为"助力高校课程思政建设",且在"课堂教学实录视频""课程教学创新成果报告"与"教学创新设计汇报"的评分标准中均增加了课程思政评价维度。表3为第二届全国高校教师教学创新大赛评分标准中课程思政评价维度在评分项目中的权重及其排名。

表3 第二届全国教师教学创新大赛中课程思政评价维度在评分项目中的权重及其排名

| 评分项目 | 评价维度数量/个 | 课程思政评价维度权重/% | 课程思政评价维度权重排名 |
| --- | --- | --- | --- |
| 课堂教学实录视频 | 6 | 20 | 1 |
| 课程教学创新成果报告 | 5 | 20 | 1 |
| 教学创新设计汇报 | 8 | 20 | 2 |

应该说,当前各类教学竞赛对课程思政的重视,在很大程度上激发了教师提升自身课程思政能力的内在需求。校本培训服务供给侧要紧紧抓住教师对培训服务需求的"动态调整期"——由"被动性"开始转变为"主动性"的阶段,积极有效地响应教师培训需要,即"想教师之所想,急教师之所急,培教师之所需"。当培训供给侧聚焦教师合理培训需要,推出的"服务产品"契合教师需要,就会达到"供需平衡"的状态。然而,"供需平衡"只能是一种理想的状态。事实上,校本培训供给侧提供的"服务产品"与教师的专业发展需要很难实现无缝对接,这就会出现两种可能。一是当供大于需时,即校本培训供给侧在满足教师专业发展需求的基础上,又提供了更高一级的服务,来推动教师更进一步的专业发展;教师因"自发的需求"被满足对培训服务做出"好评",在面对供给方"学一赠一"的服务时,自然也会"欣然接受",这时候就会实现"以供给引领需要"。二是当供小于需时,即校本培训供给侧提供的服务未能满足教师专业发展需求,教师可能会因"自发的需求"未被满足而对培训服务做出"差评";而在面对需求方的"差评"时,供给方必须调整改良"服务产品",重获教师对培训服务质量的认可,如此才能继续吸引"顾客",维持校本培训的"生存",这时候就会实现"以需求倒逼供给"。校本培训供给侧与需求侧之间的耦合关系,可以推动形成教师课程思政能力螺旋式上升的良好发展态势。近年来,河北

工程大学抓好教学竞赛这一平台,在各类校赛评审指标中增加课程思政考核项目分值,依托教师教学创新大赛、课程思政教学竞赛、教师教学技能大赛等几大赛事,着力提升教师课程思政建设意识和能力。例如,河北工程大学课程思政教学竞赛设初赛和决赛两个环节,决赛又分为半决赛和总决赛两个阶段,初赛和半决赛淘汰率分别为35%和30%。初赛内容为"参赛教师对某门参赛课程的整体设计思路和对某一教学节段的课程思政教学设计",半决赛内容为"课程教学设计+现场教学展示",总决赛内容为"现场教学展示+现场答题"。在初赛前,学校邀请省级教学名师组织开展关于课程思政教学设计的专题工作坊,对教师的课程思政教学设计问题进行答疑解惑;初赛结束后,立即组织大家针对初赛中出现的相关问题进行研讨分析;半决赛结束后结合半决赛中出现的问题和总决赛中的注意事项进行培训交流。这种因"赛"施"培"、边"赛"边"培"的方式,不仅得到了参赛教师的高度认可,提高了培训质量,同时也提升了大赛竞技水平,发挥了示范引领作用。

## 二、把好"三原则",打造扎根中国大地的培训师

教育大计,教师为本。培训师资是校本培训的第一资源,是衡量一所高校教师培训综合水平的重要指标。培训师作为培训服务供给侧的要素,是影响参培教师专业发展的关键人物,是提高培训质量的能动因素,是促进教师教学能力提升的重要保证[①]。为推动学校课程思政教学改革与校本培训质量提升,河北工程大学坚持教育的"四为服务",坚持扎根中国大地办教育,以"大工程文化育工程人"为引领,坚持"教育者先受教育",着力打造一支底色鲜亮、师德高尚、业务精湛的课程思政师资队伍,为校本培训实现由"需求侧拉动"向"供给侧推动"转变提供了动力源泉。学校优先从各类教学名师、青年讲师团讲师、课程思政教学竞赛获奖教师、教学成果奖获得者,以及青年骨干教师中遴选、培育和打造学校课程思政培训师,并遵循以下几方面原则:

---

① 邬志辉:《一支师德高尚、业务精湛、结构合理、充满活力的教师队伍正在形成》,2015年12月7日,http://www.moe.gov.cn/jyb_xwfb/xw_fbh/moe_2069/xwfbh_2015n/xwfb_151207/151207_sfcl/201512/t20151207_223269.html。

## (一) 文化认同

"文化是一个国家、一个民族的灵魂"①,中华文化"代表着中华民族独特的精神标识"②,是中华民族沧桑历史的最好见证者。从这个意义上说,文化认同不只是一个理论概念,也是一种文化实践。中华民族文化认同是实现中华民族伟大复兴中国梦的精神支柱,也是铸牢中华民族共同体意识,努力建设中华民族共有精神家园的实践力量源泉。因此,文化认同于个体而言,创造性地回答了"我是谁"这一根本问题。高校教师作为"人类灵魂的工程师",只有完成"我是谁"这一思想源头的归位,才能在"培养什么人、怎样培养人、为谁培养人"的教育根本问题上牢牢把握住方向,不偏离航道。而课程思政培训师作为"教师的教师""灵魂的灵魂",更是要做到"教育者先受教育",在"21世纪这个世界性的战国世纪"③,积极培育和努力践行社会主义核心价值观,始终继承与弘扬中华优秀传统文化,以文化自觉和文化自信抵御西方敌对势力的思想文化渗透。

## (二) 价值引领

在马克思看来,价值是指人的需要与客观事物属性之间的一种利益关系,最根本的就是个体价值与社会价值、个人利益与集体利益的关系。价值引领即主体对价值关系或价值取向的一种认识,属于主观思想意识层面的范畴,是主体观点、思想、价值观等要素的总和。从这个意义上来讲,价值引领亦可理解为意识形态引领,具有明确的方向性和政治性。党的十八大以来,中国特色社会主义进入新时代,中华民族迎来了从站起来、富起来到强起来的伟大飞跃。但同时我们也要清醒地看到:新时代,我国正处于并将长期处于社会主义初级阶段这一基本国情没有改变,为实现中华民族伟大复兴中国梦还要不懈奋斗,为实现马克思的终极社会理想"真实共同体"还有很长的路要走。当前,站在"两个一百年"奋斗目标的历史交汇点上,面对国内国际新形势、意识形态领域新态势、信息化发展新趋势,高校课程思政培训教师必须加强价值引领,

---

① 习近平:《在中国文联十大、中国作协九大开幕式上的讲话》,《人民日报》2016年12月1日,第2版。

② 《把培育和弘扬社会主义核心价值观作为凝魂聚气强基固本的基础工程》,《人民日报》2014年2月26日,第1版。

③ 费宗惠、张荣华:《费孝通论文化自觉》,内蒙古人民出版社,2009,第22页。

始终坚持正确的价值取向,坚决守住守好意识形态主阵地,有力回应极端个人主义、历史虚无主义、普世价值论等各种错误观点,透过现象看本质、入木三分看问题、鞭辟入里找答案,做到个体价值与社会价值的深度融合、个人利益与集体利益的有机结合、个人理想与共同理想的高度契合①,如此才能在校本培训服务中成为让人信服的思想政治教育价值引领的"行家里手"②。

(三) 扎实学识

"水之积也不厚,则其负大舟也无力。"扎实学识是对新时代教师提出的新要求,是衡量好老师的重要标准,课程思政培训师自然也不例外。专业课程是高校教师加强课程思政能力建设的基本载体。作为课程思政培训师,首先必须在学识上高人一等,正所谓"学高为师"③。这里的"学识"包括知识、修养和对事物的准确判断能力等。当前社会信息化、知识化、全球化高度发展,世界局势复杂多变,培训教师必须具备精深的学科知识、深厚的文化修养、丰富的实践性知识、先进的教育教学理念以及对事物的准确判断能力,完成对自身专业课程教学内容的深入梳理,并结合自身专业课程特点、思维方法和价值理念,实现对自身专业课程思政元素的准确定位和深入挖掘,并将其有机融入课程教学,达到如盐溶水、润物无声的育人效果,如此才有可能在校本培训服务中对不同专业、不同课程的参培老师给予分类指导并提供个性化咨询意见和帮助,促进教师课程思政能力的提升。

## 三、做好"三功能",构建"身心融合"的培训模式

"教师是人类灵魂的工程师",习近平总书记在全国教育大会上对教师这一"人类文明的传承者"所承载的时代重任再次作了强调,即传播知识与真理,塑造灵魂、生命与时代新人。而课程思政作为落实立德树人根本任务的战略举措,只有成为塑造学生灵魂与生命的一门艺术时,才能真正体现出育人价值。教师课程思政能力培训亦然,即只有触动或感染到参培教师的心灵,才能唤醒教师的"育人"使命自觉,才能有效激发与提升他们的课程思政建设意识

---

① 骆郁廷:《"小我"与"大我":价值引领的根本问题》,《马克思主义研究》2019年第12期,第64-74页。
② 高智雄:《习近平总书记强调的"行家里手"》,《学习时报》2021年11月8日,第2版。
③ 《中国教育报》评论员:《好老师要有扎实学识》,《中国教育报》2014年9月13日,第1版。

和能力,使他们在"培养什么人"的教育首要问题上站稳立场。为有效打动或塑造灵魂,河北工程大学通过营造支持迁移的培训环境、创设支持协作的培训方式和开发支持共享的培训资源,构建基于"身心融合"的课程思政校本培训模式,为校本培训实现由"需求侧拉动"向"供给侧推动"的转变提供了条件保障。

(一)营造支持迁移的培训环境

具身认知理论认为,人的认知是具身的,而身体被环境所包容,即认知、身体和环境共同组成一个动态的统一体,人的认知过程会被周围的环境所影响。因此,一次培训效果好、培训质量高的校本培训,除了要有好的培训师资外,培训环境的组织营造也至关重要,因为它直接影响着参培教师对培训内容的"认知",即获得培训知识与应用培训知识的过程。在这里,我们可以把这种"认知"理解为一种培训迁移。培训迁移指培训结束后,学员将在培训过程中所学知识、技能与情感态度有效地、持续地应用于教学工作之中,从而使培训服务发挥最大价值的过程。[1] 作为教师培训的后续应用环节,培训迁移是实现和增强培训服务实效性的重要因素。[2]

同因素理论和笔者多年的培训实践证明,培训环境与参培教师的实际教学工作环境越接近,越能实现培训迁移,促进教师改善自己的教学行为。这里的环境包括物理环境和心理环境。对这两类环境特别是心理环境的关注,在课程思政培训中尤为重要,因为它有助于激发和调动参培教师的真情实感,更有利于促进课程思政培训目标的达成。

因此,教师培训管理者应会同培训教师结合培训服务类型和参培教师特征选择合适的培训场所,营造能够最大程度支持教师迁移的培训环境(见表4),使其与教师实际工作环境保持物理上和心理上的趋近,以最大程度地发挥校本培训的效用,达成培训目标。当然,还应创设在培训活动结束后能够激发教师立即运用新知识与新技能的环境,促进培训迁移的有效及时发生。

---

[1] De Rijdt, Catherine, et al. "Influencing Variables and Moderators of Transfer of Learning to the Workplace Within the Area of Staff Development in Higher Education: Research Review". *Educational Research Review*, 2013, vol. 8, pp.48-74.

[2] 姜蔺、韩锡斌、程建钢:《工作环境对高校教师混合教学培训迁移动机的影响》,《现代远程教育研究》2018年第4期,第78-88页。

表 4 不同类型培训服务的培训环境特征

| 培训服务类型 | 培训环境侧重点 | 培训环境特征 |
| --- | --- | --- |
| 现代信息技术应用类培训（软件、硬件使用培训） | 物理环境逼真 | 软件、设备等环境条件与教师实际工作环境保持一致 |
| 课程思政政策与理论类培训 | 心理环境逼真 | 具备先行组织者（引导性材料）和编码策略 |
| 课程思政建设与实践类培训 | 物理环境逼真＋心理环境逼真 | 结合教师工作实际设计培训任务 |

## （二）创设支持协作的培训方式

教师培训的协作是指在培训目标实施过程中，培训师与参培教师之间、参培教师彼此之间为改善教育教学实践，以自愿平等的方式就共同遇到的或感兴趣的教学问题，共同探讨解决的办法，从而形成的一种协调与配合的互动关系。这一关系的形成往往伴随着知识分享的发生。因此，从这个意义上来说，创设能够支持教师间相互协作的培训方式诸如小组研习、合作探究、伙伴竞争等，能有效促进教师合作关系，激发与强化教师专业发展意愿，提高教师个体反思能力，实现教师个体知识向群体知识的转化，同时也有助于充分有效地利用学校资源实现教师的协同发展。根据培训时间和培训内容、任务的不同，可以将校本培训协作形式分为培前协作式、培中协作式和培后协作式三种。目前，培中协作式在教师培训中已数见不鲜，而其他两种协作方式在多数高校校本培训中还尚未得到重视。培前协作式，顾名思义，是指在培训前教师们能够围绕培训目标开展的协作式交流与分享。培前协作式不被关注的原因有二：一是教师报名参加校本培训的随机性较大，参培教师数据信息不确定；二是培训师要对所有参培教师的"学情"有一定了解方能给出适合的协作学习任务，这对培训师而言是一项极其耗费时间、精力的工程。而培后协作式是指在培训结束后教师们能够继续维持的协作关系，它需要满足两个前提条件：一是教师存在自主专业发展的意愿或动机；二是具有支持教师协作教学研讨的激励政策或措施。培前协作式和培后协作式是校本培训相对其他教师培训更能顺利开展的一个显著特征，高校校本培训服务供给方（教师教学发展中心）应加大对培前协作式和培后协作式的创设与关注，充分利用云计算、大数据和移动智能终端等信息网络技术掌握参培教师"学情"，为培训的有效、高效开展提供前期数据；同时，会同其他相关部门（如教务处、宣传部、教师工作部等）构建教师教学学术共同体,制定教学相关激励政策或措施,建立知识分享的长效机制与"学术保护区",拓展知识分享渠道等①,以此激发教师自觉参与教学改革及实践的意愿和热情。

(三) 开发支持共享的培训资源

资源是课程思政建设的源头活水。② 从课程资源学与思想政治教育资源学视角分析,课程思政培训资源主要可分为主体资源、教材资源、文化资源和网络资源四大类型。主体资源,指课程思政培训活动中能够充分发挥积极育人作用的人的因素,这里主要指培训师和参培教师。在培训活动中,培训师和参培教师作为培训的供给侧和需求侧的主体,既是培训资源的分享者,又是培训资源的享用者,因此,提高他们的专业课程资源开发意识和能力,鼓励和支持他们把有机结合专业教育与思政教育的鲜活案例转化为可供分享的网络化资源、数字化教材,是增加各门课程"知识性、人文性",提升课程"引领性、时代性和开放性"的有效路径。教材作为最基本的素材性资源,其开发与利用程度直接影响校本培训的实施效果。特别是课程思政作为近几年教师培训的新热潮,相关教材的开发和使用能够有力提升教师的课程育人能力,实现专业课程与思政课程的"同向同行"。文化资源是高校内涵式发展的重要内容,习近平总书记指出,加强高校思想政治工作,要注重文化浸润、感染、熏陶,既要重视显性教育,也要重视潜移默化的隐形教育,实现入芝兰之室久而自芳的效果。高校课程思政文化资源体现在多个方面,如政治建设、组织制度、办学历史、建筑景观、精神符号、活动行为等,而专业特色文化资源作为高校及其院系在发展过程中所形成的一种文化资源,对师生的影响最深、最远,是高校文化资源的"魂"③。根据不同学科专业特色和优势所开发的文化资源在校本培训中有着独特优势:一是"以文化人",加强教师对学校及学科专业历史的了解,激发教师的专业自信和知校爱校情怀;二是"以文育人",促进不同学院之间教师的专业知识交流和学科融合,促进教师在教学中突破自己的学科专业背景,多学

---

① 黄日健:《教师合作的知识分享困境及突破》,《教育理论与实践》2020 年第 26 期,第 38-40 页。

② 刘玲:《高校课程思政的资源及开发研究——基于〈高等学校课程思政建设指导纲要〉分析》,《高教学刊》2021 年第 19 期,第 164-167 页。

③ 郭治鹏:《高校文化资源在大学生思想政治教育中的作用探析》,《高教学刊》2020 年第 24 期,第 178-182 页。

科协同创新人才培养模式,有效提升专业课程育人能力。课程思政网络资源是高校教师进行课程思政教学的重要支撑。目前,高校的课程思政网络资源主要来自两个方面:"引入"和"自建"。高校引入的课程思政网络资源主要来自由国家权威媒体人民网、新华网和光明网分别研发的资源平台——"人民课程思政教育资源库""新华思政"和"高校课程思政资源数据库"。尽管这三大平台思政资源非常丰富,但对高校专业课程教师而言,资源的普适性较强,针对性比较缺乏,资源使用的效果并非十分理想。因此,加强高校自身课程思政网络资源的建设就显得十分必要。例如,利用现代信息技术将学校的红色"家底"或者专业特色"档案"建成网络虚拟展馆、虚拟实验室等供广大师生参观体验,可以让专业课程内容"入味",也更容易"入脑入心",在专业知识传授与能力培养的同时实现价值引领,从而落实立德树人根本任务。

　　立德树人成效是检验高校一切工作的根本标准。高校要担负起时代赋予的立德树人重任,培养担当民族复兴大任的时代新人,就必须全面提升教师课程思政建设意识与能力。笔者多年的培训实践经验表明,基于校本培训供给侧改革的高校教师课程思政能力提升策略,能够切实增强高校教师课程思政能力培训效果,在很大程度上唤醒高校教师育人自觉与传道使命,帮助教师解决课程思政建设过程中的问题和疑惑,促进教师课程思政建设好经验好做法的共享与推广,真正发挥教师课程思政改革主力军的作用。

# 我国课程思政研究的现状、热点与发展趋势

杨 杰 王思雨 罗 骏

**摘要**：思想政治教育是高校立德树人的重要组成部分。为形成全员、全程、全方位育人格局，亟待全面推进课程思政建设。本文以CNKI数据库收录的2000—2021年课程思政领域的1124篇载于核心期刊的文献为研究对象，用可视化软件CiteSpace绘制知识图谱，结合文献计量法，从时间、机构、作者、期刊、关键词等方面进行统计分析，探究课程思政研究的现状、热点与发展趋势。研究发现：2017年后研究成果飙升；发文机构主要为京津冀、长三角高校；发文作者以高校思政课教师、高校及教育部门的领导和管理者为主，非思政专业课教师较少，且单位、人员间合作关系弱；发文期刊以马克思主义和教育学期刊为主，其他专业类型的期刊发文数量较少；热点包括政策引领、理论辨析、价值定位、路径方法、应用领域等；未来理论研究持续推进、价值定位日益多元和应用领域不断拓展会成为研究趋势。

**关键词**：课程思政；CiteSpace；知识图谱；热点；趋势

---

**基金项目**：本文系教育部人文社会科学研究专项任务项目（高校辅导员研究）"新媒体环境下大学生网络文明素养培育路径研究"（项目编号：22JDSZ3171）、四川省教育厅网络思想政治教育研究课题"高校思政类公众号'四史'宣传教育影响力研究"（项目编号：CJWSZ21-17）、中央高校教育教学改革专项资金项目"校级课程思政研究分中心建设研究"（项目编号：E2022060）成果之一。

**作者简介**：杨杰，中国民用航空飞行学院人文艺术研究所研究实习员；王思雨，成都理工大学马克思主义学院本科生；罗骏，四川大学公共管理学院教授，硕士生导师。

高校作为思想政治教育的主阵地,承担着培养中国特色社会主义合格建设者和可靠接班人的重任。为落实立德树人根本任务,2014年,上海率先出台《上海高校课程思政教育教学体系建设专项计划》,提出了"课程思政"的概念并选择了一批试点学校进行推广。这一举措得到了党中央的高度赞扬与肯定,2016年12月,习近平总书记在全国高校思想政治工作会议上提出:"各门课都要守好一段渠、种好责任田,使各类课程与思想政治理论课同向同行,形成协同效应。"[①]2017年12月,教育部印发《高校思想政治工作质量提升工程实施纲要》(以下简称《实施纲要》),明确要求"梳理各门专业课程所蕴含的思想政治教育元素和所承载的思想政治教育功能,融入课堂教学各环节,实现思想政治教育与知识体系教育的有机统一"[②]。2019年8月,中共中央、国务院印发《关于深化新时代学校思想政治理论课改革创新的若干意见》(以下简称《意见》),强调要"建成一批课程思政示范高校,推出一批课程思政示范课程,选树一批课程思政教学名师和团队,建设一批高校课程思政教学研究示范中心"等[③]。2020年5月,教育部发布的《高等学校课程思政建设指导纲要》(以下简称《指导纲要》)强调"把思想政治教育贯穿人才培养体系,全面推进高校课程思政建设,发挥好每门课程的育人作用,提高高校人才培养质量"[④]。目前,全国高校已经掀起了开展课程思政建设的热潮,涌现出许多创新性的经典课程思政案例,成效显著。关于课程思政的研究成果也急剧增长,为今后课程思政可持续发展提供了理论支撑。

目前,针对课程思政的研究成果主要集中在对课程思政与思政课程的概念和关系辨析、课程思政的价值定位、实践路径、教学改革等方面。但综述类文献较少,鲜有利用可视化方法对相关文献展开研究。据此,本文通过对中国知网收录的核心期刊文献进行全面、系统、深入的挖掘,采用知识图谱和文献

---

① 《把思想政治工作贯穿教育教学全过程 开创我国高等教育事业发展新局面》,《人民日报》2016年12月9日,第1版。
② 《高校思想政治工作质量提升工程实施纲要》,2017年12月4日,http://www.moe.gov.cn/srcsite/A12/s7060/201712/t20171206_320698.html。
③ 《关于深化新时代学校思想政治理论课改革创新的若干意见》,2019年8月14日,http://www.gov.cn/zhengce/2019-08/14/content_5421252.htm。
④ 《高等学校课程思政建设指导纲要》,2020年5月28日,http://www.moe.gov.cn/srcsite/A08/s7056/202006/t20200603_462437.html。

计量的方式,探寻课程思政研究的现状、热点以及未来发展趋势,以期为我国课程思政教育的理论研究和实践发展提供参考和借鉴。

## 一、数据来源与研究方法

（一）数据来源

本文通过在CNKI数据库中,使用"高级检索"功能,检索条件分别设定为"篇名＝'课程（并含）思政'或含'三全育人'"，"时间＝2000—2021年"（检索时间为2022年5月18日）,"来源类别＝核心期刊/CSSCI",共检索到1334篇文献,剔除资讯、书评等无关文献210篇,最后保留1124篇。

（二）研究方法

可视化图谱是一种新兴的科学研究方法,有助于识别科学知识的发展进程与结构关系,以可视化的方式呈现数据的分析结果,帮助研究者探明研究领域的总体图景、研究热点、研究趋势、知识基础等,进一步掌握研究主题的交叉、渗透和衍生变化。① 本文选择陈超美教授团队研发的CiteSpace可视化分析软件,结合文献计量法,对课程思政研究文献的检索结果从发文量分布、发文机构、发文作者、发文期刊、高被引文献、关键词及研究主题等方面进行统计分析。通过系统梳理已有课程思政研究成果,发现目前研究存在的问题,并为未来的研究提供参考。

## 二、课程思政研究的概况

（一）发文量分析

文献数量的年度分布情况可以揭示该领域研究发展趋势,有利于在宏观层面对课程思政研究进行整体把握。因此,本文对检索到的文献按年份进行统计,并绘制历年发文量分布折线图,如图1所示。根据图1,可以将课程思政研究大致分为两个阶段:2000—2016年是探索阶段,发文数量40篇,占比3.56%,主要对思政课程设置、思政教师队伍、高职院校思政实践等内容进行分析,这与《关于进一步加强和改进大学生思想政治教育的意见》（以下简称

---

① 赵蓉英、魏明坤：《可视化分析视角下的国内竞争情报发展演进》,《现代情报》2017年第10期,第165-171页。

《教育意见》)的要求息息相关。2017—2021年是发展阶段,这一期间发文量飙升,发文数量1084篇,占比96.44%,研究主题逐渐由传统的思政课程向课程思政转变,研究的范畴包括课程思政与思政课程的概念和关系辨析,课程思政的价值定位、实践路径、教学改革等方面,这与2014年上海高校开展课程思政的先行尝试、2016年习近平总书记在全国高校思想政治工作会议上对课程思政的重要部署、2017年印发的《关于加强和改进新形势下高校思想政治工作的意见》(以下简称《工作意见》)和《实施纲要》,以及2020年印发的《关于加快构建高校思想政治工作体系的意见》(以下简称《体系意见》)和《指导纲要》紧密相关,凸显了高校思想政治教育工作紧跟党中央的政策,与时俱进。

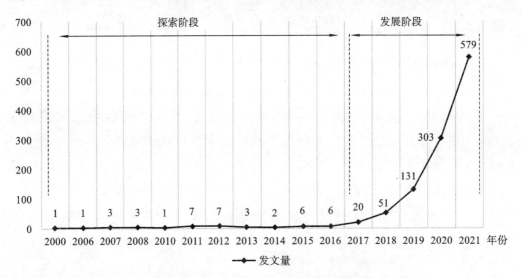

图1 2000—2021年课程思政发文量分布(篇)

(二)发文机构分析

通过对发文机构的分析,可以了解课程思政研究的核心机构。对1124篇文献中作者所属机构进行统计(见表1),数据显示,发文量在10篇以上的有:华东师范大学、西南大学、吉林大学和复旦大学等10所高校,它们都是课程思政研究领域的核心力量。从院校属性来看,发文量在10篇及以上的机构中,双一流高校有9所。从地域分布来看,研究机构的地域性差异明显,总体上京津冀、长三角高校居多,发文量排名前5的机构中,有2所上海地区的高校,这与上海高校16年来全面推进课程思政教改、新型课程体系逐渐成型高度相关。复旦大学、华东师范大学入选了2019年"上海高校课程思政整体改革领航高校"。上海地区高校在课程思政方面的有益探索已成为全国高校课程思政建设的样板。

表 1　课程思政研究高发文机构统计表（篇）

| 序号 | 机　　构 | 发文量 | 序号 | 机　　构 | 发文量 |
| --- | --- | --- | --- | --- | --- |
| 1 | 华东师范大学 | 24 | 6 | 清华大学 | 12 |
| 2 | 西南大学 | 18 | 7 | 东南大学 | 12 |
| 3 | 吉林大学 | 16 | 8 | 南京大学 | 10 |
| 4 | 复旦大学 | 14 | 9 | 四川大学 | 10 |
| 5 | 东北师范大学 | 14 | 10 | 江苏大学 | 10 |

（三）发文作者分析

论文是学者科学研究成果的载体，作者发文量是体现学科领域内研究人员对某一主题的关注度和学术影响力的重要指标之一，尤其是发表于高水平期刊的文章数量更加具有代表性。如表 2 所示，发文量在 3 篇及以上的学者仅有 13 位，说明目前还未形成特别具有代表性的研究群体。韩宪洲发文量最多，有 8 篇，赵富学、陈峻、高德毅等均发文 3 篇及以上，他们构成了课程思政研究的核心主体。其中高德毅与宗爱东从战略角度系统论述了构建思政课、专业课和综合素养课三位一体的高校思政课程体系，奠定了课程思政研究的理论基础。韩宪洲从发展维度、理论维度、实践维度阐释了课程思政的内涵，并提出从提升认识、深化实践、完善制度方面推进课程思政建设，推进中国特色社会主义一流大学建设。成桂英从教学改革、绩效考核、高校教师等方面对课程思政建设提出了意见。其他学者主要是围绕以上主题和某一类课程的课程思政设计展开研究，促进了课程思政应用的发展。研究的群体大致可以分为三类：一是以高校思政课教师为主体，如成桂英等；二是以非思政专业课教师为主体，如李姗姗、赵富学、刘正光等；三是以高校及教育部门的领导和管理者为主体，如北京联合大学党委书记韩宪洲、上海市教卫党委副书记高德毅、上海市学生德育发展中心主任宗爱东等。

表2 课程思政研究高发文作者统计表(篇)

| 序号 | 作者 | 发文量 | 序号 | 作者 | 发文量 |
|---|---|---|---|---|---|
| 1 | 韩宪洲 | 8 | 8 | 刘正光 | 3 |
| 2 | 赵富学 | 6 | 9 | 沈扬 | 3 |
| 3 | 陈峻 | 4 | 10 | 董翠香 | 3 |
| 4 | 高德毅 | 3 | 11 | 于歆杰 | 3 |
| 5 | 宗爱东 | 3 | 12 | 陈理宣 | 3 |
| 6 | 成桂英 | 3 | 13 | 王欣 | 3 |
| 7 | 李姗姗 | 3 | | | |

## (四) 发文期刊分析

采用文献计量的方法,对刊载课程思政相关文献排名前10的期刊进行统计分析,如表3所示。其显示发表课程思政研究成果的期刊全部分布在马克思主义理论和教育学领域。由此不难得出结论,课程思政研究成果大多刊发在马克思主义和教育学期刊上,其他专业类型的期刊发文数量较少,这说明研究主力军是思政类、教育类的研究者,非思政的专业类教师在相关学科专业期刊上的课程思政研究成果较少,凸显出课程思政研究的学科分布不平衡问题。

表3 课程思政发文期刊及发文量统计表(篇)

| 序号 | 期刊名称 | 发文量 | 序号 | 期刊名称 | 发文量 |
|---|---|---|---|---|---|
| 1 | 中学政治教学参考 | 115 | 6 | 思想理论教育 | 36 |
| 2 | 中国高等教育 | 91 | 7 | 教育与职业 | 33 |
| 3 | 学校党建与思想教育 | 87 | 8 | 思想理论教育导刊 | 29 |
| 4 | 中国大学教学 | 55 | 9 | 教育理论与实践 | 28 |
| 5 | 中国职业技术教育 | 45 | 10 | 思想教育研究 | 25 |

## (五) 高被引文献分析

前文分析了期刊的类型,而期刊的级别也是体现载文质量的重要指标,发文量仅是一个方面的体现。依据尤金·加菲尔德给出的衡量期刊影响力大小的指标"影响因子"的计算公式:$IF(k)=(n_{k-1}+n_{k-2})/(N_{k-1}+N_{k-2})$[①],可知刊载文献的被引次数与期刊影响因子息息相关。被引次数可以表明学者们对该

---

① $k$ 为某年,$N_{k-1}+N_{k-2}$ 为该刊在前一两年发表的论文数量,$n_{k-1}$ 和 $n_{k-2}$ 为该刊在 $k$ 年的被引用数量。

成果的认可度,被引次数越多,证明文章质量越高,也越能提升期刊级别。基于此,本文列举了课程思政研究领域被引排名前10的文献,如表4所示。表4表明被引频次高的文献的发表时间集中分布在2017年和2018年,因为学者们倾向于引用被引次数多的文献,由此形成"马太效应",如被引频次在1000次以上的4篇文献,其中3篇的作者都位于上海地区,这与上海首先开展课程思政实践并展开研究高度相关。此外,这些高被引文献也体现出课程思政研究按照现状—问题—对策的逻辑,重点围绕课程体系设计、价值定位、实践案例等进行,为今后课程思政研究提供了丰富的理论和经验参照。

表4 课程思政高被引文献

| 序号 | 被引文献 | 被引频次 |
| --- | --- | --- |
| 1 | 高德毅,宗爱东.从思政课程到课程思政:从战略高度构建高校思想政治教育课程体系[J].中国高等教育,2017(1):43-46. | 2637 |
| 2 | 高德毅,宗爱东.课程思政:有效发挥课堂育人主渠道作用的必然选择[J].思想理论教育导刊,2017(1):31-34. | 1706 |
| 3 | 邱伟光.课程思政的价值意蕴与生成路径[J].思想理论教育,2017(7):10-14. | 1474 |
| 4 | 陆道坤.课程思政推行中若干核心问题及解决思路——基于专业课程思政的探讨[J].思想理论教育,2018(3):64-69. | 1261 |
| 5 | 高燕.课程思政建设的关键问题与解决路径[J].中国高等教育,2017(Z3):11-14. | 730 |
| 6 | 王学俭,石岩.新时代课程思政的内涵、特点、难点及应对策略[J].新疆师范大学学报(哲学社会科学版),2020,41(2):50-58. | 694 |
| 7 | 何红娟."思政课程"到"课程思政"发展的内在逻辑及建构策略[J].思想政治教育研究,2017,33(5):60-64. | 627 |
| 8 | 李国娟.课程思政建设必须牢牢把握五个关键环节[J].中国高等教育,2017(Z3):28-29. | 614 |
| 9 | 余江涛,王文起,徐晏清.专业教师实践"课程思政"的逻辑及其要领——以理工科课程为例[J].学校党建与思想教育,2018(1):64-66. | 561 |
| 10 | 邱仁富."课程思政"与"思政课程"同向同行的理论阐释[J].思想教育研究,2018(4):109-113. | 489 |

## 三、课程思政研究的热点

关键词是对文章主题的高度概括和提炼,也是文章的核心和精髓。高频关键词通常被用来确定某一个研究领域的热点问题。① 如图2所示,将相关高频关键词(见表5)进行归纳总结共形成5个聚类标签,分别为政策引领、理论辨析、价值定位、路径方法、应用领域。

表5 课程思政研究高频关键词

| 序号 | 关 键 词 | 频次 | 序号 | 关 键 词 | 频次 |
|---|---|---|---|---|---|
| 1 | 课程思政 | 396 | 16 | 教书育人 | 6 |
| 2 | 三全育人 | 127 | 17 | 教学设计 | 6 |
| 3 | 思想政治教育 | 81 | 18 | 学科德育 | 6 |
| 4 | 思政课程 | 73 | 19 | 体育课程 | 5 |
| 5 | 立德树人 | 63 | 20 | 专业课程 | 5 |
| 6 | 教学改革 | 55 | 21 | 实践路径 | 5 |
| 7 | 高职院校 | 48 | 22 | 食品专业 | 5 |
| 8 | 思政建设 | 37 | 23 | 政治理论课 | 5 |
| 9 | 思想政治理论课 | 30 | 24 | 传统文化 | 5 |
| 10 | 协同育人 | 18 | 25 | 生态文明 | 5 |
| 11 | 思政教学 | 17 | 26 | 创新创业教育 | 5 |
| 12 | 高校 | 15 | 27 | 知识传授 | 5 |
| 13 | 价值引领 | 11 | 28 | 思政教师 | 5 |
| 14 | 思政元素 | 8 | 29 | 哲学社会科学 | 5 |
| 15 | 课程建设 | 6 | 30 | 混合式教学 | 5 |

### (一) 政策引领聚类

政策引领聚类的关键词有高校思想政治教育、思政教育工作、思政课教师等。高校思政教育工作具有鲜明的政策导向和时代特征。21世纪以来,经济全球化深入发展,互联网日益普及,高校思想政治教育面临着日益复杂、多变的国内外环境,亟须进行顶层设计引领我国高校思想政治教育工作的开展。2004年10月,中共中央、国务院出台了《教育意见》,提出要充分发挥课堂教学

---

① 赵蓉英、余波:《国际数据挖掘研究热点与前沿可视化分析》,《现代情报》2018年第6期,第128-137页。

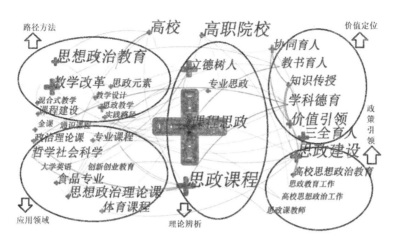

**图 2 课程思政研究关键词聚类图谱**

在大学生思想政治教育中的主导作用。① 2016 年 12 月,习近平总书记强调要用好课堂教学这个主渠道,其他各门课都要守好一段渠、种好责任田,使各类课程与思政课同向同行,形成协同效应。② 2017 年 2 月,中共中央、国务院印发《工作意见》,提出坚持"三全育人"理念,把思想价值引领贯穿教育教学全过程。③ 同年 12 月,教育部出台《实施纲要》,明确要求对专业课所蕴含的思政教育元素和所承载的思政教育功能进行梳理,将其融入课程教学每个环节,实现思政教育与知识体系教育的高度有机统一。④ 2019 年 8 月,中共中央、国务院印发的《意见》中强调,要充分挖掘各类专业课蕴含的思政资源,解决好各类课程与思政课相互配合的问题。⑤ 2020 年 4 月,教育部等八部门出台《体系意见》,提出要统筹课程思政与思政课程建设,构建覆盖全面、类型多样、层次递

---

① 《关于进一步加强和改进大学生思想政治教育的意见》,2004 年 10 月 15 日,http://www.moe.gov.cn/jyb_xwfb/gzdt_gzdt/moe_1485/tnull_3939.html。
② 《把思想政治工作贯穿教育教学全过程 开创我国高等教育事业发展新局面》,《人民日报》2016 年 12 月 9 日,第 1 版。
③ 《关于加强和改进新形势下高校思想政治工作的意见》,2017 年 2 月 27 日,http://www.gov.cn/xinwen/2017-02/27/content_5182502.htm。
④ 《高等学校课程思政建设指导纲要》,2020 年 5 月 28 日,http://www.moe.gov.cn/srcsite/A08/s7056/202006/t20200603_462437.html。
⑤ 《关于深化新时代学校思想政治理论课改革创新的若干意见》,2019 年 8 月 14 日,http://www.gov.cn/zhengce/2019-08/14/content_5421252.htm。

进、互相支撑的课程教学体系。① 同年5月,教育部发布的《指导纲要》强调在人才培养体系中贯穿思政教育,全面推进高校课程思政建设,发挥好所有课程的育人作用,提升人才培养的质量。② 正是在相关高校思想政治教育的系列政策指导下,我国思想政治教育内容和主体已经逐渐由传统的思政课程和思政教师向专业课程和专业教师转变,形成了协同育人的模式,相关研究也由此兴起。

(二) 理论辨析聚类

理论辨析聚类的关键词有立德树人、思政课程与课程思政等。这类研究首先是对高校思想政治教育的理论来源即"德育"理念进行溯源,相关研究认为,我国古近代教育家皆将传授知识与培养德性结合起来,在知识教育中渗透品德教育③,如今立德树人仍是高校思想政治教育的根本任务。其次是对课程思政的概念及其与思政课程关系的研究。有关课程思政的概念研究认为,课程思政是指发挥高校所有课程的思想政治教育作用,即显性课程(包括思政课、专业课)和隐性课程(包括制度、物质、精神以及行为方面的教育影响)都要担负思政教育责任,充分挖掘各类课程(思政课、专业课和综合素养课)所蕴含的思政元素,形成"三全育人"的育人格局④⑤,实现立德树人润物无声。课程思政与思政课程的关系研究主要是围绕其共同性和差异性进行,一致性体现在任务和目标的共同性、方向和功能的一致性、内容和要求的契合性等方面,差异性体现在思政内容、思政优势与课程特点等的不同侧重方面⑥。此外,与国外思政教育进行相比,西方国家没有设置专门的思政教师和显性思政教育

---

① 《教育部等八部门关于加快构建高校思想政治工作体系的意见》,2022年4月22日,http://www.gov.cn/zhengce/zhengceku/2020-05/15/content_5511831.htm。

② 《高等学校课程思政建设指导纲要》,2020年5月28日,http://www.moe.gov.cn/srcsite/A08/s7056/202006/t20200603_462437.html。

③ 陈敏生、夏欧东、朱汉祎、李丽:《高等院校推进课程思政改革的若干思考》,《高教探索》2020年第8期,第77-80页。

④ 钱欣、曾宁:《高校推进"课程思政"研究述评》,《思想理论教育导刊》2019年第6期,第155-157页。

⑤ 何玉海:《关于"课程思政"的本质内涵与实现路径的探索》,《思想理论教育导刊》2019年第10期,第130-134页。

⑥ 石书臣:《正确把握"课程思政"与思政课程的关系》,《思想理论教育》2018年第11期,第57-61页。

课程,但其把价值观、意识形态渗透在政府学、历史学和公民学等课程中,同时通过政治选举、宗教仪式、慈善募捐等活动,用隐性的方式让青少年接受思政教育。① 这些研究为明晰课程思政的内涵、特点及理论奠定了基础。

(三) 价值定位聚类

价值定位聚类的关键词有三全育人、协同育人、知识传授、价值引领等。首先,高校思想政治教育的价值本位是育人。② 课程思政的实施,必须围绕立德树人的教育宗旨展开,始终坚持以育人为基本导向③,推动课程思政与思政课教学的协同共进,最终构建"三全育人"的育人生态系统。其次,在知识传授过程中要进一步融入有助于对大学生的政治信仰、理想信念、价值取向、社会责任进行培育的题材与内容,提升大学生思想政治素养,实现知识传授和价值引领有机统一。课程思政的重要责任就在于价值引领④,即坚持个人价值与社会价值相统一,在个人价值层面强调知行合一、德才兼备、以德为先;在社会价值层面,强调政治认同和文化传承,让大学生树立正确价值理念,自觉抵御西方不良言论的影响。与此同时,要进一步发挥课堂教学的育人价值,转变重教书轻育人、重智育轻德育、重科研轻教学的实践偏向,把知识传授、学生成长与价值引导有机结合起来,将学生长远发展与国家和社会的发展结合⑤,培养具有家国情怀的新时代大学生。课程思政的价值功能对大学生成长成才至关重要,要牢牢把握不同课程的育人作用,发挥其育人价值。

(四) 路径方法聚类

路径方法聚类的关键词有教学改革、课程建设、实践路径等。第一,课程思政的主体方面,包括思政教师、专业教师、教辅人员等。相关研究提出要转

---

① 巩茹敏、林铁松:《课程思政:隐性思想政治教育的新形态》,《教学与研究》2019年第6期,第45-51页。

② 邱伟光:《课程思政的价值意蕴与生成路径》,《思想理论教育》2017年第7期,第10-14页。

③ 邱伟光:《论课程思政的内在规定与实施重点》,《思想理论教育》2018年第8期,第62-65页。

④ 刘承功:《高校深入推进"课程思政"的若干思考》,《思想理论教育》2018年第6期,第62-67页。

⑤ 伍醒、顾建民:《"课程思政"理念的历史逻辑、制度诉求与行动路向》,《大学教育科学》2019年第3期,第54-60页。

换教师的思政教育理念,突出课程思政的立体化渗透作用,使教师树立全课程育人理念;建立分工协作的育人联动共同体,形成党委统一领导下,党团组织、思政教师、专业教师、辅导员以及学生社团等全员参与的课程思政队伍。[①] 第二,课程思政的客体方面,包括教材设计、平台建设、课程建设等。教材设计要将马克思主义的理论观点和思想政治教育要求内化于专业课程中[②];平台建设主要是涉及网络平台,如"三微一端"平台、易班、慕课专题网站等[③];课程建设要健全上课前、上课中与上课后的教学管理细则和制度,从课程定位、课程设置、学生评教、同行评教、督导评教等方面建立健全相应的规范性制度体系[④]。第三,课程思政的环境方面,包括教学氛围、教学设施、制度建设等。其中教学氛围方面要求高校围绕课程思政所倡导的"三全育人"理念营造"大思政"的教学环境;教学设施方面则需要高校利用好大数据、云计算、区块链、移动互联网等信息化技术及设施设备,打造课程思政精品慕课、专题网站、金课等,推动"线上+线下"的混合式教学;制度建设涉及师资队伍、质量评价、绩效考核和教学改革等。

(五)应用领域聚类

应用领域聚类的关键词有创新创业教育、大学英语、体育课程和食品专业等。随着课程思政在全国高校范围内的普遍推广,"思政"已不再仅仅是思政课程的独有元素,在许多专业课程或通识课程中也蕴含着不少的思政元素,学者们也纷纷对其展开了研究。如于美玲提出高校要借助互联网技术丰富思政教学形式,加强思政课程与创新创业教育的融合。[⑤] 杨婧以《综合英语教程》

---

[①] 何玉海:《关于"课程思政"的本质内涵与实现路径的探索》,《思想理论教育导刊》2019年第10期,第130-134页。

[②] 王茜:《"课程思政"融入研究生课程体系初探》,《研究生教育研究》2019年第4期,第64-68、75页。

[③] 李羽佳:《"课程思政"网络教育平台建设的实践探索》,《学校党建与思想教育》2020年第12期,第47-49页。

[④] 巩茹敏、林铁松:《课程思政:隐性思想政治教育的新形态》,《教学与研究》2019年第6期,第45-51页。

[⑤] 于美玲:《思政课程与创新创业教育的有机融合》,《中国高校科技》2020年第Z1期,第134页。

(第二版)系列教材为研究素材,探寻大学英语课程思政教学的方案。① 陈雪贞从课程思政的教学计划、教学内容、教学形式、教育实践的内化、课程实施的外部条件以及课程思政的评价导向等六个方面探究大学英语课程思政的实现路径。② 赵富学等对体育课程思政建设的内涵进行了系统论述,同时对践行方式提出了相应的诉求。③ 夏贵霞等对华中师范大学在体育课程中融入思政元素,构建目标统一、结构衔接、内容融合与管理精准的体育育人质量提升方案进行了研究。④ 江洁和梁鹏等围绕食品科学与工程专业的培养目标,系统地挖掘"食品营养学"和"食品工艺学"等专业核心课程中的思政元素,引导大学生关注社会热点话题,关注人民群众身体健康,培养正确的生活方式,树立正确的人生观和价值观。⑤⑥ 杨璐铭等结合课程思政的内涵,从确定具体目标、挖掘思政元素、丰富教学内容、改善教学模式、开展教学评价等五个方面,探讨了皮革化学与工程学科课程思政建设的实施路径。⑦ 此外,还有生态环境学、哲学、医学、艺术学等专业领域也开展了类似研究。

## 四、课程思政研究的发展趋势

关键词的时区分布图可以反映不同时间段的研究内容,有助于研究者掌握课程思政研究主题的演变历程。由图3可知,课程思政研究的发展趋势可以总结归纳为理论研究持续推进、价值定位日益多元和应用领域不断拓展。

---

① 杨婧:《大学英语课程思政教育的实践研究》,《外语电化教学》2020年第4期,第27-31,5页。

② 陈雪贞:《最优化理论视角下大学英语课程思政的教学实现》,《中国大学教学》2019年第10期,第45-48页。

③ 赵富学、黄桂昇、李程示英、杜红伟:《"立德树人"视域下体育课程思政建设的学理释析及践行诉求》,《体育学研究》2020年第5期,第48-54页。

④ 夏贵霞、舒宗礼:《课程思政视角下高校体育课程育人质量提升体系的构建——以华中师范大学为例》,《体育学刊》2020年第4期,第7-13页。

⑤ 江洁、陈晨、姜爱丽、乔海萍、田密霞:《食品营养学课程思政教学设计与实践》,《食品与发酵工业》2021年第6期,第318-324页。

⑥ 梁鹏、张华丹、林贤明:《〈食品工艺学〉"课程思政"教学改革与实践研究》,《食品与发酵工业》2020年第16期,第290-295页。

⑦ 杨璐铭、冉诗雅、徐雅琳、陈意、金垚:《"新工科"背景下皮革化学与工程学科研究生"课程思政"初探》,《皮革科学与工程》2020年第4期,第88-91页。

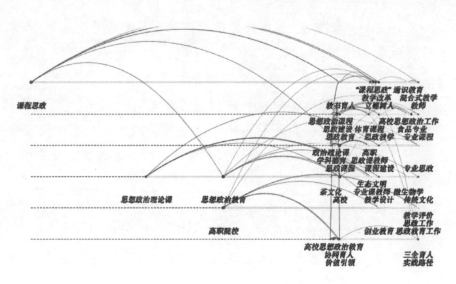

图3 课程思政研究关键词时区分布

## （一）理论研究持续推进

理论研究持续推进体现在对课程思政的理论基础、课程思政的内涵以及课程思政的范畴等的探究。首先，在课程思政的理论基础研究中，要将马克思列宁主义、毛泽东思想、中国特色社会主义理论体系（邓小平理论、"三个代表"重要思想、科学发展观以及习近平新时代中国特色社会主义思想）①作为课程思政的指导理论，不断与时俱进。其次，在课程思政的内涵研究中，学者们大多是将其与传统的思政课程相比较，提出课程思政是以德育作为教学目标，把课程作为教学载体，基于立德树人的教育理念，发挥专业课、通识课、实践课等课程的德育功能，构建全员、全程、全方位育人格局的综合性思政教育体系。②还有学者认为思政课程是显性思政教育，而课程思政则是显性思政教育与隐性思政教育两者的有机结合。③ 再次，在课程思政的范畴研究中，破除了传统思政教育限于思政课范畴的局限，指出课程思政的范畴涵盖了各类课程（思政课、专业课和综合素养课），在所有的课程教学过程中都应坚持知识传授、能力

---

① 巩茹敏、林铁松：《课程思政：隐性思想政治教育的新形态》，《教学与研究》2019年第6期，第45-51页。
② 王茜：《"课程思政"融入研究生课程体系初探》，《研究生教育研究》2019年第4期，第64-68、75页。
③ 何玉海：《关于"课程思政"的本质内涵与实现路径的探索》，《思想理论教育导刊》2019年第10期，第130-134页。

培养与价值塑造的有机统一,充分挖掘提炼课程中蕴含的优秀传统文化、社会主义核心价值观、抗疫精神、脱贫攻坚精神、"四史"等德育因素和资源。[①][②] 课程思政作为一项系统性工程,未来在相关研究中还应引入协同学理论、生态学理论、系统科学理论、战略管理理论等,为更好地推进"三全育人"和协同育人提供理论支撑。

(二)价值定位日益多元

价值定位日益多元体现在教学目标、教学过程、教学内容等方面。首先,在教学目标研究中,要解决好"培养什么人、怎样培养人、为谁培养人"这个根本问题;逐步转变以知识传授为目标的教书育人导向,树立知识传授、能力培养和价值塑造相结合的立德树人观念;发挥课程思政对于民族复兴、立德树人、人的全面发展的作用[③]。其次,在教学过程研究中,要坚持实事求是、有的放矢、协同挖掘、鼓励个性、与时俱进、以生为本的原则;注重课堂教学、社会实践、网络运用三维课程的统一[④],增强育人的实效性。最后,在教学内容研究中,要整合资源建立常态化的思政教师、专业教师、教育学专家、校外专家、学生等组成的教材开发组[⑤],确保教材的科学性和合理性;将社会主义核心价值观、优秀传统文化、抗疫精神、脱贫攻坚精神等思政元素与资源融入所有课程之中,培育社会主义事业的合格建设者和可靠接班人。简而言之,课程思政必须将价值塑造、知识传授和能力培养三者融为一体、不可割裂。要注重将最新的党中央政策理论融入课程思政的价值目标之中。

(三)应用领域不断拓展

应用领域不断拓展体现在课程思政教学体系、课堂教学建设和质量评价

---

[①] 杨守金、夏家春:《"课程思政"建设的几个关键问题》,《思想政治教育研究》2019年第5期,第98-101页。

[②] 卢黎歌、吴凯丽:《课程思政中思想政治教育资源挖掘的三重逻辑》,《思想教育研究》2020年第5期,第74-78页。

[③] 韦春北:《把握好课程思政改革创新的四个维度》,《中国高等教育》2020年第9期,第22-23、56页。

[④] 邱伟光:《课程思政的价值意蕴与生成路径》,《思想理论教育》2017年第7期,第10-14页。

[⑤] 陆道坤:《课程思政推行中若干核心问题及解决思路——基于专业课程思政的探讨》,《思想理论教育》2018年第3期,第64-69页。

体系等方面。首先,在课程思政教学体系研究中,要在符合高校专业建设标准要求的基础上,针对公共基础课、专业教育课和实践类课程,结合每门课程特点融合不同的思政元素,构建科学合理的高校课程思政教学体系。尤其要强化哲学、法学、文学、历史学、经济学、管理学、教育学、理学、工学、农学、医学和艺术学等学科领域的专业课程的思政教学,根据学科领域的典型人物、典型事件和典型活动等教学素材,推进全学科协同育人格局的形成。其次,在课堂教学建设研究中,要将思政元素融入课程教学目标设定、课程教学大纲修订、教材编审选用、教案课件编写等各方面,并贯穿于课堂授课、教学研讨、实验实训、作业论文等各环节。最后,在质量评价体系研究中,目前主要将课程思政教学效果作为教师考核评价的标准,今后,还应该进一步健全多维度考核机制,如把课程思政建设作为"双一流"建设、"双高计划"评价、学科评估、高校教学绩效考核、教学成果奖评选等的考核标准,增强课程思政的影响力。[①] 在高校课程思政与高校思政课程协同育人环境下,持续拓展课程思政的应用范围,是提升高校教育教学质量的必然要求。

## 五、研究结论及展望

### (一) 研究结论

本文通过对我国课程思政领域的发文时间、发文机构、发文作者、发文期刊和关键词等方面进行分析研究,发现课程思政研究经历了起步与发展两个阶段,在理论与实践方面取得了较为丰硕的成果,但研究中依然存在不平衡、不充分的问题,结论如下。

(1) 从文献时间分布来看,在 2017 年以前研究成果数较少,此后数量大幅上升,研究热度升高。

(2) 从发文机构和发文作者分布来看,当前研究单位主要为京津冀、长三角高校,研究人员以高校思政课教师、高校及教育部门的领导和管理者为主,非思政专业课教师较少,且单位、人员间合作关系弱。对此,应鼓励跨学科、跨机构合作研究。

(3) 从发文期刊分析可知,马克思主义和教育学类期刊发表成果较多,其

---

① 《高等学校课程思政建设指导纲要》,2020 年 5 月 28 日,http://www.moe.gov.cn/srcsite/A08/s7056/202006/t20200603_462437.html。

他专业类型的期刊发文数量较少,高被引论文所发表的期刊质量普遍较高。这反映出研究者从事的学科类型以思政类、教育类居多。今后,应积极开展交叉研究,即跨学科、跨领域研究,使研究成果更具科学性、合理性和可行性。

(4) 从关键词聚类图谱和关键词时区图谱分析可知,课程思政研究的核心主题主要涉及政策引领、理论辨析、价值定位、路径方法、应用领域等方面,研究趋势为理论研究持续推进、价值定位日益多元和应用领域不断拓展。

(二) 研究展望

随着高校思想政治教育工作全面、系统推进,课程思政已成为未来高校育人的主要路径。今后的研究还需要从以下三个方面重点推进。

(1) 强化理论研究。在理论研究中要倡导学科交叉,以丰富课程思政研究的理论基础。如借鉴生态学中的生态位理论,从差异性、互补性、共生性、网络性方面探究课程思政模式;又如引入协同学的系统无序与有序理论、系统科学的系统论等辅助课程思政理论研究。同时要对课程思政的内涵和外延进行深入研究,分析课程思政体系结构。

(2) 明晰价值定位。课程思政必须坚持将价值塑造、知识传授和能力培养三者融为一体、不可割裂,形成课程思政育人的价值生态系统。在价值引领方面,要始终紧跟党的最新政策方针,培育爱党、爱国、爱社会主义、爱人民、爱集体的新时代大学生;在知识传授方面,要将习近平新时代中国特色社会主义思想、社会主义核心价值观、优秀传统文化、宪法法治、职业理想和职业道德等融入知识传授之中;在能力培养方面,要把培养德智体美劳全面发展的社会主义建设者和接班人作为重点。

(3) 拓展应用领域。应用领域的拓展主要体现为三全育人格局的构建。一是继续推进课程思政在公共基础课、专业教育课和实践类课程等各类课程中的推广及应用,让思政课程与课程思政同向同行;二是将课程思政纳入课程教学目标设定、课程教学大纲修订、教材编审选用、教案课件编写等各方面,并将其作为教师、学科、学校绩效考评的标准;三是探索建立专业教师、辅导员和党团组织等组成的课程思政队伍,形成协同育人格局。

# 新时代爱国主义精神的形成依据、基本意蕴及赓续发展

肖银洁 吕宏山

**摘要**：新时代爱国主义精神贯穿中国共产党治国理政宏大叙事的始终，是实现中华民族伟大复兴的精神动力。爱国主义精神是赓续爱国传统的结晶，也是社会实践决定的主体意识，更是国家与人民之间互爱共生的自觉表现。习近平总书记阐明了爱国主义精神的历史、主题、地位、谱系及要求。爱国主义精神由情感和理性所构成，其行为化表达包括爱党与爱社会主义，奉献祖国与奉献人民，共襄民族复兴伟业。在新时代，推动爱国主义精神赓续发展可以从如下方面着手：健全培育爱国主义精神的长效机制以强化制度保障，家庭、学校、社会齐力推进爱国主义教育以筑牢环境保障，合理设置大众议题及方向以巩固舆论保障。

**关键词**：爱国主义精神；形成依据；基本意蕴；赓续发展

---

**基金项目**：本文系国家社会科学基金青年项目"马克思恩格斯对古典人类学的批判及其当代价值研究"（项目编号：18CKS005）、华中科技大学华中智库重大专项"新时代文明实践中心建设：成效、问题与建议"（项目编号：2021HZZK001）、华中科技大学铸牢中华民族共同体意识研究专项"马克思主义民族理论中国化的历史与经验研究"（项目编号：2021ZLXJ007）阶段性成果。

**作者简介**：肖银洁，上海交通大学马克思主义学院博士生，主要从事马克思主义理论研究；吕宏山，哲学博士，华中科技大学马克思主义学院副教授，华中科技大学国家治理研究院研究员，主要从事马克思主义理论研究。

习近平总书记指出："要开创中华民族伟大复兴新局面，必须大力弘扬伟大的爱国主义精神。"①爱国主义精神作为中华民族精神的核心，是激励全国各族人民为实现中华民族伟大复兴中国梦而奋斗的精神旗帜。面对世界大变局与国内第二个百年奋斗目标新征程上的风险与挑战，培育与弘扬爱国主义精神至关重要。审视并阐明爱国主义精神的形成依据与基本意蕴，以便构建爱国主义精神与现实社会深度融合的有效进路，既是谱写中国精神的时代课题，也是坚定民族复兴信念、勇担历史使命的现实需要。

理论界对爱国主义精神研究较多，当前学界探讨爱国主义精神的生成理路有两种视角：一种是基于历史演进视角②，另一种是基于思想视角，从价值观、初心使命及民族自豪感来梳理这一生成性问题③。对于爱国主义精神基本意蕴的研究主要有三个方面：第一，从为何、何种、对谁、如何四个层面提炼习近平总书记关于弘扬爱国主义精神的论述，并指出其鲜明特点、价值意蕴、战略任务④；第二，从政治、道德、文化、民族、世界的角度归纳爱国主义精神特征⑤；第三，从衡量爱国主义精神标准、对政府的要求、阶级性、具体历史内容、狭隘民族主义与世界主义的关系五个方面探讨爱国主义精神。⑥学者们也从不同的角度提出了培育与弘扬爱国主义精神的进路，推动爱国主义精神赓续发展的思路包括：阐释爱国主义精神的基本范式，即做到爱国主义与爱党、爱社会相统一，与维护祖国、民族团结相统一，与民族精神、时代精神相统一，与立足民族、面向世界相统一，与社会主义核心价值观相统一⑦；从文化和教育的

---

① 习近平：《在纪念孙中山先生诞辰150周年大会上的讲话》，人民出版社，2016，第9页。

② 张晓婧、宋泽芮：《中国共产党弘扬爱国主义精神的百年历程及其基本经验》，《南京社会科学》2021年第6期，第18-25页。

③ 吴明涛：《新时代爱国主义精神的生成、锻造与根植》，《思想政治教育研究》2019年第6期，第17-22页。

④ 阮博、马升翼：《习近平关于弘扬爱国主义精神的重要论述探要》，《广西社会科学》2021年第7期，第52-58页。

⑤ 肖群忠、霍艳云：《中华民族爱国主义精神基本特征论》，《中国特色社会主义研究》2018年第6期，第59-66、2页。

⑥ 阎孟伟：《正确理解"爱国主义精神"》，《思想战线》2009年第5期，第26-31页。

⑦ 左鹏：《当代中国需要弘扬什么样的爱国主义精神？》，《红旗文稿》2016年第3期，第24-27、1页。

角度指出培育爱国主义精神的实践路径①;从话语体系与社会治理的角度论述弘扬爱国主义精神的相关策略②。上述研究为爱国主义精神积淀了坚实的基础。

然而,当前研究还有较大的扩展空间。第一,目前对爱国主义精神生成性问题的研究主要基于历史与文化视角,但爱国主义精神也是主客体相统一的产物,因而还有必要从哲学与社会关系的角度进一步展开探究;第二,习近平总书记关于爱国主义精神的重要论述是研究新时代爱国主义精神基本意蕴的必要参照,在此基础上还可以深入探索爱国主义精神的构成要素及行为化表达;第三,还可以从制度建设与舆论导向着手思考赓续爱国主义精神的路径,以进一步开辟爱国主义精神的研究空间。

## 一、新时代爱国主义精神的形成依据

任何思想都不是天上掉下来的,新时代爱国主义精神作为民族精神的核心,也是一定历史、实践与社会的产物,其形成依据可以从历史、实践、社会三个维度来考察:第一,梳理中华民族的爱国传统;第二,分析爱国主义精神的实践依据;第三,探索爱国主义精神的社会基础。

### (一)历史依据:中华民族爱国传统的赓续与嬗变

习近平总书记指出,"爱国主义精神深深植根于中华民族心中,是中华民族的精神基因"③。自中华民族诞生以来,爱国主义传统的遗传因子便镌刻在民族的生命机体中,深深融入了中华儿女团结奋斗的精神血脉。中华民族自诞生以来始终坚定地推进国家富强与民族振兴,这一爱国传统在中华民族的历史进程中经久不息且熠熠生辉。从汉代大一统到鸦片战争后的四分五裂,到洋务运动与维新变法,再到推翻封建王朝的辛亥革命;从革命图存的新民主主义革命,到建设图新的社会主义革命与建设,再到改革图富的改革开放与社会主义现代化建设、复兴图强的新时代中国特色社会主义,以上历史发展的背

---

① 万军杰、张曦尹:《新时代弘扬爱国主义精神的现实路径》,《学校党建与思想教育》2020年第19期,第47-49、62页。
② 吴明涛:《新时代爱国主义精神的生成、锻造与根植》,《思想政治教育研究》2019年第6期,第17-22页。
③ 中共中央文献研究室:《习近平关于社会主义文化建设论述摘编》,中央文献出版社,2017,第128页。

后,不论何种社会形态,哪一历史时期,呈现何种精神样态,都贯穿着爱国主义精神这一主线。中华优秀传统文化涵养了爱国主义精神,规定了它的价值范式、实践方向与宏大主旨。爱国主义精神与马克思主义结合后,实现了传统向现代的转型,塑造了一系列以爱国主义为主题的时代精神。总之,中华优秀传统文化与马克思主义推动了中华民族爱国传统的赓续与嬗变。

爱国主义精神是一代又一代传承下来的,无论是个人还是群体,其在出生时就面临着已有文化环境和先辈价值取向的影响,这种影响能够潜移默化地塑造精神世界,即先定的精神孕育后定的精神。中华民族的爱国主义精神是一脉相承的,集中展现为:第一,中华民族始终坚持爱国主义精神的重要法宝,无论何时何地,都注重建立和巩固爱国统一战线,不断为国家统一与民族复兴夯实国家与民族认同;第二,中华民族始终秉持爱国主义精神的人本价值,即坚定人民至上与奉献社会的理念,致力于创造以人的自由全面发展为旨归的美好社会;第三,中华民族始终注重培育与弘扬爱国主义精神,厚植家国情怀,从思想上形塑主体的社会文化生命。总之,中华民族的爱国传统是中国人积淀千年并一以贯之的精神信念与共同价值。

(二)实践依据:社会实践决定的主体意识

马克思、恩格斯认为:"人们的想象、思维、精神交往在这里还是人们物质行动的直接产物。"①社会生活的生产是历史发展的首要前提,精神意识的产生由物质资料的生产直接决定,换言之,物质生活实践决定了道德宗教、精神意识、政治法律的生产和再生产。爱国主义精神作为现实生活的社会意识或者观念,不是凭空臆造出来的,而是以国家为对象的能动反映与创造,是人脑之外的国家客体映入头脑并在其中加工、改造、定型、积淀所内化而成的主体意识,并在日常实践经验和语言交往中展现出来,它的对象、结构、层次等都能在现实世界中追溯到相应的存在物及情境。进言之,爱国主义精神起源于国家或民族生存和发展的需要,是建立在物质基础上的。人们在实现物质性需求的过程中也逐渐衍生了热爱和维护祖国的精神诉求,这种精神诉求从根本上来说是社会分工与交往的观念表现。

爱国主义精神不是抽象的,而是在继承中华文明,不断融入现实元素、时代关切、未来方位的基础上形成的,是随着中华民族的伟大实践而发展起来

---

① 《马克思恩格斯选集》(第1卷),人民出版社,2012,第151页。

的。一方面,社会实践决定了爱国主义精神的认知趋向。随着中国社会的发展,人们对国家的认知由浅入深,由感性的爱国意识转向理性的爱国主义精神和行动。马克思主义与中国工人运动相结合,创立了中国共产党,实现了从感性爱国到理性爱国的转变。中国共产党带领全体人民用实际行动为爱国主义精神建立了独立自主的实体国家,并在一百多年的历程中创造了经济快速发展与社会长期稳定的奇迹,极大地推进了祖国统一大业,铸牢了中华民族共同体。另一方面,社会实践拓展了爱国主义精神谱系。中国共产党在带领全体人民推进马克思主义中国化与现代化的过程中,基于不同时代的主题与任务,培育了革命精神、抗战精神、"两弹一星"精神、脱贫攻坚精神与抗疫精神等一系列重要精神。这一精神谱系都以爱国主义为主线,集中展现了中华民族的家国情怀,既是中国共产党政治品格的生动体现,也是中国式现代化实践的真实写照。

(三) 社会依据:国家与人民之间互爱共生的自觉表现

在中国特色社会主义新时期中,爱国主义精神的形成与持续发展基于国家与人民之间互爱共生的自觉表现,国家与人民风雨同舟、生死相依,长期积淀下来的深厚情感构成了爱国主义精神的历史底色。正如习近平总书记所言:"江山就是人民、人民就是江山。"① 这一论述指明了人民是党和国家的命脉所在,是历史的创造者,是国家得以存立与发展的最大底气,决定了民族根基与国家前途。国家为人们创造稳定的社会生活空间,均衡人们的物质文化权益,确保人们在全过程人民民主中的自主性与参与感,将人的全面发展作为治国理政的出发点与落脚点,始终把为人民谋幸福的使命勇担在肩。人们也正是在这种"以人民为中心"的社会环境的滋养中发展起来的,因而人们具有强烈的爱国意志与情怀。总之,国家的整体利益与个人利益紧密相连,自觉捍卫"大我"的正当权益才能保障"小我"的安定发展,两者依存共生的实然范式为爱国主义精神发展奠定了社会基石。

以习近平同志为核心的党中央继承和发扬爱国主义精神,以"我将无我、不负人民"的崇高信念投身于为人民创造美好生活的伟大践履,全体人民也勠力同心为实现中华民族伟大复兴而坚定前行,共同构筑了"小我"与"大我"的

---

① 习近平:《在庆祝中国共产党成立100周年大会上的讲话》,人民出版社,2021,第11页。

同心圆。一方面,以人民为中心是中国共产党治国理政的独特密码和价值取向。中国共产党为人民建构了更加符合人性的发展空间:殷实的物质生活,不断革新的社会制度,逐渐完善的民主政治,共同的价值规范等。譬如,在脱贫攻坚战中取得了实质性进展,实现了全面建成小康社会的第一个百年奋斗目标;在抗疫斗争中宣示了人民生命至上的根本理念与情怀等,各个方面的作为进一步加深了群众对中国共产党和国家的信任感、忠诚度、支持力。可以说,中国共产党始终携带着为人民谋幸福的"政党基因",将人民的"表情包"视作检视和反省自身工作的"晴雨表",以基本生存需求—进阶发展水平—实现双重价值的人本逻辑来推动对美好生活的实践追求,不断为人民创造更多的公平感、获得感、厚实感。另一方面,人民对国家的认同是中国社会的鲜明标识。在"中国号"巨轮破浪前进的过程中,人民奋勇划桨,力争上游,积极地投身于社会主义现代化建设。在突发公共事件中,全体人民坚持与拥护中国共产党的领导,以崇高的爱国主义精神与祖国同呼吸、共命运,树立维护国家稳定的大局意识,秉持个人利益让位公共利益的气度,不惧艰险、迎难而上;在常态化的国家发展过程中,人们自觉地遵守道德和法律,在充分履行角色职责的基础上,以"兼济天下"的气度为国家和社会奉献自身的力量,不断地为中华民族伟大复兴书写新的时代篇章。

## 二、新时代爱国主义精神的基本意蕴

由上可知,爱国主义精神是中华民族爱国传统的赓续结晶,是社会存在决定的主体意识,也是国家与人民互爱共生的自觉表现,明确这些历史、实践以及社会依据是理解习近平总书记关于爱国主义精神重要论述的前提条件。在理解的基础上,还需要进一步分析爱国主义精神的构成要素及行为化表达,这些既是在新时代情境下体悟中国共产党的使命担当与高远境界的应然之径,也是凝聚中华民族家国情怀与责任共识以夯实国家与民族认同的必要之举。

### (一)新时代关于爱国主义精神的重要论述

爱国主义精神是中华民族在长期的实践活动中积淀下来并根植于内心的精神信念,这种精神以爱国情感为底色,以理性认同为基础,以规范言行为准则,以维护国家利益为旨归。从本质上来说,爱国主义精神就是热爱和维护国家与人民的意志和决心,关涉国权与内政利益的建构与维护、制度环境和意识形态的认同与拥护,以及公共责任和家国情怀的涵养与恪守。站在新的历史起点上,习近平总书记在原有的基础上为爱国主义精神注入了新的科学理念与价值主旨,对爱国主义精神的深层关切与不懈践履达到了历史新高度。

第一,习近平总书记指出:"在历史长河中,农耕文明的勤劳质朴、崇礼亲仁,草原文明的热烈奔放、勇猛刚健,海洋文明的海纳百川、敢拼会赢,源源不断注入中华民族的特质和禀赋,共同熔铸了以爱国主义为核心的伟大民族精神。"①爱国主义精神是在中华文明的历史长河中培育而成的,中华优秀传统文化与价值观为爱国主义精神赋予了最深层的历史意蕴。近代以来,中国人民面对列强欺凌奋起抗争,救国运动相继登场,中国共产党的诞生使得中国人民的爱国主义精神由被动转为主动,确立了爱国主义精神的领导核心,指明了爱国主义精神的实践方向,找到了民族独立、国家统一、人民解放的真正出路。中国共产党用百年奋斗的血泪铸就了中国革命、建设、改革的壮丽史诗,带领全体人民创造了四个伟大成就,这四个伟大成就勾勒出中国共产党爱国主义伟大实践的鲜明主脉,集中展现了百年爱国主义精神的演化图景。

第二,实现中华民族伟大复兴是爱国主义精神的永恒主题,爱国主义精神是凝聚中华民族共同体意识,激励全国各族人民为国家富强、民族振兴与人民幸福而奋勇前进的精神标识与内生动力。习近平总书记进一步指出:"爱国统一战线是中国共产党团结海内外全体中华儿女实现中华民族伟大复兴的重要法宝。"②因而中国共产党始终坚持建立和巩固爱国统一战线,不断夯实责任与命运共同体,勇担民族复兴使命,坚守为人民谋幸福、为民族谋复兴、为世界谋大同的初心,将爱民情怀熔铸在创造美好生活的行动中,将爱国行动熔铸在实现第二个百年奋斗目标的宏大叙事中。

第三,习近平总书记指出,爱国主义是我们民族精神的核心,是中华民族团结奋斗、自强不息的精神纽带。③它既是中华民族精神的核心,也是社会主义核心价值观的根本所在。这些论述集中表明了新时代爱国主义精神的地位。

第四,习近平总书记在多个场合论述了代表性的爱国主义精神谱系,他明确指出五四精神、长征精神、抗日救国精神、抗美援朝精神、特区精神、劳模精

---

① 习近平:《在全国民族团结进步表彰大会上的讲话》,人民出版社,2019,第6页。
② 习近平:《在庆祝中国共产党成立100周年大会上的讲话》,人民出版社,2021,第18页。
③ 习近平:《在纪念五四运动100周年大会上的讲话》,人民出版社,2019,第3页。

神、劳动精神、工匠精神、脱贫攻坚精神、伟大抗疫精神等是爱国主义精神的生动写照。

第五，习近平总书记还对各行各业提出了相应的要求：勉励广大院士"发扬以国家民族命运为己任的爱国主义精神"①，要求文艺工作者将爱国主义当作创作的常新主题，希望留学人员"做爱国主义的坚守者与传播者"②，呼吁港澳同胞拥护"一国两制"，努力让全体人民尤其是青少年、优秀知识分子在爱国主义教育中厚植家国情怀与践行报国之志③。

（二）爱国主义精神的构成要素

情感是爱国主义精神的基本构成要素。习近平总书记不仅全面阐述了爱国主义精神的历史、主题、地位、谱系和要求，还深入指明了这一精神的内在要素。他指出："爱国，是人世间最深层、最持久的情感。"④爱国主义精神是中华民族的精神基因，也是人民对国家的情感表达，蕴含着丰富的情感要素。从理论上来讲，爱国主义精神首先是对国家及其存在物的感性直观，蕴含着主体对国家的真挚情感，这种情感包括以下几个层次：第一，眷恋感。对国家的眷恋源于对祖先、家族、母语、故土及其风俗的认知与敬重，这是一种对本土历史文化自然的、直觉的、本能的反映。第二，自信心。这是主体因客体及其规定性的发展在精神世界产生的积极性与愉悦感。人在后天语言和行为交往中不可避免地与国家政治、经济、文化等发生种种联系，受生活环境和教育理念的影响，逐渐地对国家及其结构产生更深层次的认同与热爱，并在此基础上树立对已有或未来社会的自信心。譬如，独特而悠久的中华文明赋予了中华民族自信心，增强了中华民族的爱国主义精神。第三，使命感。价值目标导引情感的发展方位，当情感认知升华为改造客观世界的意志后，主体便具有了使命感。爱国不仅仅是感情依赖，更是捍卫国家根本利益、促进民族复兴昌盛、构建人民美好生活的使命。

理性是爱国主义精神的核心构成要素。习近平总书记在纪念五四运动

---

① 习近平：《在中国科学院第二十次院士大会、中国工程院第十五次院士大会、中国科协第十次全国代表大会上的讲话》，人民出版社，2021，第18页。

② 《习近平谈治国理政》，外文出版社，2014，第59页。

③ 《〈新时代公民道德建设实施纲要〉学习读本》，人民出版社，2020，第162页。

④ 习近平：《在北京大学师生座谈会上的讲话》，人民出版社，2018，第11页。

100周年大会上指出,不仅要爱国而且要知道怎样爱国。① 由此可见,爱国不仅仅是一种情感寄托,更是一种理性自觉。在中国特色社会主义社会,理性自觉主要体现在理性心态、理性认知、理性行为三个方面:第一,爱国主义精神不是一时兴起的,而是长期积淀并贯穿终生的稳定心态,这种心态来源于对国家的尊重与信任感,同时也是主体对国民身份的自我认同。理性心态一旦养成,爱国主义精神就会成为一种常态化的信仰,不会因纷繁复杂的社会思潮动摇自身爱国的坚定意志。第二,爱国主义精神不是盲目从众的,而是对国家理性认知的表征,这种认知来源于对国家深度的了解与思考,包括正视历史,即对党史、新中国史、改革开放史、社会主义发展史有全面认识与评价;正视国情,即对当前国内发展现状与所处方位有清醒认知;正视世界,即对全球形势与意识形态作辩证看待等。第三,爱国主义精神不是停留于言语上的口头表达,而是彰显于成熟理性的实际行动中,这种行动来源于对国家的认同与责任,且坚定持久。以实际行动积极地参与国家与社会的治理,投身于社会主义现代化建设,促进中华文化的创新与传播,共建安定有序的文明社会,打造美好的生态有机体,推动国家朝着富强民主文明和谐美丽的社会主义现代化强国迈进,就是对爱国主义精神最有力的诠释与践行。

(三) 爱国主义精神的行为化表达

习近平总书记强调,要把爱国之情、强国之志、报国之行统一起来。② 由此可见,爱国主义精神具有现实性,能够引申出行为具象,使主体在特定的社会情境下将爱国意识或观念外化为实践行为。不同的个人或群体能够通过多层次的爱国行为来表达同质性的思想即爱国主义精神。

爱党与爱社会主义是衡量爱国主义行为的基础尺度。习近平总书记认为,"当代中国,爱国主义的本质就是坚持爱国和爱党、爱社会主义高度统一"③。就其本质而言,我国是中国共产党领导下的社会主义国家,爱国不是抽象的,而是具体地与拥护中国共产党和社会主义相统一的。一方面要以史为镜,学习党史、社会主义社会发展史,另一方面要坚持中国共产党的领导,以具体的行动来自觉践行党的各项方针、政策,维护社会秩序与促进社会发展,积

---

① 习近平:《在纪念五四运动100周年大会上的讲话》,人民出版社,2019,第7页。
② 《习近平谈治国理政》,外文出版社,2014,第58页。
③ 习近平:《在纪念五四运动100周年大会上的讲话》,人民出版社,2019,第7页。

极投身中国特色社会主义现代化强国建设。

奉献祖国与奉献人民赋予爱国主义精神以实质性的意蕴。习近平总书记指出,爱国不能停留于口头,要"扎根人民,奉献国家"①。这表明爱国需要把自身的理想与人民的前途和国家命运结合在一起,深入基层了解群众,切实地解决群众问题,做人民权益的守卫者。在国家和社会需要的时刻,以国家民族命运为己任,与祖国同呼吸、共进退,自觉用思想和行动承担起对国家与社会的责任。

共襄民族复兴伟业是中华民族历来坚定践履的宏大主旨。习近平总书记明确提出,要"为实现第二个百年奋斗目标、实现中华民族伟大复兴的中国梦而不懈奋斗"②。民族复兴是亿万人民心之所向,也是中华民族由苦难走向辉煌的永恒主题。从近代的共御外侮、追求独立自主到当代创造两大奇迹、实现第一个百年奋斗目标的历程中,无数爱国志士将民族复兴当作人生终极信仰与价值追求。总之,为实现中华民族伟大复兴而努力奋斗是爱国主义精神的鲜明体现。

## 三、新时代爱国主义精神的赓续发展

由上可知,习近平总书记的论述阐明了新时代爱国主义精神的历史、主题、地位、谱系及要求,其行为化表达包括爱党与爱社会主义、奉献祖国与奉献人民、共襄民族复兴伟业。在新的征程上,将爱国主义精神转化为实际行动,推进其赓续发展,还需要从制度、教育及舆论三个方面着手,进一步探索培育与弘扬新时代爱国主义精神的实践进路。制度保障可以为培育与弘扬爱国主义精神提供政治性规范,教育保障可以为培育与弘扬爱国主义精神提供学理性支撑,舆论保障可以为培育与弘扬爱国主义精神提供方向性引导。总之,制度、教育以及舆论作为意识形态的有力抓手能够共同作用于爱国主义精神的赓续发展。

### (一) 制度建设:健全培育与弘扬爱国主义精神的长效机制

健全领导机制是培育爱国主义精神的首要前提。完善的领导机制是系统

---

① 习近平:《在北京大学师生座谈会上的讲话》,人民出版社,2018,第12页。
② 《中共中央关于党的百年奋斗重大成就和历史经验的决议》,人民出版社,2021,第90页。

开展社会工程的有力支柱。在当代社会转型时期,单纯依靠人性自觉和道德感化的"无为之治"难以系统有效地升华爱国主义精神,这时候就需要一个"有为"的领导层利用一系列的责任机制加以引导与指挥,健全爱国主义精神培育的领导机制是应有之义。中国共产党的领导对民族精神状态与社会意识具有直接性的影响。宏观上,党组织应坚持统一领导,明确爱国主义精神培育工作的目标原则、践行宗旨、组织部署、评审机制等,健全爱国主义精神培育与践行的协调机构和办事机构,党委统领爱国主义精神的培育与践行,各主要职能部门贯彻和推动工作的实施,进而充分发挥整体的凝聚力与创造力;微观上,在党的领导下,基层领导小组应在引导公众自觉接受爱国主义思想教育、提高爱国主义精神境界中发挥重要作用,尤其要抓住重大历史事件、人物、节日等,结合当下热点、活动、任务,以大众喜闻乐见的形式阐发好爱国主义精神,同时也要将培育与践行爱国主义精神的工作纳入日常活动议程与自我考核评价体系中。

健全发展机制是培育爱国主义精神的必然遵循。精神的产生始终与物质"纠缠"在一起,因而爱国主义精神的形成与培育要与现实世界的发展紧密结合,从生活中萃取力量并回归于生活。一方面,培育爱国主义精神要深入调查研究,在了解当代大众精神生活境况的基础上探寻爱国主义精神的现代化结构与样态,把握爱国主义精神培育工作在新时代的实施重点、进程、效果、短板,不断调整与创新相关的思路和对策,做好前瞻性的方位预判与长远规划。另一方面,将理论研究的最新成果及对策最大限度地应用于基层社会,发挥社区在自我塑造价值观念与道德意识等方面的独特作用,通过情感与技术的双重手段,让不同层次的受众在基层自治活动中厚植家国情怀,增强爱国主义情感与信念,进而筑牢应对西方意识形态渗透与舆论围攻的思想屏障。

健全保障机制是培育爱国主义精神的内在要求。一方面,要健全制度保障机制。培育爱国主义精神作为一种"无形"的思想教育工作,要想有章可循、有据可依、持续实施,就离不开"有形"的规范制度和有效条文。建立良好的制度保障机制有益于爱国主义精神培育工作的展开与推进,能够明晰爱国主义精神培育的层级责任,有利于及时地定位并校正相关的新问题新情况。另一方面,要健全物质保障机制。精神生产离不开物质资料的生产,无论是爱国主义教育基地的建设和运转,还是爱国主义精神相关研究、教学和调研等,都需要一定的物质条件作为硬性支撑,因而要尽可能地加大爱国主义精神培育工作的财政投入，建立财政专项资金，修整与开发爱国主义精神教育文化设施与景观，给予有关工作队伍一定的奖励等。总之，健全制度与物质保障机制能够进一步促进爱国主义精神培育工作系统化、规范化、常态化发展。

（二）协同育人：家庭、学校、社会齐力推进爱国主义教育

习近平总书记指出，要把爱国主义教育贯穿国民教育和精神文明建设全过程。[①] 爱国主义教育是全方位、持续性的实践活动，也是主体与外部环境不断交互的过程。家庭、学校、社会都是爱国主义精神的培育阵地与健全人格的活动场所，爱国主义教育的接受、内化、建构、外彰等要贯穿人的成长与发展的始终。

在家庭教育中要把爱家与爱国有机统一起来，家国同构理念与情怀的培植离不开家庭教育的助力，良好的家庭是培育爱国主义精神的教育基地，能够为主体精神提供天然的内容养分和情感资源。在家庭中进行爱国主义教育，应做到以下三点：第一，发挥家庭教育在社会中的独特作用，父母既要不断加强自身的爱国主义理论学习与责任践履，也要带领家庭成员共同提升爱国爱家的家国情怀，培育与维持具有爱国主义传统的家风。第二，在坚守"不犯罪"的底线教育的基础上实施进阶式的品德教育，前者是家庭促进社会有序运行与国家发展所应尽的基本义务，后者是家庭为社会培养合格甚至优秀人才的内在要求，两者均关涉父母品行及其言传身教的能力。第三，在教育的过程中，要明确教育的旨归是努力使家庭成为国家发展、民族进步、社会和谐的重要基点，成为爱国主义共同体的有效"细胞"。简言之，只有具备爱国主义精神的家庭才能够为中华民族的宏大叙事源源不断地注入新鲜血液与强大韧劲。

学校作为以文化人的特定基地，对培育爱国主义精神起着至关重要的作用。在学校中，一方面，应以爱国主义教育为旨归来升华课内外主题活动，从义理与情怀的二重向度来阐释学校办学宗旨与国家发展之间的关系、教师的言传身教与民族教育复兴之间的关系、学生未来选择与社会责任之间的关系等，从而将爱国主义精神更加有效地厚植于人心；另一方面，在日常生活中，应加强对学校主体人群的人文与物质关怀，譬如，定期组织教师与学生的交流午餐，学校在开展基建之前组织学生召开意见民主会，把特殊关怀的范围扩展至学生的家人等。这些常态化的细微关怀能够体现出学校对广大学生群体的重

---

① 《习近平关于社会主义文化建设论述摘编》，中央文献出版社，2017，第128页。

视,增强学生的主体性与归属感,进而激发他们产生报效祖国与奉献社会的强大动力。

中国共产党历来注重利用社会资源进行爱国主义教育,无论是毛泽东提出的"通过历史及革命文物加强对人民的爱国主义教育"①,还是习近平总书记指出的要充分利用"改革发展的伟大成就、重大历史事件纪念活动、爱国主义教育基地、中华民族传统节庆、国家公祭仪式等"②在全社会培育爱国情怀,都足以彰显出中国共产党对爱国主义教育及其社会资源的重视。在社会中进行爱国主义教育,一方面要充分开掘社会教育的资源与潜力,利用主体活动、文艺作品、媒介宣传、节日仪式等各种形式培育爱国主义精神,厚植家国情怀,营造良好的"爱国志,报国行"的社会氛围;另一方面要引导理性爱国,爱国主义教育不仅是要让社会主体"爱国",更是要让社会主体"理性爱国",爱国不是社会暴力的标语或者遮羞布,不是打着爱国的旗号污名化祖国、加剧社会矛盾的勾当。真正的爱国是基于谨慎思考后的合理判断与行为,思想与话语符合公共价值规范,责任与行为经得起实践的审视与检验,其结果也能真正有效地促进国家与社会的进步。

(三) 思想导向:引导舆论议题及方向激发爱国共情

习近平总书记提出:"要把握正确舆论导向……巩固壮大主流思想舆论。"③在舆论场域中,引导舆论的主体往往具有多元性,包括主管意识形态的政党部门、新闻媒体、舆论调查机构、"网络意见领袖"等,它们在舆论场凭借一定的载体与方法对现实问题或焦点事件等客体的讨论进行引导,进而使公众形成一定的价值取向与自为行动。

良好的舆论对激发爱国情感具有重要作用,爱国情感的萌芽、形成、成熟和稳定都离不开社会舆论的引导;这一引导的规范性与艺术性关系到爱国主义精神培育的导向与实效。在舆论引导的过程中,要注意以下三点:第一,要依据民众的分层化与媒体的信息化趋势和规律,因势利导,夯实爱国主义精神的群众基础与思想底色;第二,调控社会舆论传播节奏与策略,健全爱国舆情分析与传播机制;第三,发挥制造与宣传舆论的政府、媒体、意见领袖的合力,

---

① 《建国以来重要文献选编》(第四册),中央文献出版社,1993,第 462 页。
② 《习近平关于社会主义文化建设论述摘编》,中央文献出版社,2017,第 128 页。
③ 《习近平谈治国理政》(第 3 卷),外文出版社,2020,第 312-313 页。

提高公众的思想素质和参与程度,努力建构具有良好爱国主义舆论导向的社会格局。

舆论议题及方向是爱国舆论引导系统的重要组成因素,相关主体需要能动地选择并合理地建构舆论议题,以取得舆论引导的最佳效果。一方面,舆论议题的选择是在社会环境与公众议程的框架下进行的有限作为,与受众者的特点与关注点高度相关;另一方面,政党、媒介、社会舆论机构等所择定的舆论议题,实际上包含着精心设计的标题、内容、版面等要素,这些能够对公众认知、判断和行为产生一系列的重要影响。在中国特色社会主义社会,党性与人民性相统一是舆论引导的应然政治方向,坚持正确的爱国导向需要选择与主流意识形态相向的舆论议题。譬如,将党的政策和工作设置为大众喜闻乐见的焦点,将国家已取得的伟大成就与现阶段的发展困境等议题融入公众的日常所思,让爱国的典型榜样与社会主义核心价值观成为广泛讨论的重点话题。总之,相关主体应通过舆论议题的主动选择与合理设置来不断地引导与夯实人们的家国情怀。

爱国舆论方向的引导既要不断地将非理智的舆论转换成理智的舆论,也要不断地巩固爱国舆论发展的现实基础与社会环境,遵循舆论本身的形成与发展规律。第一,不同的社会舆论与公共利益都存在一定的关联,因而坚持爱国舆论导向要关注人民的切身利益或诉求,解决好民生需求问题。第二,爱国主义是一个不断生成的过程,因而只有持续地做好爱国舆论导向工作,才能始终坚持爱国舆论的正确方向。第三,相关主体应以实践活动为载体,将爱国理论融入公众可以亲自参与和体验的生活中,通过精心的活动策划与实施来激发其爱国共情,进而培育与弘扬爱国主义精神。

## 四、结语

总之,厘清爱国主义精神的形成依据、基本意蕴与赓续发展,旨在为新的长征路提供精神动力,让全体人民更加紧密地团结在中国共产党的周围,形成更加牢固的爱国主义统一战线,同心同德、攻坚克难、开拓进取,向着全面建设社会主义现代化国家奋勇前进。就形成依据而言,本文从历史、实践、社会三个维度铺陈了爱国主义精神是何以生成的;就基本意蕴而言,习近平总书记关于爱国主义精神的相关论述进一步创新了它的时代内涵与典型表征;就赓续路径而言,还需要从政治性规范、教育合力及公众舆论三个方面为新时代中国精神的培育与弘扬提供匡助。历史与现实都表明,爱国主义精神是激励中华民族不畏艰难、奋勇前进的精神法器,面对风云变幻的国际局势以及国内经济和疫情风险,民族复兴的新征程更加需要新时代爱国主义精神的动力供给。在新时代中国特色社会主义社会,要坚持以习近平总书记关于爱国主义精神的重要论述为思想指南,加强爱国主义精神的制度建设、教育培植、舆论导向,不断推进爱国与爱党、爱社会主义高度统一,报效祖国与奉献社会高度统一,最终实现民族复兴伟业。从实际来看,如何促使新时代爱国主义精神的叙事更加大众化、行动更加具体化,还需进一步探究。

实践探索

# 新文科背景下马克思主义哲学课程体系的课程思政建设路径研究

张福公　徐强

**摘要**：在新文科建设背景下，将课程思政理念融入马克思主义哲学课程体系建设是当前推进马克思主义哲学教学改革、发挥马克思主义哲学育人功能的重要举措和必然趋势。为此，必须坚持立德树人的根本宗旨，立足马克思主义哲学课程群的特色和优势，以最新版"马工程"重点教材为主体，深入挖掘其中的思政元素与理论精华；以数字技术应用与人文精神培育为两翼，深入推进课程教学模式创新和跨学科内容融合；以价值塑造、知识传授和能力培养为目标，充分发挥哲学教育的三元育人功能；以历史与现实、文本与问题为经纬，全面贯通哲学教育的育人元素与向度，为构建新文科背景下哲学专业教育与课程思政同向同行的哲学类课程体系提供有益借鉴。

**关键词**：新文科；课程思政；马克思主义哲学课程体系；哲学专业教育

21世纪以来，围绕高校马克思主义哲学教学改革而开展的理论研究和实

**基金项目**：本文系江苏省2021年度高等教育教改研究课题项目"新文科视域下数字人文博雅通识课程群建设研究"（项目编号：2021JSJG290）、南京师范大学2022年度高等教育教学改革研究课题重点项目"新文科视域下基于'一体两翼三元四维'的马克思主义哲学课程群课程思政建设路径研究"（项目编号：1812200046JG2207）阶段性研究成果。

**作者简介**：张福公，南京师范大学哲学系暨数字与人文研究中心副教授；徐强，南京师范大学哲学系暨数字与人文研究中心教授。

践探索始终是中国高等教育改革发展的重要课题之一,并取得了较为显著的改革成效。① 而随着课程思政理念与实践的推进,特别是2020年新文科建设的正式启动,高校马克思主义哲学教学改革进入一个全新的发展阶段。正如国内学者深刻指出的那样,"全面推进课程思政建设是新时代全面贯彻落实党的教育方针的必然要求,是落实立德树人根本任务、提高立德树人成效的重要举措,是提高人才培养质量的根本保证"②。在此背景下,南京师范大学哲学系马克思主义哲学教研团队结合自身优势和特色,凭借多年教学实践经验,逐步摸索建构起一套基于"一体两翼三元四维"框架的课程思政建设创新路径,即以最新版"马工程"重点教材为主体,以数字技术应用与人文精神培育为两翼,以价值塑造、知识传授和能力培养为目标,以历史与现实、文本与问题为经纬,以期深入推进哲学专业教育与课程思政同向同行,充分发挥哲学教育的铸魂育人功能,培育德智体美劳全面发展的社会主义建设者和接班人。

## 一、以最新版"马工程"重点教材为主体:始终坚持"马工程"重点教材的主导地位

教育部颁布的《高等学校课程思政建设指导纲要》(以下简称《纲要》)中明确指出:"要讲好用好马工程重点教材,推进教材内容进人才培养方案、进教案课件、进考试。"因此,推进高校课程思政建设的关键就在于始终坚持"马工程"重点教材在整个教学实践过程中的主体地位。2004年,中共中央决定实施"马克思主义理论研究和建设工程"(以下简称"马工程"),该项目迄今已走过18年的发展历程。在这一过程中,"马工程"重点教材编写组始终坚持与时俱进,自觉关照和吸收中国特色社会主义建设的伟大实践成就和马克思主义中国化的最新理论成果,不断推陈出新和革故鼎新。2009年,"马工程"重点教材《马克思主义哲学》正式出版。2012年,"马工程"重点教材《马克思主义哲学史》和

---

① 汪信砚:《对我国高校马克思主义哲学教学改革的反思》,《武汉大学学报(哲学社会科学版)》2004年第4期,第477-481页。袁贵仁、杨耕:《马克思主义哲学教学体系的形成与演变(上)》,《哲学研究》2011年第10期,第3-17、128页。袁贵仁、杨耕:《马克思主义哲学教学体系的形成与演变(下)》,《哲学研究》2011年第11期,第11-18页。

② 董尚文、杨海斌:《深刻认识课程思政建设的重大意义 深化课程思政教育供给侧结构性改革》,载于《课程思政教学研究》(第1辑第1卷),华中科技大学出版社,2021,第3-18页。

《马克思恩格斯列宁哲学经典著作导读》正式出版。同马克思主义哲学课程群相配套的第一版"马工程"重点教材的出版,是我国马克思主义哲学工作者自觉吸收改革开放以来中国马克思主义哲学研究的最新进展、坚持运用马克思主义中国化的最新成果来不断丰富和发展马克思主义哲学体系的里程碑式的作品[①],标志着中国马克思主义哲学教科书体系实现从相对于苏联哲学教科书体系的"学徒状态"向"中国制造"[②]的质性飞跃。2020年,第二版马克思主义哲学课程群配套"马工程"重点教材正式出版,它充分反映了党的十八大以来中国马克思主义哲学研究的最新成果,标志着中国马克思主义哲学教科书体系实现从"中国制造"到"中国创造"的伟大跨越。鉴于此,推进马克思主义哲学课程群的课程思政建设必须始终坚持"马工程"重点教材的主体地位。遵循从抽象上升到具体的科学方法,对此可从三个方面加以把握。

第一,正确认识"马工程"重点教材的历史地位和实践价值,树立运用好该教材的自觉意识。长期以来,教学内容与"马工程"重点教材相脱离,是马克思主义哲学课程教学实践中存在的"痼疾",这本身是与"马工程"重点教材的权威性质与地位不相符的。而在当前的新文科和课程思政建设背景下,这一问题存在进一步加剧的潜在风险。譬如,部分教师在课程设计和教学实践中过度迎合新文科和课程思政理念,盲目追求形式上的新颖性和内容上的开放性,却严重忽视了"马工程"重点教材的主导性和权威性。这种过犹不及的做法在本质上是舍本逐末、缘木求鱼。鉴于此,在新文科建设背景下深入推进马克思主义哲学课程群的课程思政建设,必须首先正确认识"马工程"重点教材的历史地位和实践价值,明确树立"马工程"重点教材的主体地位,自觉主动地充分运用好该教材。就"马工程"教材的历史地位而言,作为国颁统编的高校教科书,马克思主义哲学系列"马工程"重点教材承载着当代中国马克思主义哲学界在马克思主义中国化进程中的最大学术共识和最新理论成果,是"体系改革在当前阶段所能缔结出的最大成果"和"最大公约数"[③],因而具有绝对权威性

---

① 张亮:《"怎么看"以及"怎么办"——"马工程"重点教材〈马克思主义哲学〉使用体会》,《福建论坛(人文社会科学版)》2014年第7期,第48-52页。
② 孙乐强:《从"初步摸索"到"中国制造"——30年来我国原理教科书体系改革的回顾与反思》,《福建论坛(人文社会科学版)》2011年第7期,第53-57页。
③ 张亮:《"怎么看"以及"怎么办"——"马工程"重点教材〈马克思主义哲学〉使用体会》,《福建论坛(人文社会科学版)》2014年第7期,第48-52页。

和相对稳定性。这种历史地位和性质决定了它的历史使命和实践价值在于，推动马克思主义中国化的历史积淀和最新成果进入课堂和学生头脑，真正发挥其价值塑造、知识传授和能力培养的育人功能，着力提升立德树人的育人成效，培养担当民族复兴大任的时代新人。倘若游离于这一主题之外，势必会削弱课程思政的育人功能和作用。

第二，深入发掘"马工程"重点教材的思政元素，系统建构马克思主义哲学铸魂育人体系。由于实际教学实践中存在哲学专业教育与"马工程"重点教材相脱离、专业教育与思政教育"两张皮"的问题，"马工程"重点教材中所蕴含的丰富思政元素并没有得到系统化的发掘和建构。其实，就马克思主义哲学的历史发展和理论精髓而言，马克思主义哲学本身就蕴含着博大精深的思政育人元素和人文精神意蕴。因此，推进马克思主义哲学课程群的课程思政建设，在确立"马工程"重点教材之主体地位的基础上，还需进一步深入发掘和充分利用教材中蕴含的马克思主义哲学思政元素和人文精神。譬如，青年马克思在中学毕业作文《青年在选择职业时的考虑》中指出："在选择职业时，我们应该遵循的主要指针是人类的幸福和我们自身的完美……人只有为同时代人的完美、为他们的幸福而工作，自己才能达到完美"，"如果我们选择了最能为人类而工作的职业，那么，重担就不能把我们压倒，因为这是为大家作出的牺牲；那时我们所享受的就不是可怜的、有限的、自私的乐趣，我们的幸福将属于千百万人……"①青年马克思的这段文字充分彰显了为人类幸福而奋斗的崇高理想和伟大初心，奠定了马克思此后为全人类的自由解放事业而奋斗终身的人生方向。而这恰恰是同中国共产党人"不忘初心、牢记使命"的党性品格和构建人类命运共同体的新时代宏伟目标遥相呼应、一脉相承的。在此意义上，深入发掘马克思主义哲学课程所蕴含的思政元素和核心价值体系，有助于引导学生树立远大理论信念，培养爱党、爱国、爱社会主义、爱人民、爱集体的道德情操，增强对党的创新理论的政治认同、思想认同、情感认同，坚定中国特色社会主义道路自信、理论自信、制度自信、文化自信。

第三，认真研究最新版"马工程"重点教材的修订情况，吃透弄通该教材的内在精髓。"马工程"重点教材是马克思主义中国化时代化最新成果的集体智慧结晶，是以教科书形式对时代精神之精华的深刻把握，因而必然随着中国特

---

① 《马克思恩格斯全集》（第1卷），人民出版社，1995，第459页。

色社会主义实践及其时代精神的发展而不断完善。因此,密切关注和认真研究最新版教材的修订情况和最新内容,是真正坚持"马工程"重点教材在课程思政建设中的主体地位的必然要求。在此,我们以《马克思主义哲学史》(第2版)为例予以说明。一方面,编写组专家充分吸收了近年来马克思主义哲学原理和哲学史研究的最新成果,进一步修订教材内容,大幅提升了教材内容的准确性与权威性、知识性与人文性。譬如,吸收了《马克思恩格斯全集》历史考证版(MEGA²)的考证结果,将《德意志意识形态》的确切写作时间确定为"1845年10月至1847年4—5月"[①];为了全面准确阐述马克思的革命理论,将马克思对1848年革命的总结和关于"不断革命"的思想,同马克思在《〈政治经济学批判〉序言》中的"两个决不会"思想和恩格斯晚年写作的《卡尔·马克思〈1848年至1850年法兰西阶级斗争〉导言》中的相关思想联系起来;鉴于改革开放以来公平正义问题的凸显和近年来中国学界对该问题的深入研究,在修订第五章中恩格斯《反杜林论》的哲学思想时增加了"阐明无产阶级的道德观和平等观"的内容。另一方面,编写组专家充分吸收了十八大以来马克思主义中国化时代化的最新成果,进一步完善充实教材内容,高质量保证教材内容的引领性、时代性和开放性。譬如,重新概述了第十二章"中国特色社会主义理论体系哲学思想"的形成发展与具体内容,补充增加了第十三章"习近平新时代中国特色社会主义思想对马克思主义哲学的创造性运用与发展"。由此可见,只有全面及时掌握最新版"马工程"重点教材的修订情况,才能真正确立该教材的主体地位,系统全面发掘其中蕴含的丰富思政元素,真正提升立德树人的育人成效。

## 二、以数字技术应用与人文精神培育为两翼:推进教学模式创新和跨学科内容融合

教育部颁布的《纲要》明确指出:"要创新课堂教学模式,推进现代信息技术在课程思政教学中的应用,激发学生学习兴趣,引导学生深入思考。"2020年11月,由教育部新文科建设工作组主办的新文科建设工作会议发布的《新文科建设宣言》强调:"紧扣国家软实力建设和文化繁荣发展新需求,紧跟新一轮科技革命和产业变革新趋势,积极推动人工智能、大数据等现代信息技术与文科

---

① 《马克思主义哲学史》(第2版),高等教育出版社,2020,第45页。

专业深入融合,积极发展文科类新兴专业,推动原有文科专业改造升级,实现文科与理工农医的深度交叉融合,打造文科'金专',不断优化文科专业结构,引领带动文科专业建设整体水平提升。"因此,真正做到讲好用好"马工程"重点教材,不仅需要积极利用现代信息技术手段、创新教学模式和方法、提升课堂教学效果,而且需要广泛吸收跨学科理论资源、持续拓展教学内容的广度与深度。这也成为新文科背景下课程思政建设的内在要求。

近年来,数字技术推动哲学社会科学研究与人文教育教学发生深刻变革,其中数字人文作为一种新兴的研究方法和学科方向,引领了新一轮人文社会科学研究与教学的方法论变革和应用潮流,成为有效推进数字技术应用与人文精神培育深度融合的典型范式。在此意义上,数字人文恰好顺应了新文科和课程思政建设理念的内在要求。因此,将数字人文的理念与方法融入马克思主义哲学课程思政建设便成为一种行之有效的路径。为顺应这一趋势,南京师范大学哲学系于2020年建立南京师范大学数字与人文研究中心,并在前期探索和积累的基础上联合南京大学历史学院数字史学研究中心成立中国数智研究院暨联合虚拟教研中心①,致力于数字技术与人文精神的结合以及应用研究,为推进数字人文与马克思主义哲学课程思政建设的深度融合奠定了坚实的基础。

数字人文的核心方法在于将数字技术应用于人文学科的教学与研究过程,为创新教学模式、推进课程思政建设提供了重要技术支撑。这在马克思主义哲学课程群的教学设计和教学实践中可分为三个层面:第一,运用数字技术搭建师生高效互动平台。在传统的课堂教学中,"填鸭式"的教学模式难以取得高质量的教学效果。随着数字信息技术手段在高等教育教学实践中的普及应用,我们重视利用"雨课堂"、超星学习通等在线教学平台,精心打造在线精品课程,通过发布任务、打卡、弹幕、在线作业和教学数据统计与评价等手段,建立起实时高效的师生互动过程,有效提升学生的课堂参与度和学习自主性。第二,利用网络数字资源打造共享性数字教学资源数据库。我们根据马克思主义哲学系列课程设计的需要,广泛搜集相关的数字化资源和跨学科理论资源,譬如马克思主义经典作家的原始文献文本、照片、图像、绘画、电影、纪录

---

① 王广禄:《数字技术为社会科学发展注入新活力》,《中国社会科学报》2022年9月19日,第2版。

片、网站等资料,具有大众化时代化特征的马克思主义哲学网络创意作品,譬如漫画、动画、网文、歌曲、短视频等作品,以及以马克思主义哲学为主题的微课、慕课、讲座、理论类电视节目等课程资源,建立共享性数字化教学资源数据库,为进一步的教学实践和教学研究提供丰富的素材资料。第三,利用数字技术方法打造可视化虚拟教学平台。基于数字资源数据库,合理利用数字人文研究中的技术手段和呈现方式,例如文本的数字化、数字文本的可视化、知识图谱、数字文本分析与数据挖掘等,推进马克思主义哲学课程的虚拟教学平台建设,有效提升教学效果。根据马克思主义哲学系列课程的不同特点,建构与之适合的虚拟教学模式。譬如,马克思主义哲学史课程主要阐述"马克思主义哲学形成、变化和发展的历史过程及其规律"①。对此,我们可以利用数字人文研究中的知识图谱,可视化地展现马克思主义哲学发展史中思想史人物的学术关系、核心概念范畴的历史流变关系等。例如,利用知识图谱分析呈现1841—1845年期间马克思与青年黑格尔派的学术关系、《资本论》及其手稿中马克思与古典政治经济学的学术关系等。再如,利用知识图谱分析生产力、生产关系、生产方式等核心概念范畴在不同时期的文本中的概念群,这有助于学生更为直观地理解和把握马克思主义哲学形成发展的理论渊源和概念谱系,领悟马克思主义哲学意蕴的博大精深和源远流长。此外,我们可以利用现有的网络资源和虚拟场景技术,将虚拟教学场景融入马克思主义哲学课堂教学之中。例如,我们借助马克思故居博物馆官网提供的"Marx360"虚拟场景②,带领学生"云"游马克思故居,以实物、图片和历史事件的形式展现马克思的伟大精神与深远影响,提升学生的学习兴趣,塑造学生的理想信念。马克思主义哲学经典著作导读课程侧重于深入解读代表性的马克思主义哲学经典著作,对此,我们可以借助数字人文研究中的数据挖掘和文本分析工具,更深入细致地展现某一文本的历史背景、理论渊源、关键概念群,从而帮助学生深入理解其理论意义和现实意义。

数字人文的核心理念在于促进多学科交叉融合、实现人文精神的当代发展。而这一理念正是马克思主义哲学得以诞生和发展的根本动力和科学品格。我们认为,在某种意义上,马克思主义哲学正是马克思主义创始人践行跨

---

① 《马克思主义哲学史》(第2版),高等教育出版社,2020,第3页。
② https://www.marx360.de/

学科理念的产物,因为马克思主义哲学本身就是马克思和恩格斯在广泛吸收人类文明成果的基础上进行创造性转化和创新性发展的产物。在此意义上,马克思和恩格斯所缔造的跨学科研究方法及其人文精神意蕴为我们今天的新文科建设提供了典型范例和重要启示。因此,深入发掘和阐明马克思主义哲学所蕴含的多学科理论资源、跨学科方法论精髓与深厚人文精神,正确运用马克思和恩格斯的科学研究方法探究当代现实问题,并将最新研究成果有机融入课堂教学内容,便成为马克思主义哲学课程思政建设的应有之义。具体而言,第一,我们必须注重全面展现马克思和恩格斯为创立与发展历史唯物主义所长期从事的艰苦卓绝的跨学科研究历程,整体呈现马克思主义哲学所蕴含的思想史渊源,引导学生深刻体悟和努力践行马克思追求真理的科学研究箴言:"在科学上没有平坦的大道,只有不畏劳苦沿着陡峭山路攀登的人,才有希望达到光辉的顶点。"①第二,在阐明马克思主义哲学的多学科理论渊源的基础上,我们需要进一步辨明马克思主义哲学同作为其理论渊源的古典哲学、政治经济学、空想社会主义、工艺学、历史学、人类学等诸多学科的本质差异,揭示马克思主义哲学是如何在批判吸收多学科理论资源的基础上超越其他人文社会科学和自然科学,实现人类思想史上的哲学革命。而这无疑关涉马克思主义哲学的跨学科研究方法的内在精髓:跨学科研究的实质并非不同学科知识的简单交叉和融合,而是通过对多元知识体系与方法论范式的批判性反思实现质性超越和创新发展。这一科学方法论精髓不仅有助于推进新文科建设,而且有助于引导学生从事真正的基础性和创新性研究。第三,理论与实践相统一是马克思主义哲学的内在品格,这就要求马克思主义哲学课程不能仅停留在理论和方法层面,而是必须以马克思主义哲学的跨学科研究方法和历史唯物主义为指导,批判性地广泛吸收当代多学科发展的最新成果,科学回答新时代的现实问题,真正推进马克思主义哲学的当代发展,并将最新研究成果融入课堂教学之中,鼓励和引导学生运用马克思主义哲学的立场、观点和方法从事跨学科研究,面对和解决当代现实问题,真正感悟马克思主义哲学的时代性和开放性。

---

① 《马克思恩格斯全集》(第44卷),人民出版社,2001,第24页。

## 三、以价值塑造、知识传授和能力培养为目标：充分发挥三元育人功能

新文科背景下马克思主义哲学课程群课程思政建设的根本目标在于立德树人。教育部颁布的《纲要》明确提出："落实立德树人根本任务，必须将价值塑造、知识传授和能力培养三者融为一体、不可割裂。"可见，立德树人同价值塑造、知识传授与能力培养是一种"三位一体"的关系。因此，要想真正落实立德树人的根本任务，就必须实现价值塑造、知识传授和能力培养的内在统一。而马克思主义哲学育人功能的达成必须依托课程教学内容的精心设计与实施。对此，我们主要从两个方面加以展开：一方面，根据马克思主义哲学课程群的优势特色，加强课程教学与育人目标的结构性融合。因为在马克思主义哲学教学体系中，马克思主义哲学史、马克思主义哲学原理和马克思主义哲学经典著作导读作为核心基础课程，既相互联系又各有侧重。因此，要想实现课程教学与育人目标的有机融合，就必须根据不同课程的具体特点进行结构性设计，三者不可割裂和偏废。[①] 另一方面，根据马克思主义哲学课程教学的基本特点，注重以历史与现实、文本与问题为经纬，全面整合教学元素和育人向度，以便充分发挥马克思主义哲学的三元铸魂育人功能。

马克思主义哲学史课程侧重于阐明马克思主义哲学的形成发展过程及其内在规律，阐明马克思主义哲学的基本概念、范畴、原理和整个理论体系的形成发展过程，着重揭示不同时期马克思主义哲学成果的理论贡献、内在联系和历史作用，展示马克思主义哲学不断丰富、发展的历史过程。[②] 因此，马克思主义哲学史课程的育人功能定位应是以价值塑造为主，以知识传授和能力培养为辅。为此，我们对马克思主义哲学史课程的课程安排和课程学时做了重要调整。课程开设时间由原来的大一下学期调整为大一上学期，课程学时由原来的一学期 54 学时扩展为两学期 108 学时，旨在从一开始就以马克思主义哲学史所蕴含的人文精神引领学生的价值观塑造，同时引导学生从历史发生学

---

[①] 有学者提出将三门马克思主义哲学课程分别对应三种育人功能，这种观点在表面上似乎符合"三位一体"的关系，但在本质上却是将三者割裂开来。参见刘宇、王日鹏：《课程思政融入马克思主义哲学专业课程的教学体系建设》，载于《课程思政教学研究》（第1辑第2卷），华中科技大学出版社，2022，第88-100页。

[②] 《马克思主义哲学史》（第2版），高等教育出版社，2020，第3页。

的角度系统掌握相关的理论知识和分析方法。譬如,我们在讲授《共产党宣言》时,着重将经典文本同1848年欧洲革命的历史知识背景结合起来,揭示马克思和恩格斯所创立的科学社会主义和无产阶级革命在整个人类历史上的开创性意义和深远影响,使学生真正理解马克思主义哲学是实践基础上的真理观和价值观的统一,引导学生进一步树立和坚定共产主义信念,坚持中国特色社会主义的共同理想。

马克思主义哲学原理课程侧重于阐释马克思主义哲学一系列概念、范畴、原理的科学体系,论述其体系构成、主要观点和地位作用等内容。① 因此,马克思主义哲学原理课程的育人功能定位应是以知识传授为主,以能力培养和价值塑造为辅。马克思主义哲学原理主要包括马克思主义哲学观、物质观、实践观、辩证法、认识论、价值观和社会历史观等知识板块,对于学生的知识建构、能力培养和价值塑造具有重要意义。具体而言,第一,有助于帮助学生建立科学的世界观。马克思主义哲学是对自然、社会和人自身的本质特征和内在规律的科学揭示,其中马克思主义哲学观、物质观和社会历史观,有助于学生树立科学的唯物主义世界观,深刻理解自然和社会历史的发展规律和未来趋势。第二,有助于帮助学生掌握科学的辩证认识方法。马克思主义辩证法和认识论是对西方传统形而上学认识论和思维方式的彻底变革,科学揭示了主体与客体、实践与认识的辩证关系,科学阐明了辩证认识方法的规律和原则,有助于学生正确运用辩证认识方法深刻认识日常生活现象和社会历史现象的本质和规律,正确解决各种现实问题。第三,有助于帮助学生树立科学的真理观。马克思主义哲学强调,实践是检验真理的唯一标准。马克思指出:"人的思维是否具有客观的真理性,这不是一个理论的问题,而是一个实践的问题。"②也就是说,实践既构成了认识之真理性的根本源泉,也构成了使真理转化为改变现实世界的物质力量的根本途径。在此意义上,马克思主义真理观从根本上超越了主观主义、相对主义和教条主义的缺陷,从而有助于学生树立求真务实、理论联系实际的内在品格。

马克思主义哲学经典著作导读课程侧重于阐明代表性的马克思主义哲学经典著作的写作过程、主要观点、思想逻辑和理论意义,"既是一部活的哲学

---

① 《马克思主义哲学史》(第2版),高等教育出版社,2020,第2-3页。
② 《马克思恩格斯文集》(第1卷),人民出版社,2009,第500页。

史,也是学习马克思主义世界观、方法论的重要素材和依据",从而"为其他两门课程提供了翔实的文献基础和思想来源"。① 对马克思主义哲学经典著作中所蕴含的精神实质和思想精髓的把握,有赖于基于深入研读的综合理论能力的培养和提升,因此,马克思主义哲学经典著作导读课程的育人功能定位应当是以能力培养为主,以知识传授和价值塑造为辅。对此,我们主要从三个方面加以展开:第一,在思想史语境中进行文本的深度耕犁。恩格斯说:"一个民族要想站在科学的最高峰,就一刻也不能没有理论思维"②,"而为了进行这种培养,除了学习以往的哲学,直到现在还没有别的办法"③。恩格斯关于思想史的教育意义的重要论断同样适用于对马克思主义哲学本身的教与学。这具体包括两个层面:一是强化学生对作为马克思主义哲学之思想来源的经典文本的深入阅读,引导学生在多学科理论视域中深入把握马克思主义哲学同其思想史资源的内在联系与本质区别,进而把握马克思主义哲学的独特魅力和思想精髓;二是注重引导学生在认真阅读马克思主义哲学经典文本的过程中,将马克思主义哲学原理所涉及的基本概念、范畴、原则和方法置于马克思主义哲学史语境中,从历史发生学的角度深入把握某一具体文本及其核心概念和思想逻辑在整个马克思主义哲学史上的理论地位。第二,以英文德文文献为参照提升哲学专业外语能力。在坚持"马工程"重点教材之主体地位的基础上,我们向学生提供与教材内容相对应的权威外文版本,主要是《马克思恩格斯全集》(英文版)和《马克思恩格斯全集》历史考证版(MEGA$^2$)。我们注重通过有意识地结合中文、英文和德文三种文本来讲解重点段落和概念范畴,以便潜移默化地增进学生对专业哲学概念和表达方式的掌握,培养学生的外语学习兴趣,提升专业外语综合能力。第三,以问题意识为导向提升理论思维与学术研究能力。哲学教育的本质可以概括为:始于模仿、终于超越、始终探索。我们注重以马克思主义哲学基础理论问题和前沿问题为引导,鼓励和指导学生结合思想史和多语种文献进行文本精读和问题研讨,潜移默化地培养学生的学术兴趣和学术素养,提升学生的学术研究能力和理论思维能力。

---

① 《马克思恩格斯列宁哲学经典著作导读》(第 2 版),人民出版社,2020,第 3 页。
② 《马克思恩格斯文集》(第 9 卷),人民出版社,2009,第 437 页。
③ 《马克思恩格斯文集》(第 9 卷),人民出版社,2009,第 436 页。

## 四、结语

总之,正如董尚文教授所言,全面推进课程思政建设是深入贯彻全国高校思想政治工作会议精神和全国教育大会精神的战略举措。而推进课程思政建设必须结合不同学科专业的特色和优势进行具体落实。[①] 哲学学科的特色和优势决定了思政育人是哲学教育的内在追求,或者说,哲学教育本身就内在蕴含着思政育人要素。对此,教育部颁布的《纲要》强调指出,对于哲学类专业课程,"要在课程教学中帮助学生掌握马克思主义世界观和方法论,从历史与现实、理论与实践等维度深刻理解习近平新时代中国特色社会主义思想"。这表明,马克思主义哲学本身的特点和优势决定了马克思主义哲学教育在高校思想政治教育工作中的独特地位和重要使命。因此,在新文科背景下深入推进马克思主义哲学课程体系的课程思政建设改革就显得尤为重要。在这一过程中,坚持"马工程"重点教材的主体地位是提高教学质量的根本保证,充分运用数字人文的理念、方法和手段是创新教学模式的重要方法论支撑,全面发挥价值塑造、知识传授和能力培养的育人功能是落实立德树人根本任务的核心诉求,立足历史与现实、文本与问题、理论与实践维度深刻理解马克思主义哲学的内在精髓及其当代形态是培育时代新人的根本旨归。

---

① 董尚文:《推进哲学教育课程思政建设的思考》,《学校党建与思想教育》2020年第20期,第42-44页。

# 基于工程类专业内涵的课程思政探索与实践

胡其志　许立强　庄心善

**摘要**：土木工程是培养我国建筑业人才的主打专业，其培养质量直接关系到我国建筑业未来的发展。本文从高等教育"五育并举""立德树人"的人才培养理念出发，结合土木工程专业特点和专业内涵，挖掘专业课程思政元素，立足土木工程学科视野、理论和方法，以学生关心与关注的问题为切入点，开展土木工程专业课程思政探索；以"土木工程概论"课程为例，从土木工程的发展历史、新中国的建设成就和土木工程发展前景等方面开展课程思政的案例分析；最后对工程类专业如何选取课程思政素材和进行教学整体设计等方面提出了一些建议。

**关键词**：土木工程；立德树人；课程思政；专业内涵

"把立德树人作为教育的根本任务"是习近平教育思想的重要内容。面对这一重大议题，各大高校均积极开展课程思政大建设与大讨论，丰富了公共课

**基金项目**：本文系武昌工学院"基于'荆楚卓越工程师'的校企协同人才培养模式研究"（项目编号：A2021036）研究成果。

**作者简介**：胡其志，博士，武昌工学院城市建设学院院长，教授，主要从事土木工程的教学、管理及科研工作；许立强，武昌工学院城市建设学院副教授，主要从事土木工程的教学、管理及科研工作；庄心善，湖北工业大学土木建筑与环境学院教授，主要从事土木工程的教学和科研工作。

和基础课的课程思政内容,对专业课、实践课如何实施课程思政做了有益探索。土木工程专业实施课程思政是适应我国建筑业发展新常态的必然要求,可以为新基建、城镇化、美丽乡村建设等国家发展战略提供重要支撑,与建成社会主义现代化强国、实现"两个一百年"的奋斗目标息息相关。

经管及文科类专业由于其专业课程本身就涉及一些思想政治、人文修养等方面的内容,实施课程思政相对来说较为容易。土木工程是工程类专业,其人才培养方案中除了20%左右的课程是人文修养类公共课程外,绝大部分专业课程均是讲授物理、数学等自然科学基础知识的课程,或者是讲授基于这些知识的工程技术原理及应用的课程,其课程思政内容和素材相对不足。因此,充分利用当前我国高校大力探索课程思政的这一时机,结合土木工程学科专业特点,在土木工程专业课程教学中融入思政元素,具有重要的意义。

## 一、依托专业内涵开展课程思政的必要性

当前,高校开展课程思政主要是以人才培养方案为基础,以课程教学为载体,将教师、学生和课程三者融合融通,构建全员、全程、全方位的育人新格局;将通识课、基础课和专业课等各类课程与思想政治理论课相结合,形成同向同行的协同效应,把"立德树人""五育并举"作为高等教育的根本任务。因此,课程思政是一种培养复合型人才的综合教育理念。土木工程专业是培养工程建设领域专业人才的关键学科,是构建制造强国、建设美好家园的重要基石,与其他专业一样担负着开展课程思政的重要使命。

### (一)立德树人是高等教育的根本任务

大学教育应该"以本为本"、坚持"四个回归"、坚持办人民满意的大学。在高等教育过程中只有发现问题并且认识到问题的重要性,才能真正有针对性地解决问题。近年来,众多高校都在开展专业课与思政课同向同行的协同育人实践,但开展效果不够理想,究其原因主要在于高校坚持立德树人意识方面、把握改革难点方面出现了偏差,主要表现在如下方面。

第一,部分高校专业课教师缺乏德育意识和能力,多年来形成了"课堂见"的师生关系,具体表现为:只在课堂见、教书不育人、见面不交心、下课就走人。第二,部分高校专业课教师职称和学历较高,科研能力较强,甚至有点自视甚高、我行我素,缺乏自觉地教书育人的思想意识。第三,青年专业教师普遍有职称晋升、科研考核等压力,而且教学量化标准不统一,有的无法量化,导致青年教师不愿意花更多的时间和精力开展课程思政。

专业课程的思政改革难点，主要表现在专业知识与思政素材的融合、教师主体作用的发挥、协同育人机制的建构等方面。[①] 针对这种状况，专业课教师必须强化立德树人意识，树立"课程"育人的新理念，将专业课与思政课有机结合，正确处理专业课与思政课分工协作的育人方式，真正践行高等教育立德树人的根本任务。

（二）课程思政是提高育人效果的有效手段

科技发展及现代化使得当前社会的专业划分和职业分工趋于精细化，高校在承担教学科研职能的同时，还肩负着"为党育人、为国育才"的重要使命。高校一方面要对学生开展实用知识和专业技能培养，以满足工程建设和社会高速运转对应用型人才的巨大需求，牢固确立专业知识和技能在学校课程教学中的核心地位。这些专业知识和技能具有中立的、价值无涉的、逐渐学科分化的能力属性，在实用主义哲学的裹挟下，"表现出强调知识的经济和社会功能，强调知识的实用性倾向"[②]，高度契合当前工程建设大发展时代对工程建设人才的需求。

另一方面，人们希望在专业课程中学到在未来工程建设及生存实践中所需要掌握的"有用"知识，提高解决复杂工程问题及改造物质世界的能力。因此，工程专业课程应该逐渐转向客体化知识教育和技能培养，即专业课程应按照现实社会的物质需求来培养人，德育课程不能仅仅是客观抽象的、脱离生活情境的道德知识与道德科目，而应该重视主体人在改造世界的同时对自身意义世界的建构，重视知识的学习和主体精神的成长相融合，避免大学教育"太忙碌于现实，太驰骛于外界"。

土木工程专业知识从生成、探究到传播的整个过程，都受到学习者文化背景的影响，与学习者在一定文化中的生活方式、价值观等息息相关。学生只有充分理解专业知识的价值和内涵，才会将对工程建设现实意义的追求转化为与中国特色社会主义核心价值观相适应的精神价值，才能在专业课程知识和学生自我精神意识之间建立起内在的文化共生关系。

---

① 王学俭、石岩：《新时代课程思政的内涵、特点、难点及应对策略》，《新疆师范大学学报（哲学社会科学版）》2020年第2期，第50-58页。

② 伍醒：《知识演进视域下的大学基层学术组织变迁》，浙江大学出版社，2016，第128页。

### (三) 拓展传统育人路径、革新育人理念

进入21世纪以来，随着我国高等教育进入质量提升阶段，各高校开展了大规模、多主题的教学团队建设活动，为高校推进课程思政提供了重要指导。挖掘思政资源、发挥隐性思政作用、传承立德树人教育理念等，需要集体智慧和团队力量，高校在团队建设中应对此开展研究。① 团队建设不仅应重视团队成员能力的提升，而且要着重围绕提升团队成员育人能力而展开，其关键是在满足大学生成才需求、满足课程思政建设要求的基础上，用马克思主义价值观、用中国特色社会主义核心价值观来凝聚团队，以此形成团队合力，确保课程思政建设的高效推进。

传统观念认为专业课程就是讲授专业知识，注重知识点的讲解，应在课堂上将知识与能力培养相结合，使学生获得工程实践能力，至于思想政治方面的教育，则是辅导员和思政课老师的事，专业课程不需要也没有时间去讲解马克思主义原理等思政内容。而课程思政是全员育人、全程育人、全方位育人的教育理念在课程中的具体表现。② 在专业课程中推进课程思政，在占比较大的各类专业课程中挖掘思政教育资源，不仅有利于专业课程的讲解和学习，充分发挥每门课程、每个课堂的作用和优势，而且有利于保障大学思政教育全程不放松、全程不断线，使得大学阶段的思政工作浸染到每一个课堂，进而形成全课程育人的"大合唱"局面。课程思政的开展能在很大程度上丰富和充实专业课和传统思政课的形式，可以将培养方案中的所有课程纳入思政教育和个人价值教育的体系中，使中国特色社会主义核心价值观的输导和专业知识的学习同频共振，实现二者的有机融合，这也是对传统教书育人理念的拓展和升华。

## 二、依托专业内涵开展课程思政的途径

### (一) 工程类专业课程中的思政元素

教学需要有教材，教育人需要有素材、有案例。大学里开设的思政课程均有非常好的马工程类教材供选择，这些教材中有丰富的思政课程基础知识，有

---

① 戴健:《高校课程思政教学团队建构探析》,《江苏高教》2020年第12期,第100-103页。
② 曹慧群:《高校"思政课程"的核心要义与实现方式》,《安庆师范大学学报(社会科学版)》2020年第4期,第124-128页。

系统的教育教学方法和理论，为开展大学生思想政治教育提供了非常好的专业素材。工程专业主要面向土木工程、机械工程、电子信息工程、化学与化工工程、医学与生物工程等各类工程的研究、建设及管理过程，需要分析研究并解决工程中的具体问题，因此需要学生掌握工程相关的基础理论与基础知识，对应的人才培养方案中也大部分是关于工程基础知识的学习和讲解的。

探究并解决工程问题离不开马克思主义立场、观点和方法，离不开中国特色社会主义理论体系的指导。科学精神和科技道德的教育和培养是工程专业教育的基础，只有科技人士具有良好的科学道德、完整的人格修养，才能有科学思想和理论的健康发展。众多的学科理论、技术与方法都是由具有高尚情操、深厚思想修养的科学家经过不断的实践与探索得到的。在学习这些理论知识的过程中，这些科学家的精神就是很好的思政教育素材。

在工程专业中开展科学思维方法、科学伦理与道德的教育，重在培养学生探索未知、追求真理、勇攀科学高峰的责任感和使命感。"深圳速度""基建狂魔"等中国在建筑行业中的美誉，是对学生进行专业教育的重要支点。精益求精的大国工匠精神、从中国制造到中国创造的转变，是激发学生科技报国的家国情怀和使命担当的关键力量。这些都是提升学生思想修养、激励学生立志报效国家的教育素材。

（二）土木工程学科的特点及内涵

土木工程学科是当前我国高校"双一流"建设中的重要一级学科，也是当前"四新"（新工科、新医科、新农科、新文科）建设的重点。世界工程学科的发展经历了从经验技术与技能发展阶段，逐渐向依靠基础学科发展的工程科学化阶段，再向大工程甚至超大工程发展阶段的转变。面向推进中国制造向中国创造转变的历史使命，工业强国一直以来都是中国重点理工类大学的核心使命。工程学科在供给侧结构性改革、引领中国经济高质量发展中具有重要的战略地位。

开展土木工程人才培养，可以依托土木工程学科本身的建设特点，立足学科的特殊视野、理论和方法开展课程思政教育：强化土木工程学科的优势与特色，立足国家基础设施的建设，放眼全球，充分利用"一带一路"建设契机，为构建"人类命运共同体"而努力；强化土木工程学科的育人功能，从基础知识、工程能力、道德与法治教育等方面开展工程专业人才的培养；依托土木工程学科高水平学科团队建设需要，培养学生团队意识和创新能力，注重大国重器建设中的团队精神;重视土木工程学科的创新能力,培养学生解决复杂工程问题的能力①,结合大学生的创新创业教育,开展专业课程思政教育;结合土木工程学科中组织模式的创新要求,利用当前我国重大工程建设的组织实施方式和方法,讲解我国政治及经济制度方面的优势。

(三)以学生关注问题为切入点

当代大学生是思想最为活跃的社会群体,是社会青年力量的主体,也是未来国家建设的主力军。他们对社会民生焦点问题、国内外重大政治事件、当前流行思想热点问题的关注和反应一直以来受到党和政府的高度关注,是高校掌握学生思想动态、进行思政教育的主要抓手。② 国内政治问题一直是在校大学生关注的热点,近年来有统计表明,大学生对国内重大政治事件的关注度总体呈平稳增长趋势。经济热点问题和国家经济发展动向也是青年学生关注的重要方面,但由于经济问题对在校大学生的学习、生活、发展的影响具有一定的滞后性,因此大学生对经济热点问题的关注度总体呈平稳偏低趋势。

民生问题一直是在校大学生关注度相对较高的话题,这些问题与他们大学期间的学习、生活和职业发展息息相关,特别是与工程学生所学的专业知识具有较高的关联度。三峡工程、南水北调工程、汶川地震及灾后重建、青藏铁路工程以及正在修建的川藏铁路等,都是工程专业学生关注的具体事件。中央电视台先后拍摄了《超级工程》《大国工匠》《科学重器》等纪录片,这些纪录片通过通俗易懂的语言,形象直观地讲解工程原理、展现工程现场等,讲解了我国在工程领域的发展和成就,大多数工程专业学生都能够在影片中找到与专业相关的内容。这些纪录片较好地激发了学生的学习兴趣,极大地提升了学生对工程领域大事件的关注度。

(四)正确评价我国工程建设领域取得的成就

改革开放40多年来,我国发生了巨大变化,经济的迅速崛起受到全世界的瞩目,同时也引起了欧美等发达国家的猜忌。然而对于我国的建设成就,国

---

① 王章豹、张宝:《培养新工科人才解决复杂工程问题能力的探讨》,《高教发展与评估》2019年第6期,第74-85、111页。

② 彭启智、刘宇晖:《大学生对重大热点问题关注度的变迁及教育引导》,《学校党建与思想教育》2019年第2期,第72-74页。

内评价普遍较为谨慎。① 十八大以来,我国稳健地走在中华民族伟大复兴的道路上。习近平总书记在庆祝中国共产党成立95周年大会上提出,要坚持中国特色社会主义道路自信、理论自信、制度自信、文化自信。"四个自信"是对当前国际软实力对比"西强我弱"局面的有力回应。我国通过"一带一路"倡议,经过近10年的努力,在沿线国家中重塑了我国的软实力,得到了他们的一致认可和赞赏,但我国的软实力建设仍有不足。如美国乔治·华盛顿大学教授沈大伟所说,中国确实走向了世界,但只是部分。

中国的"一带一路"倡议,已经得到100多个国家和国际组织的大力响应和支持,其中40多个国家和国际组织同中国签署了经贸往来及合作协议。在沿线一些国家,随着一系列关系民生的工程项目落地实施,中国企业在当地的投资已达到500多亿美元。2020年上半年,尽管受到新冠肺炎疫情的冲击,中国对"一带一路"沿线国家的投资仍实现较快增长,非金融类直接投资约81.2亿美元,同比增长了19.4%。此外,在《巴黎协定》的签署中,我国起到了关键作用,也一直在兑现着对世界的承诺。在国际援助方面,从1950年起,我国累计对外提供援助4000多亿元,积极实施各类援外项目,为发展中国家在华人员举办多期培训班。特别是在2019年新冠肺炎全球大流行期间,中国首先控制住国内的疫情,还积极对外援助。一直以来,我国在自身长期属于发展中国家的情况下,努力践行"人类命运共同体"理念,为世界经济和社会发展贡献中国力量和中国智慧。②

伴随着我国日益强大,逐渐走近世界舞台中央,西方国家不停地变换方式和手法,大力建构整体的和流行的话语霸权,发动意识形态和心理塑造新攻势,客观上对当代大学生产生了较大影响,使得我国社会面临意识形态方面的风险增加。因此,高校必须高度关注西方话语霸权对我国大学生的影响,努力分辨西方话语霸权的新动向,积极寻求消解其对大学生影响的新方法和新路径,建立土木工程专业课程思政阵地。

## 三、土木工程课程思政案例

"土木工程概论"主要介绍土木工程的基本概念、专业内涵,是一门重要的

---

① 阚道远:《西方话语霸权建构的新动向及其政治影响》,《思想理论教育导刊》2018年第11期,第87-91页。

② 于晓葵、冯蕾:《构建人类命运共同体的中国担当》,《光明日报》2017年3月2日。

专业基础课。该课程一般在大学一年级开设，主要内容包括土木工程学科及行业发展历程、土木工程在国民经济建设中的地位与作用、与土木工程相关的理论与技术发展现状等。另外，还包括土木工程师应该具备的责任、素质、能力等方面的内容。下文以该课程为基础，结合课程内容挖掘土木工程专业内涵，从以下几个方面探索课程思政的建设。

(一) 土木工程是人类社会发展的重要推动力

土木工程是建造各类工程设施的科学技术的统称，负责建造在地下、地上、水中等的各类工程设施，主要包括房屋建筑工程、道路与桥梁工程、地铁与隧道工程、地下空间、机场、大坝等，是建筑行业的核心，在国民经济和社会发展中占有极其重要的地位。土木工程随着不同历史时期的社会需求和科学技术水平的变化而逐渐变化，受社会、政治、经济、环境和资源等条件的影响十分显著，充分反映了不同历史时期的社会发展状况。

我国古代土木工程成就斐然，有西安半坡村遗址中的人类早期建筑遗迹，有经千余年尚能正常使用的河北赵州桥，还有至今仍在发挥作用的四川都江堰水利工程，更有万里长城、北京故宫、京杭大运河、山西应县木塔等杰出工程。西方也有一大批优秀的土木工程项目，如埃及金字塔、法国巴黎圣母院、土耳其索菲亚大教堂、意大利比萨斜塔等。在土木工程研究方面，我国古代有公元前的《考工记》和北宋时期的《营造法式》等，意大利文艺复兴时期有《论建筑》等，都是对土木工程的经验总结和形象描述。

在近代，随着数学和力学学科的发展，土木工程的力学与结构理论，钢结构、混凝土及钢筋混凝土技术得到发展，美国芝加哥产生了11层的住宅保险大楼，英国建造了世界上第一条铁路和地铁，此外还有法国的埃菲尔铁塔、德国近4000公里的高速公路网等一大批近代土木工程项目。中国土木工程在近代发展较慢，但也在20世纪初建成了京张铁路，解决了列车攀爬坡度达33.3‰的世界级难题。

纵观近代国内外典型的土木工程，其均为一个国家或一个地区的象征，代表着当时国家和社会的发展程度，是当时社会发展水平的标志，对当时社会发展起到了重要的推动作用。

(二) 利用土木工程发展史培养学生的综合素养

熟悉历史，认清历史，以史为鉴。结合土木工程的发展历史，可以引导学生认识并重新思考一些问题。

1. 从土木工程发展史的角度审视中国历史,增强文化自信

土木工程是一定时期社会发展水平的标志,从侧面反映出社会的经济、文化、科技等的发展水平,是社会历史发展的实证。中国有着悠久的古代文明,形成了数千年不间断的中华文化,在建筑技术方面不乏经典的成就和发明。李约瑟在《中国科学技术史》中曾描述中国在 3-13 世纪,长期保持着西方望尘莫及的科学技术水平。而我国古代在土木工程方面的伟大成就,正是中华民族对人类文明做出巨大贡献的象征。作为四大文明古国的中国,凭借着自身非凡的科技成就,造就了当时世界科学活动的中心。通过对土木工程发展史的学习,可以让学生体会我们祖先的勤劳与智慧,增强学生的民族自豪感,坚定学生的文化自信。

2. 土木工程发展历程正是社会发展客观规律的重要表现

中国近代土木工程技术相对落后,与当时我国科技发展水平低下相关。中国封建社会晚期闭关自守、故步自封,导致科技发展严重滞后,社会上只注重技术的应用而忽视基础科学的研究,陈旧的理论和方法在相当长时间内没有得到创新和发展,这是制约中国近代土木工程发展的重要原因。

马克思主义科学观指明了人类社会发展应遵循的客观规律,为人类推进社会发展奠定了理论基础。通过讲解我国从古代到近代土木工程的发展史,并结合中国近代史相关事件做出阐释,有利于引导学生正确认识土木工程的重要性,进一步理解马克思关于社会发展规律的认识,理解经济基础与上层建筑之间的关系,理解生产力和生产关系之间的客观规律,理解社会形态更替与社会发展规律,从而对中国特色社会主义道路有清晰的认识,对习近平新时代中国特色社会主义思想有更深刻的体会,真正理解只有社会主义才能救中国,才能发展中国。

3. 科学家精神是爱国主义的重要体现

名震世界的京张铁路是我国近代科学家詹天佑先生的杰作,他是中国近代科学技术界的先驱。詹天佑继承和发扬了我国人民奋发向上的精神,继承了我国古代科学家和工程师的创新才能和工匠精神,为当时深受列强欺凌的中国人民争了一口气。

新中国成立后,以钱学森、邓稼先等为代表的一代科学家,放弃了国外优厚待遇毅然回国,投入新中国的建设之中。更有一大批以李四光、茅以升、钱

伟长等为代表的科学家,为祖国的发展和强盛贡献了毕生精力,还有一大批"大国工匠""时代楷模"的新时代先进群体,在各自岗位上辛勤工作、默默奉献,在平凡的工作中取得了不平凡的成绩,诠释了爱国主义情怀,为青年学生树立了榜样。

4. 利用建筑美学提升学生艺术素养

"五育并举"是培养高等教育人才的重要理念。建筑被誉为凝固的艺术,其特殊的艺术表现形式直接对人的思想和情感产生影响。贝聿铭先生认为建筑是一种社会艺术形式。不同时期、不同地域、不同风格的建筑蕴含着丰富的文化和艺术内涵,直接影响着人们的思想和情感。通过讲解建筑造型、桥梁美学、城市天际线等建筑艺术元素,能培养学生的审美情趣,引导学生提高审美能力、养成高尚情操、扩大视野和胸怀,并激发学生的专业热情。

(三)新中国土木工程建设成就是中国特色社会主义道路正确性的重要例证

20世纪80年代,从蛇口第一声"开山炮"响起,到深圳国贸大厦竣工,中国建筑企业创造了平均3天一层楼的"深圳速度"。2019年正式启用的北京大兴机场、2018年正式通车的港珠澳大桥、2016年建成通车的北盘江大桥,均是新时代我国土木工程建设成就的杰出代表。以上海洋山深水港为代表的中国港口,超过15万公里的高速公路,营运里程超过世界高铁总里程三分之二的中国高铁,为中国人赢得了"基建狂魔"的称号。这些成就背后蕴含着诸多世界一流科学技术,是中国先进技术和先进制造业的具体体现,更是国家科技发展水平和综合国力的表现。

我国土木工程经历了从近代的相对落后到今天的崛起过程,是中国近现代发展史的缩影。新中国成立前的100多年,是我国被侵略被奴役的一段历史:工业基础薄弱,国家一贫如洗,人民生活困难,社会发展落后。新中国成立之后,在中国共产党的领导下,我国的建筑业伴随着国家科技和经济的发展,发生了翻天覆地的变化,铸就了今天土木工程的辉煌。实践证明,只有中国特色社会主义才能发展中国,才能实现中华民族的伟大复兴。

(四)土木工程发展前景激发青年学生坚定使命担当和培养创新精神

培养大学生的创新与创造能力是高等教育的重要目标。人类社会的发展离不开土木工程,在未来土木工程将向更高更深更快更智能的方向发展:超高层大型建筑充分发挥有限土地空间的价值,更深更广的地下及海洋工程为人类拓展更广阔的生存空间,磁悬浮列车和超高速真空管道等交通设施为人类缩短空间距离,绿色建筑与人工智能为人类居住和旅行带来更舒适的体验。这些土木工程的未来前景与中华民族的伟大复兴密不可分,需要一代又一代人的努力拼搏。青年学生要能担起发展大任,要具备坚定的担当意识和卓越的创新能力。

## 四、结语

随着我国"新工科"建设和高等工程教育改革的不断推进,中国工程教育正步入一个崭新的发展时期,在此背景下,土木工程专业人才培养中"五育并举""立德树人"教育理念的落实显得尤为重要。同时,课程思政与思政课的教学方式不同,课程思政重在引导,其思政要素是以专业知识为基础,以隐性的方式渗透到教学过程中,以"润物细无声"的方式开展思想政治教育。对于土木工程专业来说,其更需要找准专业特点和把握专业内涵,寻找合适的思政元素开展专业课程的思政教育。

将课程思政的有效素材与课程内容相关联,通过理论教学、实践教学的有机融合,使课程思政贯穿于专业课程教学全过程,即在理论课堂中融入课程思政元素,有利于获得较好的教学效果。具体表现主要有以下几个方面。

(1) 对精选思政素材的讲解,激发了学生的学习兴趣,充分调动了学生的主观能动性,学生不仅较好地掌握了专业知识,还培养了爱国情怀、奉献精神、团队精神、工匠精神,提升了服务社会和人民的思想境界。

(2) 依托土木工程专业课程开展课程思政,有助于培养具有扎实的专业知识和技能、遵纪守法、热爱祖国、德智体美劳全面发展的高素质、创新型的工程技术人才。

(3) 教师立足于专业教学,设计出了具有专业教育特色、爱国教育特色、法治教育特色和社会教育特色的课程思政体系,不仅提升了学生的思政素质,也加强了自身的能力建设。其中,收集教育资源和教学案例、变革教学方法、完善教学评价体系,是践行工程专业课程思政的重要措施。

# 教学流程视角下课程思政的教学设计与实践

邓航玲　夏增民

**摘要**：为全面提升课程思政教育实效，课程思政的教学设计和教学实施必须将对思政内容的考量贯穿于整个教学流程。首先，教师要整体设计出课程思政的教学理路，形成新的教学大纲和教学体系；其次，专业课教师作为教学主体，须广泛收集思政素材，从教材内容中挖掘、凝练契合学科知识的思政元素，同时运用先进的理念和方法组织教学，通过融入、记录、巩固、总结和改进等办法，将学科知识与思政元素有机融合；最后，评价主体从教师和学生两个层面切实评价思政教育融入专业课程的教学效果，反思课程中挖掘出的思政元素是否精准合理，以确保思政教育融入全部教学过程的有效性。

**关键词**：课程思政；教学设计；思政素材；思政元素；教学流程

目前，课程思政建设正在持续深入开展。课程思政，简单地说，就是在大

---

**基金项目**：本文系华中科技大学马克思主义学院2022年本科教学研究项目"高校辅导员参与思想政治理论课教学的探索与实践"研究成果。

**作者简介**：邓航玲，华中科技大学人文学院研究生；夏增民，博士，华中科技大学马克思主义学院教授、博士生导师。

学专业课教学中,融入价值理念(思想观念、政治观点、道德规范等)教育。① 但必须指出的是,课程思政建设不是将专业课建设成思政课,专业课应该始终坚守专业属性,专业课教师所要做的是"守好一段渠、种好责任田",寓价值观引导于知识传授和能力培养之中,使自己承担的课程与思想政治理论课同向同行,形成协同效应。

专业课教学过程中开展课程思政的基本思路,即以专业课程特定章节的知识结构为立足点,详细准确地描述学科知识点,并在网罗、总结思政素材的基础上挖掘潜在的思政元素,继而设计具体的教学流程。然后通过教学环节的层层推进,将思政素材同教材知识融会贯通,在紧扣核心知识点的情况下对思政素材进行分析解读,归纳专业学科所蕴含的思政元素,从而实现立德树人、铸魂育人的效果。

## 一、课程思政教学的设计思路

教学活动是由前后接续、彼此联系的不同环节共同组成的,课程思政建设则要求将思想政治教育贯穿在整个教学活动中。但从目前课程思政建设的现状来看,教师过多地将注意力集中在课堂教学环节,对课前备课、课后复习和评价考查方面往往不够重视。这种做法带来的直接后果是,无法在专业课教学中实现教学各环节之间的协同,难以全过程、全方位地开展思想政治教育。

要保证全过程地实施课程思政教学,首先需要根据课程内容和授课对象进行学情分析,在把握学生特点和课程概况的基础上准备教学文件和教学资源,制定出课程教学大纲并将之作为课程纲领性文件。而在教学大纲制定方面,要围绕课程思政的教学目标将课程内容进行多层面分解,分别阐明各具体章节的教学内容、教学目标、教学思路、教学方法,在各层面的内容设计和规划中始终贯穿课程思政这一主线,充分挖掘和融入思政元素,从而形成新的教学大纲。

在思政内容有计划、有目的地融入教学过程方面,应将如何在相应知识点中渗透思政内容这一主题清晰地反映在教学内容设计中。首先要根据课程特点明确课程思政的教学内容、教学目标、教学思路、教学方法,细化专业课程各环节与思政元素的结合方式。还要以各个专业门类的育人特点和育人要求为

---

① 李焦明:《如何实施"课程思政"》,《中国科学报》2019年9月4日,第4版。

立足点,针对每个专业、每门课程或每一章节完成具有代表性的课程设计,围绕教学内容精准把握课程思政要做什么、怎么做、如何做好三个问题,做到思政内容详尽、教学手段灵活、考评方法合理,从而为课堂教学的开展提供方法论上的规范性指导。

在教学内容方面,因为教学内容的特定对象是教师和学生,教学内容是联系教学主体的纽带,因此需要教师对教学内容的载体即教材进行透彻分析,包括教材的编写意图、教材内容之间的联系、教材内容的最佳结构和最佳顺序、教学重点难点等①,在整合教学资源的基础上确定并优化教学内容。

在教学目标上,课程思政教学需要将思政教育、专业教育、综合素养教育相结合,将知识传授、能力培养、价值塑造相融会,促使思政元素同专业知识双向渗透,培养学生的高尚道德、崇高理想和坚定信念。课程目标既要强调系统地开展思政教育,凸显思政元素在思政教育中的显性教育作用,又要强化专业课的隐性思政教育属性,以立德树人为根本,在知识传授中凝聚价值要义,于价值传播中注重能力培养,确保课程思政教育教学改革在思想和行动二维之间相互促动。

## 二、关键环节的思政元素融入

在教学设计确定好具体的教学章节、教学目标和教学方法后,紧接着需要对相关思政素材进行剖析,并挖掘、凝练出适当的思政元素,使其同相应的专业知识有机融合,这是课程思政教学设计与实施的关键环节。其中有三个重点问题需要重视。

### (一)专业课教师与思政课教师合作的必要性

所有课程都应承担起立德树人的共同责任,所有教师都应扮演起传道、授业、解惑的育人角色。教师作为教学活动中最活跃的要素,在全面推进课程思政建设中,是相关工作得以成功推行的关键所在。教师开展课程思政建设的意识和能力,决定着课程思政建设能否取得实效。

能否根据教学内容挖掘出恰当的思政素材,凝练出专业课程中的思政育人元素,是课程思政教学工作的基础部分。这一部分至关重要,对专业课教师的专业水平和育人能力有很高要求,但是部分专业课教师对课程思政的内涵

---

① 李金禄:《力行教育思想的探究与实践》,海峡文艺出版社,2020,第116-117页。

没有形成较清晰的理解,在实际教学中不知如何提取思政元素。事实上,目前思想政治教育也的确存在着"孤岛化"现象,专业课教师与思政课教师各行其是,主辅分离。在这里,有必要提出,专业课教师应该与思政课教师紧密合作,而不是单靠自己单兵突进,因为思政课教师具有较强的思政教育理论素养和实践能力,专业课教师与思政课教师协同并进,才能实现课程思政教学的效果最大化。在双方合作的过程中,专业课教师要主动加强专业的思想政治教育理论、方法和实践的学习和研究,甚至开展跨院系商讨交流,将思想政治教育融入导学互动全过程。因此,在课程思政建设过程中,既要充分发挥专业课教师的主体作用,又要强调思政课教师的指导和推进作用。

相关部门(甚至包括专业课教师本身)也要根据专业课教师的思想政治理论水平,制订出科学合理的培训计划,适当地对专业课教师开展思想政治理论教育;要引导专业课教师加强人文和社会科学理论的学习,提升专业课教师的思想觉悟,扩大专业课教师的思政视野[1];可以安排专业课教师开展实践研修活动,以现场教学、亲身体验的方式体悟红色文化、中华优秀传统文化和社会主义先进文化;同时还要加强专业课教师的师德师风建设,督促专业课教师时刻不忘育人初心。

(二) 把握专业内容与思政元素的契合性

思政元素应该源自专业课程中的教学内容和特定的教学方式,专业课教师应结合专业课程在培养学生知识、能力、情感、态度和价值观方面的目标要求,提炼专业课程理论知识,挖掘实训环节中的思政育人元素。在保证专业课程知识体系完整性的前提下对其进行筛选罗列,厘清思政元素与专业内容之间的关系,找准课程中每个思政元素的切入点和融入课堂教学环节的最佳时机,通过具体素材将思政元素在教学过程中展现出来。

思政素材的挖掘和积累要合理、适度,不能生搬硬套、牵强附会。思政教育素材既要切合课程内容,又要结合当下的时代特点,还要兼顾学生的社会生活实际;既要全面深刻,又要精简优化。但要选取出适当的思政素材,需要教师具备深厚的知识储备和敏锐的洞察力。专业课教师在平时应该注重知识的积累,广泛涉猎各类素材,习惯性地剖析语言、数据或现象表征下所蕴含的思

---

[1] 程德慧:《产教融合视域下高职院校"课程思政"改革的探索与实践》,《教育与职业》2019年第3期,第72-76页。

政内涵和人文精神,达到随时随地、因地制宜地在课程内容基础上援引相关故事、热点新闻等作为思政素材,以学生喜闻乐见的方式开展课程思政教学。

准备好思政素材后,还需要对其进行系统甄别、整理和加工,根据不同素材的思想内涵,将之分门别类,结合教学大纲和设定目标恰当运用这些主题素材。值得注意的是,在将思政素材融入教学内容之前,应当考虑思政内容与学科知识相结合的可操作性,对学科章节、专业基础和素材特点、种类、概念及情境进行客观把握,抓准融入时机,选择出符合要求的思政教育资源。

以H校的"工程力学"课程思政教学为例,其以电气专业学生所熟悉的电机作为电机结构设计的分析对象,说明电气专业与工程力学知识的相关性,并引出关键技术的"卡脖子"问题,从而激励学生为民族复兴而努力学习;针对土木工程专业学生引用塔科马大桥和魁北克大桥坍塌事故、针对电气专业学生引用高压线舞动现象、针对给排水专业学生引用郑州特大暴雨地下排水不畅等工程问题,告诫学生在工程设计中应持有严谨的科学态度,不迷信权威。这些经典事例与学生的专业背景紧密结合,还以贴近大众生活的方式将科学精神、职业素养、以人民为中心等思想政治内容融入了教学素材中,达到了"润物细无声"的铸魂育人目的。

从思政素材中提炼出思政元素,应该是自然熨帖的,如果将思政元素同课程内容生硬、强行地组合,将导致课程思政元素与专业课程知识出现"两张皮"现象。如在H校的"中国风景园林史"课程中,教师需要对园林营造的内涵与本质进行解读,这就涉及建筑技术与人文情怀的双重维度。对于汉口地区的中山公园,设计师吴国柄留学归国后,曾就公园建设表达了自己的看法,其力主社会改良,找适当的地点设计和建造公园,这确能体现吴国柄关于公园建设的独到见解。但若要将其与职业品格以及专业知识相联系,则须重点强调吴国柄为建设公园所付出的行动,包括他所运用的城市规划理论,而非止步于吴的一番言论。只有将理论和实际结合起来才能看出个人职业品格的高下,也只有在解决实际问题的过程中才能呈现专业教育与思政教育的契合程度。因此在这一课程教学过程中,教师应将这部分素材合理利用起来,紧扣住城市建设主题,透过中山公园的营造行为挖掘出人物的品格内涵,借以传授知识、感化学生,从而实现知识传授、能力培养和价值塑造的目标。

教师应实时记录在课程中融入思政元素的切入点、思政元素的应用方式和实施过程以及心得体会,课后进行整理归纳和反思总结。尤其是总结教学过程中应该注意和避免的问题,并根据教学效果和学生反馈进一步探索思政教育与专业教育相结合的方法,找出最合适的教学方式,借以指导之后的教学活动。教师这样做的目的,一方面是培养自身的专业素养,进一步提升业务能力,保证思政教育有序推进;另一方面则是勉励自身始终以德立学、以德施教,牢记立德树人初心,不忘育人育才使命。

此外,为了避免思政素材和元素频繁"撞车"的现象,不同专业的教师之间进行经常性的教学交流极有必要。不同专业的课程,在选择和使用思政素材和元素方面,最好能各有侧重,突出各自的专业属性。教师要充分认识到不同类型课程的特点,具体问题具体分析,选择与本门课程联系紧密的、符合学生特点及发展需求的思政元素,找准元素挖掘的着力点。同一专业的不同课程之间更应加强彼此的交流,相关教师相互配合、共同挖掘、系统推进,确定专业层面元素挖掘的总体要求,然后再细分至每门课程。如医学专业虽普遍强调"全健康"理念,但对于不同的院系如临床医学院、基础医学院、药学院、公共卫生学院和护理学院等,其课程内容甚至研究方法等则存在一定的差异,这就决定了这些院系的课程在挖掘、提炼思政元素的维度和方式上存在差别。在这种情况下,教师若能经常相互交流课程思政建设经验,对思政元素进行差异化的交换使用,就可以减少不同课程的思政内容彼此雷同、毫无新意的情况,也能避免课程思政的融入部分过于宽泛和简略,进而提升学生对思政内容的亲近感和接受度。

(三)强调课程思政教学理念和方法的先进性

德育工作贯穿教育的始终,而教育方式作为影响教育成效的一个重要方面,必须以教育对象易于接受的形态出现。学生作为教育工作的主体对象,更加认同体验式、互动式的教学方式。传统意义上的满堂灌、重复说教已经不适合新时代的思想政治工作,取而代之的应该是一种易于接受的、能体现时代特征和精神的教学话语体系和教学模式。因此,要提高课程思政教学实效,教学方式就必须按照学生的切身需求量身定制,一方面需要顺应时代背景和教育环境来选择教学方法;另一方面则需要了解学生的身心特点和阶段要求,有针对性地开展教学。

具体的课堂教学活动是实施课程思政的主要场所和关键环节,直接关系到课程思政的教学效果。在信息化时代,充分利用线上教学平台的特点和优势,实现线上线下混合式教学,已成为教学实践新的发展方向。① 这种教学模式以线上教学平台为依托,线下实体课堂教学与在线教育相融合,以"互联网＋思政教育"的线上线下合作式教学为特征,从而实现思政教育与现代信息技术的高度结合。线上线下混合式教学的模式,能极大地提升学生在教学过程中的参与度,把以学生为中心的教学理念落到实处。

在具体的教学安排中,教师需要理清教学思路,有步骤地将课堂分成导入、讲授、小结和延伸四个部分,同时保证教学目的、要求、方式方法、进度等的统筹布局,并灵活运用讲授、问答、讨论、角色扮演、演讲、辩论、展示汇报、网上互动等教学手段。比如,有的教师,就采用画龙点睛式、专题嵌入式、元素化合式、隐形渗透式等教学方法开展课堂教学,从而实现教师与学生、学生与学生、学生与课本知识、学生与思政素材之间的整体互动。② 当然,教师也要根据教学的具体情况灵活机动地选择教学方式、调整教学策略,不能盲目全盘照搬,也不能守着固定模式"一劳永逸"。

课堂教学过程的推进,一般先由教师导入教学情境,以此来触发学生的感性思维。之后通过对事物表面现象及外部联系的逐步认识,引导学生由浅层思维上升到对理性化知识的深层次理解。这就需要让学生参与到教学过程中,如以师生问答、互相讨论的方式推进课堂进度,并借助影音、图片、文字、言语等材料,利用互联网新媒体技术,以思政素材、思政元素同教学内容相结合的形式提出学生感兴趣的学习话题,积极表述并传达出专业课程隐含着的思想政治教育内容。这样既满足了学生对学科知识的学习需求,又能激发学生内心深处的思想情感,充分调动学生的潜能、智慧和积极性。

如 H 校"工程力学"课程在介绍什么是工程力学、力学与工程的时候,先提出"如何设计性能优良的电机,或者在同样功率下如何使电机节省电能"等问题,请学生讨论发言,教师随后对学生发散思维的结果进行点评,指出学生知识的不足之处并进行话题拓展,然后才给出工程力学的概念,并启迪学生重视打牢知识基础,担负起创新性工作的重任。教师接着以图片、动画、视频等形式引入工程中失败的事例作详细讲解,告诫学生应当具备严谨求实的职业

---

① 王素雷、魏芬:《开展混合式案例教学的要点分析》,《中国信息技术教育》2021年第22期,第84-87页。
② 席蕊:《高校挖掘和传承山西地域文化与课程思政建设的耦合》,《山西经济管理干部学院学报》2020年第1期,第55-59页。

精神，以此说明学习工程力学的目的所在。扩展话题之余，还可借助近几年的研究论文来说明学习的意义，从而督促学生定期阅读本专业相关领域的最新研究成果，随时关注学术动态和前沿进展。此外，培养创新人才的核心是提升学生的创新思维，教师可以在课程开始阶段选择性地介绍我国力学先驱开展科学研究的故事，以激发学生的家国情怀；同时从物理和几何双重意义上引导学生思考如何培育研究型思维，从概念、理论和方法角度提醒学生培养研究型思维需要注意哪些问题，继而实现培养学生研究型思维的教育目的。

最后，教师还需要通过课后环节巩固学生所获得的知识，强化学生习得的思政意识。在这方面，可以将课程思政与学生关注的话题和社会现象紧密联系在一起，从调动学生积极性角度入手来设置课后思考题、延伸阅读内容、分组探究和深入研习等活动项目。仍以"工程力学"课程为例，教师可以请学生课后查阅相关资料，弄清我国的运载火箭为什么起名为"长征"，有什么背景故事，低轨道、中轨道、高轨道运载火箭有什么区别，其中包含怎样的力学原理，等等。有条件的情况下还可组织开展形式多样的校园文化活动和实地参观教学，充分发挥"第二课堂"的作用，寓价值观引导于多样化的教学过程中。

整个教学流程完成以后，有条件的课程组可以将优秀的课程思政教学资源进行整体上的数字化转化，形成各具特点、各有侧重的系列资源库和示范教学库，建立良好的资源储备和广泛的信息资源共享关系，并以此为基础，对这部分资源转化成果进行合理开发，将其运用于教育工作的多个方面，从而最大限度地提升思政资源的综合使用效果，调整优化思政教学工作，推进思政教育建设信息化和资源公共化。

## 三、课程思政教学的效果评估

在完成一系列的教学活动之后，要了解课程思政教学是否真正实现了目标，就需要对课程思政教学效果进行评估。

评估教学效果，可以采取师生双向打分的课堂教学质量评估模式，学生按照专业知识教学效果和教师个人师德修养等方面对教师教学进行综合评价；教师则考查学生思想意识方面的知识内化和价值认同情况，进而根据考查结果分析课程思政教学实施效果，以改善今后的教学方式。

当然，教学效果的评估更应该从第三方的角度来审视。从教师方面来看，最为直观的即是教师在课堂教学各环节中的思政设计与实施情况是否满足课程思政建设的目标要求,教师教学目标的设置、教学内容的安排、教学方法和形式的推进等是否体现了课程思政教育理念,课堂教学能否聚焦于提升学生的思政素养、促进学生核心价值观形成以及落实立德树人根本任务等诸多议题。

从教师的角度来观察,有"教学档案袋"制度可供借鉴①,具体做法是将课程建设过程分为前期规划阶段(课程简介、课程大纲、教学资料库)、课程授课阶段(教学活动过程和成果记录、教与学的互动资料)和教学后反馈阶段(教学效果检验、教师反思、专家和学生的听课反馈意见及建议),分别打造教学档案袋,以实现促进专业教师职业成长、监督管理课程思政教学质量以及改善课程思政教学效果的目标。

从学生的角度来观察,可以建立由过程性评价和总结性评价相结合的、能体现学生专业水准和思政素养的评价体系。教师一方面需要关注学生的心理情感、学生对课程思政理念的认同和接受程度,如利用现代化网络交流平台关心学生的学习情况、心理状态,以增强思政教育的便利性和针对性;另一方面需要通过阶段性的调查方式(问卷式、访谈式、观察法等),判断学生在情感态度、思政素养、价值观念以及行为实践方面的提升情况。

此外,通过课程资源的发布量、教师和学生获奖次数以及学生对课程的反响等也可对课程思政教学的实施情况进行客观性评价。

## 四、余论

以上,我们在教学实践的基础上,从教学流程的角度对课程思政的教学设计进行了构建与推演。首先,课程思政的教学设计要有清晰的思路,明确思政内容要贯穿教学全过程,具体体现在教学大纲的重订、教学内容的重整和教学

---

① "教学档案袋是教师以课程教学为载体,有意识地记录、收集并获取得到的有关课程教学工作的信息集合和教学进程的资料记录。教学档案袋的建立往往始于某一门课程,但并不止于某一门或者某几门课程。从更为广义的定义来说,教学档案袋可以是但不仅仅是与某一特定课程相关的课程档案,它经过持续地建设而最终发展成为涵盖教师整个教学生涯的所有信息的有效记录,并随着教学生涯的发展而得到不断完善,成为教师职业成长中自我评价、自我反思和自我提升的助力器。同时,教学档案袋也是教师充满个人风格的教育哲学观、教学理念、教学内容与技巧、教学呈现方式以及教学评价与教学成就的汇总。"见盛漪、吴艳:《教学档案袋在专业课程教学中的构建与作用》,《高等农业教育》2016年第4期,第91-93页。

目标的重新定位方面。其次，要把握课程思政的关键环节，重点在如何选取思政素材以及如何梳理、挖掘思政元素并将之有机融入教学过程中。在这里，本文强调了思政课教师的适当参与，特别是在思想政治理论与教学实践方面提供理论支持和经验指导，尤其强调要注意专业知识与思政元素的契合，不能生搬硬套、牵强附会，避免"表面化""硬融入"。再次，在课程思政教学实践中，教学理论要新颖，教学方法要先进，要"以学生为中心"，紧密结合课堂教学实际和时代发展，探索提高课程思政教学实效的新路径。在这一点上，各学科专业的教师可以结合自己专业特点，锐意创新，大展身手，也必将大有作为。最后，课程思政教学效果评估问题是课程思政教学中的重点和难点问题，其效果评估应该从教师、学生和第三方（如教学督导或专门的教学评估团队）等三个维度来进行，而对课程思政教学效果评估的研究与实践，目前还难尽如人意，甚至可以说相当薄弱，需要相关理论研究者和教学实践者进一步探讨。

基于以上的讨论，我们认为，课程思政教学研究和实践，除了教学效果评估问题外，至少还有三个需要重点把握的方向，即专业课教师在课程思政教学过程中，一要探索课程思政的教学规律和方式方法，尤其要把握学生的学习和生活情况、心理状态和情绪反应，以学生关注点为突破口，将思想政治教育融入学生专业技能的学习过程中，引导学生在专业发展过程中提高综合素质；二要优化融入思政元素的实践路径，基于不同学科的特殊性对思政元素进行充分挖掘，利用实体课堂、线上互动、实地调查等多种渠道和形式融入思政元素；三要凸显课程思政教学的特色与创新点，勇于打破传统的教学理念和教学方式，打造全员、全过程、全方位的思政教育空间，建立独树一帜的教学内容、教学风格和课堂模式。这样既是为了有效推进课程思政建设工作，也能体现课程思政有别于思政课程的独特之处。

# 高校旅游管理专业课程思政"一核三翼四环节"协同育人体系的构建与实践

吴 佳 李绩才

**摘要**:本文通过梳理旅游课程思政内涵,构建了高校旅游管理专业课程思政"一核三翼四环节"协同育人体系,即以培养高素质创新型复合型旅游人才为核心,将思政教育纳入整个教学过程,通过"三翼"(三个课堂)的有机联动,"四环节"(理论与实践、课内与课外、校内与校外、线上与线下)的无缝衔接,构建完整的课程思政协同育人体系,并以浙江师范大学行知学院旅游管理专业为例进行探索与实践,以期为其他同类高校提供一定的借鉴。

**关键词**:课程思政;协同育人体系;一核三翼四环节;旅游管理

习近平总书记在2018年全国教育大会上指出,"坚持把立德树人作为根本任务","要把立德树人融入思想道德教育、文化知识教育、社会实践教育各环节"。2020年,教育部印发的《高等学校课程思政建设指导纲要》明确指出,"要紧紧抓住教师队伍'主力军'、课程建设'主战场'、课堂教学'主渠道'……使各类课程与思政课程同向同行"。这些重要讲话和文件回答了高校为谁培

---

**基金项目**:本文系浙江省教育厅2021年第一批省级课程思政教学研究项目、浙江师范大学行知学院2021年课程思政团队建设项目阶段性成果。

**作者简介**:吴佳,浙江师范大学行知学院讲师,研究方向为旅游教育、旅游目的地管理、乡村旅游;李绩才,管理学博士,浙江师范大学行知学院教授,研究方向为供应链运作管理、电子商务、教育管理等。

养人、培养什么人、怎样培养人的根本问题。

近年来,在高质量发展的时代背景下,旅游业从粗放式的规模增长向重视质量提升转化。① 文旅产业的深度融合和数字经济的发展,促进了旅游产业链的转型升级,催生了一批新型的旅游业态,也对旅游人才提出了新的要求。《2021大峨眉旅游人才发展白皮书》(简称白皮书)指出,目前旅游人才队伍以技能型人才为主,规划策划咨询、设计开发创意、投融资等专业技术及复合型人才比例过小,尤其缺乏高素质、实战型、创新型的复合人才。② 中国旅游研究院课题组也指出,当前旅游业对综合型、实战型、创新型的复合型人才的需求越来越迫切。③ 此外,白皮书显示,旅游专业本科毕业生初次就业选择旅游行业的仅占20%~30%。可见,旅游行业存在人才供需不匹配的现象。一项调查表明,课程教学、师生关系、学生服务和专业氛围对学生的专业认同均有重要的影响,而专业认同对择业意向有正向影响。④ 高校旅游管理专业应当主动对接行业需求,将社会主义核心价值观、家国情怀、使命感和责任感等思政育人元素融入育人体系,实现人才培养目标。因此,本文针对新时代下的旅游人才需求,构建高校旅游管理专业课程思政协同育人体系,以提高旅游人才培养质量,发挥旅游课程思政的育人功能。

## 一、高校旅游管理专业课程思政协同育人体系研究综述

### (一)旅游管理课程思政的内涵

习近平新时代中国特色社会主义思想是推进课程思政建设的基本指南,是旅游专业课程思政建设的核心理论。⑤ 旅游管理专业进行课程思政建设是

---

① 张洪昌:《新时代旅游业高质量发展的治理逻辑与制度创新》,《当代经济管理》2019年第9期,第60-66页。

② 王鑫昕:《旅游人才发展白皮书指出:文旅深度融合 复合型人才需求量加大》,《中国青年报》2021年9月5日。

③ 中国旅游研究院课题组:《旅游人才需求"10+1"趋势预测》,2022中国旅游科学年会,2022年4月21日。

④ 白海莹、张辉:《旅游管理类专业在校本科生专业认同的前因及结果变量研究——以中山大学旅游学院为例》,《旅游论坛》2022年第3期,第99-112页。

⑤ 窦群:《旅游专业"课程思政"建设的理论支撑与典型案例分析》,《北京联合大学学报》2020年第4期,第39-43页。

践行立德树人理念,培养新型专业化人才的有效方式。① 在建设中一定要寓德于课、人文立课和做好价值引领②,要从教学设计、教学管理以及教学组织三个方面着手,搭建一个全新的教学模式③。邓爱民等认为,旅游管理专业课程思政是将思政课程的理念应用到旅游管理专业,在相关课程中挖掘思政元素,并将思政元素"基因式"融入专业课程,提升学生专业素养的同时,达到润物无声的育人效果,以落实立德树人的根本任务。④ 这些研究者从旅游管理课程思政的理论基础、根本任务、育人目标和教学体系等方面阐述了旅游管理课程思政的内涵。本文认为,旅游管理课程思政是以习近平新时代中国特色社会主义思想为核心理念,以培养高素质创新型复合型旅游人才为目标,将思政教育全面融入旅游管理专业的教学体系的教育理念。

(二) 课程思政协同育人体系的内涵

郭华、张明海认为,高校课程思政协同育人体系指的是汇集其他各类课程与思政课程的相关优势资源,深度整合提炼,以思政教育为主线,推进其他各类课程与思政课程在思政理论课程、实践课程、网络课程、项目课程和专业课程等方面协同创新,构建出的一套目标明确、分工合作、发展有序的有机体系。⑤ 马利霞、赵东海认为,思政课程与课程思政之间具有紧密联系的系统性内涵,构建思政课程与课程思政的协同育人体系是一项复杂的系统工程。⑥ 韦诗业、李素芬剖析了思政课程与课程思政协同育人的理论逻辑与实践逻辑,构建了新时代思政课程与课程思政协同育人机制,包括保障机制、激励机制、规

---

① 侯贺平、何静、连子怡、金海鑫:《"以生为本"视角下旅游管理专业课程思政建设路径》,《中国商论》2021年第2期,第186-189、192页。

② 闵冬梅:《旅游管理专业课程思政建设路径研究》,《佳木斯大学社会科学学报》2022年第1期,第243-245页。

③ 冯颖:《高校旅游管理专业本科课程思政实施的路径研究》,《哈尔滨职业技术学院学报》2021年第6期,第32-34页。

④ 邓爱民、龙安娜、李鹏:《旅游管理专业课程思政"多维融合"教学模式创新研究》,《新文科教育研究》2021年第4期,第101-109、144页。

⑤ 郭华、张明海:《高校"课程思政"协同育人体系构建研究》,《当代教育理论与实践》2020年第1期,第5-10页。

⑥ 马利霞、赵东海:《系统思维视域下构建思政课程与课程思政协同育人体系》,《系统科学学报》2021年第1期,第47-50、66页。

范机制、分类机制、创新机制等基本维度。① 张宏认为,高校课程思政协同育人要求在教学实践中充分协调师生、部门、课程等主要环节,使知识教育与价值引领相融合,专业素养与通识修养相并重,理论学习与实践运用相整合,从体系的设计、实施、评价、保障等方面形成多元联动、环环相接、有效统筹的协同育人实践路径。② 国内学者将课程思政协同育人体系概括为一个有机体系、系统工程,并提出了构建课程思政协同育人体系的机制和路径。

(三) 旅游管理专业课程思政协同育人体系的研究综述

本文以"旅游课程思政"为主题词在知网进行了检索,共检索文献481篇。最早的一篇文献时间为2010年,赵霞、马小婷探讨了思政教育融入旅游专业教育的必要性。③ 2018年至今,有关旅游课程思政教育的文献快速增长。

已有研究中,针对某一旅游课程开展课程思政案例研究的较多,涵盖了旅游管理大类下的主要理论性和实践性课程。涉及的课程有"旅游学概论"(宣平,2018;何勇,2018;梁小梅,2020)、"旅游市场营销学"(王静,2019)、"旅游资源学"(崔广彬等,2019)、"旅游目的地管理"(王兆洁等,2020;郝金连,2021)、"休闲与新业态"(吕宁,2019),此外还有导游类课程如"导游基础知识""导游实务"等,酒店管理类课程如"餐饮实务与管理""前厅客房实务与管理""酒店英语"等,会展类课程如"会展概论""会展策划"等。

从旅游管理专业层面进行课程思政协同育人体系设计的研究较少。李穗菡以育人目标为导向,提出了"纵横交错"的旅游课程思政教育体系。④ 戴艳艳提出了学校组织保障、教学单位教学实施、全方位动态评价的"三位一体"课程思政链体系。⑤ 邓爱民等从教学内容、教学资源、实践形式和考核评价等方面构建了旅游管理专业课程思政"多维融合"教学模式框架,并设计了相应的实

---

① 韦诗业、李素芬:《新时代思政课程与课程思政协同育人机制构建研究》,《学校党建与思想教育》2021年第20期,第36-39页

② 张宏:《高校课程思政协同育人效应的困境、要素与路径》,《国家教育行政学院学报》2020年第10期,第31-36页。

③ 赵霞、马小婷:《论思政教育融入旅游专业教育的必要性》,《科技信息》2010年第26期,第592页。

④ 李穗菡:《应用型本科旅游管理专业课程思政建设探讨》,《齐齐哈尔大学学报(哲学社会科学版)》2021年第10期,第173-175页。

⑤ 戴艳艳:《旅游管理专业"三位一体"思政链体系探究》,《国际公关》2022年第8期,第174-175页。

施机制。① 陶文俊等从完善顶层政策制度设计、激发教师思政教育主体意识、创新教学内容和方法的角度提出旅游专业协同育人的路径。② 可以看到,当前有关旅游专业课程思政的研究越来越多,来自高校的教师开展了大量课程思政教育实践,为旅游管理专业课程思政协同育人体系的构建提供了指导。

## 二、高校旅游管理专业课程思政协同育人体系的构建

根据旅游管理专业的人才培养目标,本文提出了"一核三翼四环节"的课程思政协同育人体系(见图1),即以培养高素质创新型复合型旅游人才为目标(简称"一核"),通过第一、二、三课堂的有机联动(简称"三翼"),理论与实践、课内与课外、校内与校外、线上与线下的无缝衔接(简称"四环节"),将思政元素融入课程教学全过程,使学生对课程思政的认知经历从感知、体验到强化的过程,形成完整的旅游管理专业课程思政协同育人体系。

### (一)"高素质创新型复合型旅游人才"的内涵

"高素质"旨在培养德才兼备,具有深厚科学素养、数据素养、职业素养和人文素养的旅游高层次人才;"创新型"指培养具备一定的创新思维和创新能力,能主动研究旅游新业态发展,能创造性地解决旅游发展现实问题的创新人才;"复合型"指培养具备旅游全产业链思维和多学科交叉知识,能适应文旅产业融合发展的旅游人才。高素质创新型复合型旅游人才的要求体现了当前旅游行业发展的最新趋势和对新型旅游人才培养的需求,体现了由知识传授到知识转化、由能力培养到能力锤炼、由素养提升到人格塑造、由价值导向到价值引领的四大转变。各高校旅游管理专业可以根据自身的培养特色制定课程思政协同育人的具体目标。

以浙江师范大学行知学院为例,该学校是一所地方应用型本科院校,以服务区域经济社会发展为重点。因此该校的旅游管理专业的育人目标是培养能主动适应地方社会经济发展和旅游行业发展的最新需求,职业道德优良、专业知识扎实、实践能力较强、综合素养深厚,具有国际视野、创新思维和就业竞争

---

① 邓爱民、龙安娜、李鹏:《旅游管理专业课程思政"多维融合"教学模式创新研究》,《新文科教育研究》,2021年第4期,第101-109、144页。

② 陶文俊、文显平:《课程思政视域下旅游管理专业协同育人路径研究》,《兵团教育学院学报》2021年第6期,第21-24、38页。

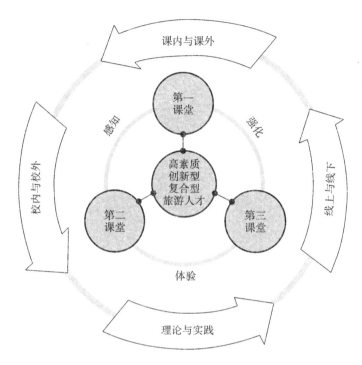

**图 1 旅游管理专业课程思政"一核三翼四环节"协同育人体系**

力,能够从事旅游及其相关行业的创意设计、规划策划、运营管理、营销推广及咨询培训等工作的复合型应用人才。

(二)"三翼四环节"课程思政协同育人体系建设

1."三翼联动"的教学体系

目前,国内学者关于三大课堂的理解已基本达成共识,通过第一、二、三课堂联动,可实现课程思政教育的育人功能(见图2)。

(1)第一课堂的思政教育感知。

第一课堂以面对面的课堂教学为主,包括各类通识课、思政课程和专业课程。教师在教学过程中紧密围绕课程思政教学理念,将社会主义核心价值观、家国情怀、"四个自信"、建设旅游强国的使命感和责任感、职业价值等思政元素融入课堂教学,设计多样化的教学方式,引入线上资源等丰富教学素材,制定课程思政效果反馈机制和评价机制,让学生在理论学习和知识熏陶中感知思政教育内容。

(2)第二课堂的思政教育实践。

第二课堂是除了第一课堂以外的校内理论与实践活动,是课堂与教学的

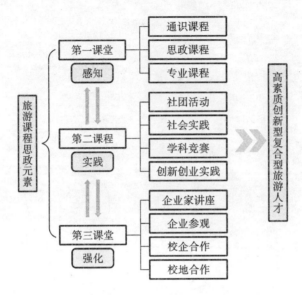

图 2　三大课堂有机联动

延伸,包括社团活动、社会实践、学科竞赛、创新创业实践等。在第二课堂中,高校可以以旅游社团为依托,开展红色讲解员活动、红色研学活动、校园导游培训等活动;以学科竞赛为平台,开展红色旅游策划大赛、乡村旅游创意大赛、会展创意大赛等;以创新创业为推动,开展"互联网+"大学生创新创业大赛、旅游农产品直播大赛、旅游课题研究、旅游文创设计等。通过丰富的校园文化活动,让学生在参与和实践中,转化专业知识,提高专业技能,获得真切的思政体验。

(3) 第三课堂的思政教育强化。

第三课堂一般指校外的理论和实践活动,是学校与社会的衔接,包括各类企业家讲座、企业参观与考察、旅游资源野外考察、校企合作、校地合作等。旅游管理专业实践性强,学生只有走出校门,走向企业一线,走进旅游实践,才能深切地感受旅游企业的蓬勃发展,更好地认识文旅行业发展趋势,油然而生出一种旅游建设者的使命感和责任感,使思政教育得到强化与升华。

2."四环节有机融合"的全方位驱动

"三翼联动"的教学体系在实施中需要通过课内与课外(打破内容边界)、线上与线下(打破时空边界)、校内与校外(打破围墙边界)、理论与实践(打破学习边界)四个环节的协同来驱动。

(1) 课内课外协同。

根据高素质创新型复合型人才培养的要求,对专业课程进行相应调整,优化传统旅游类课程,增加具有创新性和综合性的课程,如旅游文创设计、智慧旅游管理、旅游大数据等课程;在教学内容上注重与旅游前沿理论和产业实践相结合,并深入挖掘旅游课程思政元素;在教学方法上,加强互动式教学,注重对学生创新性思维的培养,还可以带领学生走进旅游企业、乡村等开展现场式教学、案例教学,实现与第二、三课堂的课内外互补。

(2) 理论实践协同。

长期以来,课堂教学以专业教师为主导,校园文化活动以思政课教师或团委、学生会为主导,校企合作也往往以学校为主导,重理论、轻实践,未能形成育人的合力。因此,在专业教学计划中,要设置好理论与实践课程的学分与内容。理论课程的设置要紧密联系旅游研究前沿和行业趋势,对接职业标准。实践课程应适当提高旅游技能实训学分、创新创业实践学分、企业实习实践学分的比重,通过开展红色主题研学实践、劳动教育实践、非遗技艺文化实践等,强化创新创业精神的培养,促进旅游职业素养的提升,实现理论与实践的融合。

(3) 校内校外协同。

校内校外协同,要求打破学校这所无形围墙的边界,实现第一、二、三课堂的产学研对接。以往,校企合作的方式主要以大一、大二学生参观见习,大二、大三学生企业实习的方式开展。在旅游管理专业认同的关键期,学生接触的往往是理论性课程,感受不到校外知识更替和技能提升的紧迫感。因此,从学生进校开始,校企合作、校地合作的方式就应更加多元化。在专业课程中,专业课与企业管理者可以共上一门课,专业课教师注重基础知识的传授和理论的讲解,企业管理者注重技能的锻炼和企业案例的分析。让文旅企业、乡村出题,把现实问题作为课程作业、研究主题、学科竞赛选题等交予学生进行调查、策划、设计,让文旅企业、乡村参与考核,形成企业行业出题、学校搭台、专业指导、学生答卷的模式。

(4) 线上线下协同。

在"大思政"背景下,线上线下混合教学不仅拓展了课堂内容,改变了教学方式,提升了学生的自学能力,更能激励学生通过直观、生动的思政素材提升专业学习兴趣。根据课程特点,统筹安排课程思政示范课建设,引入国家级、省级在线精品课程或自建线上教学资源,引导专业教师积极投入线上线下课程思政教学改革设计。线上线下协同打破了教学的时空边界,实现了为课程思政赋能。

## 三、高校旅游管理专业课程思政协同育人体系的实践

这一部分以浙江师范大学行知学院为例来介绍高校旅游管理专业课程思政协同育人体系的实践。

### (一) 建立课程思政协同育人机制

浙江师范大学行知学院教务处最早于2020年开始实施课程思政教学改革,于2021年出台课程思政建设实施方案,建立了学院党委领导、教务部牵头、相关部门联动、二级学院推进、专业/教研室落实的工作体系,并从思政的整体规划、统筹保障、教学改革、课程设计、师资培训、考评机制等方面开展工作。

在此背景下,旅游管理专业成立了由商学院(二级学院)党总支负责人、专业主任、专业教师、旅游协会指导教师组成的课程思政建设教学团队,制定了旅游管理专业课程思政建设的总体目标、主要项目建设和实施方案。

### (二) 做好课程思政协同育人的顶层设计

一是重新修订了旅游管理专业人才培养目标。在知识传授、能力培养、素养提升及价值塑造四方面,凸显了高素质、创新型、复合型的新型旅游人才培养目标,回答了旅游管理课程思政"培养什么人"的问题。并对教学计划进行调整,优化传统课程,新增旅游数据分析类和乡村旅游类课程。二是凝练旅游管理课程思政元素(见图3)。理论课程注重爱国主义、家国情怀的价值引导,优秀传统文化的传承,社会主义核心价值观的传播以及助力人民美好生活的使命感的培养。实践课程突出健康的审美情趣、敏锐的旅游行业观察力、探索创新精神和坚定"四个自信"。教学团队对各类课程涉及的思政元素进行整理,根据以上思政要点,编制了旅游管理课程思政教学资源库。三是着力提升教师的课程思政建设能力。一方面鼓励教师参加学校组织的线上线下课程思政师资培训,纳入教师培训课时;另一方面以团队形式申报省级、院级教学改革项目,开展课程思政示范课程建设。目前团队已有1项省级课程思政教学改革项目,1门省级在线精品课程,4门院级课程思政示范课程,4项院级课程思政教学改革项目,2个院级课程思政微课程一等奖。

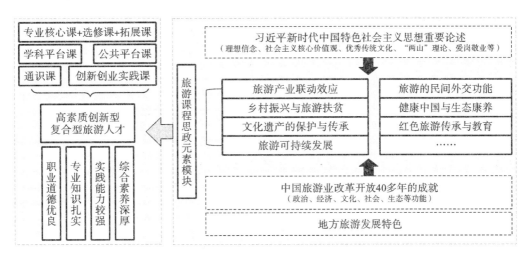

**图 3 课程思政元素融入旅游课程思政协同育人体系**

(三)"三翼四环节"协同育人体系的实践

浙江师范大学行知学院旅游管理专业建设一直紧密联系三大课堂,实现了三大课堂联动的育人效果,具体表现为:通过线上线下课程思政示范课加强旅游专业知识和能力的培养,通过"文旅乡情"课程思政品牌项目和校外课程思政基地建设强化旅游创新实践。

一是开展线上线下课程思政示范课的建设。

浙江师范大学行知学院旅游管理专业对课程进行了分类梳理,分为旅游专业认知课程、旅游运营策划课程、旅游沟通服务课程,从中选择基础较好、教改成果显著的"旅游目的地管理""旅游市场营销""旅游资源开发与规划""旅游沟通与礼仪"进行课程思政示范课程建设,形成知识、能力、素养、价值"四位一体"的课程思政目标、教学大纲、教案、PPT课件及课程思政教学案例库,每门课均有在线课程提供支撑,拍摄有至少 1 个学分的课程微视频。

二是打造"文旅乡情"课程思政品牌实践项目。

浙江师范大学行知学院旅游管理专业立足浙江美丽乡村建设,关注乡村旅游发展和旅游人才培养,打造了以服务浙江省美丽乡村建设为主题的"文旅乡情"课程思政品牌实践项目。"文旅乡情"项目旨在推进美丽乡村的文旅融合发展,以专业教师、学生社团、学生群体为主体,带领学生走进乡村开展现场教学、乡村调研、乡村讲座,加强学生的乡情国情教育。此外,学科竞赛团队根据乡村面临的现实问题,进行项目策划,获得浙江省大学生乡村振兴创意大赛金奖 3 项和银奖 5 项,获得全国大学生红色旅游创意策划大赛一等奖 1 项。

三是建设旅游专业校外课程思政实践基地。

浙江师范大学行知学院旅游管理专业在长期的旅游专业实习实践中,形成了以旅游景区、高星级酒店、旅行社为主体的校外实践基地。但旅游新业态不断涌现,如文旅小镇、研学旅游、乡村数字经济业态等,因此专业对原有的校外实践基地进行梳理,新增了课程思政实践基地,如乡村和传统村落、博物馆、研学小镇等实践基地。在此过程中,邀请这些基地的负责人或企业家与学生开展企业发展、行业认知、职业规划方面的讲座,共举办"文旅讲堂"8讲。这些基地也是旅游专业技能实训、野外资源考察、社团实践的场所,为教学、实践、实习就业提供了很好的条件。

在近一年的实践中,浙江师范大学行知学院旅游管理专业的课程思政取得了一定的效果,如专业教师对课程思政认识较为到位,教学改革成果较为丰富。学生对课程思政感知较深,对旅游专业的认同感加强,从事旅游工作的毕业生比例增加。但是也存在着一些问题,如课程思政的理论深度不够,课程思政的教学合力不强,评价和考核机制还不够清晰等,后续将在这几个方面继续开展研究。

# 课程思政建设的身份抓手
## ——以外语课程思政为例

李 晖

**摘要**：课程思政改革要求课堂教学由单一地传授知识转向关注学生的全面发展。本研究以二语习得中的身份研究为理论依据，提出以教学过程中学生的多元身份要素为抓手，改变传统课堂教-学二元关系，建构新型的课堂关系，实现育才与育人的统一。本文以外语课程思政为例，提出包含认识、分析和行动三个步骤的行动策略，加强教学过程中对学生多元身份要素的把握和利用，促进课程思政目标的实现。

**关键词**：课程思政；外语教学；身份

习近平总书记在2016年12月举行的全国高校思想政治工作会议上强调，要坚持把立德树人作为中心环节，把思想政治工作贯穿教育教学全过程，实现全程育人、全方位育人，努力开创我国高等教育事业发展新局面。在2018年9月召开的全国教育大会上，习近平总书记再次强调，要把立德树人作为根本任务，加强学校思想政治工作。2020年，教育部印发了《高等学校课程思政建设指导纲要》，要求把立德树人的根本任务落实到各个角落，全面推进高校课程思政建设。课程思政的实施意味着教师由单纯地传授知识转向关注学生的全面发展。这不仅要求教师"既要精于'授业''解惑'，更要以'传道'为责任

---

**作者简介**：李晖，博士，外交学院英语系讲师。

和使命"①。这意味着教师在教学过程中应改变原有的教-学二元关系,构建关注学生全面发展的新型课堂关系。本研究借鉴二语习得中的身份研究,以外语课程思政为例,提出以学生在教学活动中的多元身份要素为抓手,构建新型的教学关系,实现专业知识技能培养与思政教育的有机融合。

## 一、课程思政的实施路径探索

随着课程思政改革的启动,教育界对课程思政的实施路径进行了大量探索。邱伟光对课程思政的价值意蕴与生成路径进行了讨论,从教师、教材、资源挖掘和制度建设四个方面讨论了课程思政的建设途径。② 胡洪彬从理念引导制度、责任落实制度、协同配合制度、资源整合制度和动态评估制度五个方面阐述了课程思政实施的制度体系。③ 张敬源、王娜指出课程思政既是一种新的教育观,也是一种新的教学体系,并提出了由顶层设计、挖掘素材、细化过程和创新评价四部分组成的外语课程思政实施路径。④ 胡杰辉则从目标、内容、流程和评价反馈四个方面对外语课程思政的教学设计进行了探讨。⑤ 文秋芳提出了从内容、管理、评价和教师言行四个方面建构外语课程思政的教学方案。⑥ 王欣等从课程群的角度出发,指出外语课程思政可以通过各门课程的协调合作,达到更好的效果。⑦ 李欣、冯德正以多元读写教学理论为依据,提出商务英语教学中实景实践、明确指导、批评框定和转化实践四种实施课程思政的

---

① 习近平:《做党和人民满意的好老师——同北京师范大学师生代表座谈时的讲话》,《人民日报》2014年9月10日,第1版。

② 邱伟光:《课程思政的价值意蕴与生成路径》,《思想理论教育》2017年第7期,第10-14页。

③ 胡洪彬:《课程思政:从理论基础到制度构建》,《重庆高教研究》2019年第7期,第112-120页。

④ 张敬源、王娜:《外语"课程思政"建设——内涵、原则与路径探析》,《中国外语》2020年第5期,第15-20页。

⑤ 胡杰辉:《外语课程思政视角下的教学设计研究》,《中国外语》2021年第2期,第53-59页。

⑥ 文秋芳:《大学外语课程思政的内涵和实施框架》,《中国外语》2021年第2期,第47-52页。

⑦ 王欣、陈凡、石坚:《价值引领下的英语专业课程群思政建设》,《中国外语》2021年第2期,第65-70页。

方法。①

现有研究都指出,课堂不仅仅是传授知识和培养技能的场所,也是全面落实"立德树人"这一思政目标的场所,强调在专业教学中融入价值引领,关注学生的全面发展。然而,在现有对课程思政教学实践的讨论中,课堂关系依然是传统的师生关系,教师主要占据教授者、指导者的角色,学生主要是学习者、被指导者。课程思政的落实,需要教师"实质性介入学生个人日常生活的方式,将教学与学生当前的人生遭际和心灵困惑相结合,有意识地回应学生在学习、生活、社会交往和实践中所遇到的真实问题和困惑"②。这意味着需要改变传统的教-学二元关系模式,构建新型的课堂关系。本文从二语习得中的身份研究出发,以外语课程思政为例,探索如何以教学中学生的多元身份要素为抓手,建构新型的课堂关系,实现专业教育和思政教育的有机融合。

## 二、教学实践中的身份问题

受维果茨基(Vygotsky)的社会文化理论(sociocultural theory)、勒恩提叶夫(Leontiev)的活动理论(activity theory)、巴赫金(Bakhtin)的对话主义(dialogism)等理论的影响,二语习得领域的社会派思想认为,人的高层次认知活动内含在社会活动的参与过程之中,是复杂的社会实践活动。③ 在这一实践活动中,学习者通过各种学习活动与多维度的语境互动。因此,可以从与多维度语境相关的身份入手,探索各类语境因素对二语习得的影响。

社会派学者普遍采用了身份的建构论,将身份看作是社交互动中后天建构的产物,而不是个人生来具有的、内在的、固定的、连贯的特征。④ 建构主义的身份观强调身份的动态性和多元性。身份的动态性体现在,身份被看作自我与他者的相互动态定位。一个人的身份既不是完全由社会结构决定,也不

---

① 李欣、冯德正:《商务英语专业课混合教学的"课程思政"行动研究》,《外国语文》2021年第2期,第19-26页。
② 王学俭、石岩:《新时代课程思政的内涵、特点、难点及应对策略》,《新疆师范大学学报(哲学社会科学版)》2020年第2期,第50-58页。
③ 文秋芳:《评析二语习得认知派与社会派20年的论战》,《中国外语》2008年第3期,第13-20页。
④ 李战子:《身份理论和应用语言学研究》,《外国语言文学》2005年第4期,第234-241页。

是由个人的主体性自主决定。社会环境身份对个人产生影响和限制，同时个人也不断地重构和改变环境。个人总是处在与环境的协商与斗争中，并在这个过程中不断改变自己的身份。① 为了凸显身份的动态性，不少学者用 subjectivity② 或 positioning③ 等术语代替身份（identity）这一术语。身份的动态性和片段化也决定了身份的多元性。不同的空间和时间中，个体可以占据一个或多个身份角色，如民族的、种族的、文化的、社会的、语言的、性别的身份。

在身份建构论影响下，对教学活动中学生"学习者"这一单一的身份的研究转变为对与各种时空维度语境相联系的多元身份的研究。研究者发现，学习者的各种身份特征会影响二语习得的成功与否。如 Norton 的研究记录了五个移民加拿大的妇女的语言学习故事，探讨了人际关系和阶级身份认同对二语学习的影响。④ Lantolf & Genung 的研究讨论了授课方式对语言学习者身份定位的影响和由此导致的二语学习效果的差异。⑤

本研究认为，二语习得社会派学者关于身份问题的研究结论，同样适用于课程思政。与二语学习活动相同，良好的道德观、价值观的形成也是大学生活这一复杂社会实践的一部分。专业学习的成功与良好价值观的形成是大学生活这一社会实践活动产生的不同侧面的结果。因此，学生与社会-文化宏观语境、大学校园语境、课堂语境、人际关系语境、互动语境等多维度语境的互动，既影响学业的成功与否，也影响学生的人生观、价值观塑造。在课堂教学实践中关注学生的多维度身份问题，其本质是关注学生的全面发展。处理好身份问题，既有利于学生专业学习的成功，也有利于学生道德情操的培养。这为思政教育和专业教育在教学实践中的融合提供了理论基础。

---

① Anthony Giddens, *Modernity and Self-Identity: Self and Society in the Late Modern Age*, Polity, 1991.

② Chris Weedon, *Feminist Practice and Poststructuralist Theory*, Blackwell, 1997.

③ Bronwyn Davies, Rom Harre, "Positioning and personhood", in Rom Harre, Luk van Langenhove(eds.), *Positioning Theory*, Sage, 1999, pp.32-52.

④ Bonny Norton, *Identity and Language Learning*, Longman, 2000.

⑤ James Lantolf, Patricia Genung, "I'd Rather Switch than Fight": An Activity Theoretic Study of Power, Success, and Failure in a Foreign Language Classroom, in Claire Kramsch(ed.), *Language Acquisition and Language Socialization*, Continuum, 2003, pp.175-196.

课堂教学实践中对学生多维度身份的关注，为建构适应课程思政要求的新型教学关系提供了抓手。教师对学生全面发展的关注，可以落实为对学生多维度身份的关注。以多维身份为切入点，教师可以深入了解学生的思想动态、人生遭际和心灵困惑。通过分析各种身份要素对课程思政有效实施的影响，并采取相应的行动策略，教师可以对学生在学习、生活、社会交往和实践中所遇到的真实问题进行回应和指导。这不但有利于促进学生的专业学习，也有利于课程思政目标的实现。

## 三、课程思政中的身份抓手的落实

在课程思政实践中，落实身份抓手要做好认识、分析和行动三个环节，如图1所示。认识指全面了解学生在教学过程中所涉及的宏观、情景和交际三个维度上的身份要素。分析则是对身份要素与课程思政目标之间的关系进行分析，理解某一身份要素对课程思政的目标是起促进作用还是阻碍作用。行动指在分析的基础上，利用教学过程建构或加强符合课程思政目标的身份要素，消弭部分身份要素对实现课程思政目标的负面影响，并对学生表现出的与课程思政目标不符的价值观和身份定位进行纠正。

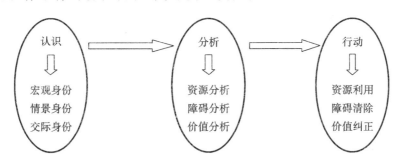

**图1 落实课程思政身份抓手的三个环节**

（一）认识教育实践中的相关身份

根据 Bucholtz & Hall 的划分，与教学活动相关的身份要素可以分为宏观身份、情景身份和交际身份三类。[①] 三个维度的身份相互联系、相互转化，如图2所示。

---

① Mary Bucholtz, Kira Hall. Identity and interaction: a sociocultural linguistic approach [J]. *Discourse Studies*, 2005, vol: 4-5, pp: 585-614.

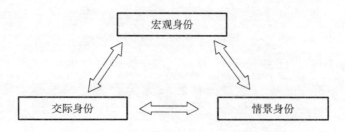

图 2　课程思政实施中的身份维度

宏观身份指性别、年龄、国籍、地域等人口学意义上的身份,体现了个体与宏观社会-文化语境之间的关系。这一维度中的许多身份要素与专业教学和思政目标都有密切联系。比如,对中国学生而言,"中国人"的身份是宏观身份中最具普遍性的身份,这一身份不但与课程思政的主要目标密切相关①,而且也与学生的学习动机密切相关。高一虹等指出,对本民族文化的认同和责任感,能促进学生形成持久、深刻的学习动机。② 学生如果具有运用中国智慧解决国际问题或利用外语知识解决中国问题的学习动机,便能更主动地投入外语学习,全面提升外语能力,而不是将精力放在考点上。在中国人这一身份之外,学生的地域或性别身份也可以成为外语课程思政的抓手。比如,来自农村的学生的听说能力往往弱于来自城市的学生。教师对农村学生听说技能方面予以特别的关注和指导,不但有助于补齐其学习短板,更能体现教师的人文关怀,在如何做人方面为学生做出表率。

情景身份指与特定集体或活动相关的身份定位。在外语教学实践中,学生的情景身份往往与所在班级或特定教学活动相关。这类身份要素也与课程思政的实施关系密切。例如,在一个班级中,不同学生可能对自己有不同的定位,有的将自己定位为领导者,有的将自己定位为跟随者,有的则将自己定义为边缘人。据笔者经验,班级归属感强、积极参与班级活动的同学,一般在课堂表现和考试成绩上也比较优秀,综合素质的发展也比较均衡。由于家庭背景、个人性格或人际关系等原因在班级或教学活动中处于边缘地位的学生,学习成绩往往不理想,这种身份定位也不利于学生接受课程思政内容,实现全面发展。

微观身份指交际互动中产生的临时立场和参与者角色。外语教学中的微

---

① 罗良功:《外语专业课程思政的本、质、量》,《中国外语》2021 年第 2 期,第 60-64 页。
② 高一虹、赵媛、程英、周燕:《大学本科生英语学习动机类型与自我认同变化的关系》,《国外外语教学》2002 年第 4 期,第 18-24 页。

观身份既包括学生在教学活动的不同瞬间所占据的参与者角色,如听讲者、提问者、回答问题者,也包括学生在课堂上表达出的对不同话题和事件的观点和立场。课堂教学中的师生定位对课程思政的实施有重要影响。例如,较为疏远的师生关系不利于师生沟通,也不利于课程思政内容被学生接受。学生所关注的各类热点话题不但是口语讨论和写作训练的良好素材,而且为教师了解学生的思想动态、提供适时指导提供了契机。例如,对于学生经常讨论的"内卷"话题,不少学生将学业上的压力和同学间的竞争等同于内卷,从而对学习产生抵触情绪。教师可以通过课堂讨论或辩论等教学活动帮助学生区分竞争与内卷,学生在树立正确的奋斗观和竞争观的同时,也为专业学习扫清了心理障碍。

以上三个维度的身份要素相互联系、相互影响。例如,在城市生源较多的班级中,学生的农村生源背景可能会导致他(她)在班级中处于边缘地位,而在班级中的边缘地位可能会进一步影响学生对自己农村生源这一宏观身份的认同。

在认识环节,教师可以从多渠道了解学习者的多维度身份信息。首先,教师可以与辅导员进行信息共享。一直以来,任课教师和辅导员之间信息共享较少。辅导员往往对学生的家庭背景和思想动态了解较多,对课堂具体表现则了解不多;任课教师则往往只了解学习方面的情况,对学生其他方面的身份信息则了解不多。通过教师与辅导员之间的信息共享机制,教师可以将学生的课堂表现反映给辅导员,辅导员也可将学生的地域、家庭、思想动态等情况分享给教师,为课程思政的开展打下信息基础。此外,建立学习日志,了解学生在学习过程中的心路历程,也是获取身份信息的有效途径。教师对学生的认识往往以结果为导向,以课堂表现或考试成绩为依据,但对于学生如何形成这种表现,有哪些挣扎和困惑,则了解不多。学习日志的方式,可以使教师更全面地了解学生的成长过程,找到实施课程思政的身份要素切入点。

(二)分析身份的功能属性

学生的不同身份要素在课程思政目标的实现中有不同的作用。有的要素对课程思政的实施起促进作用,有的要素起负面作用。了解身份要素与课程思政之间的关系,可以从资源分析、障碍分析和价值分析三个方面入手。

资源分析关注学生的哪些身份要素可以成为实现课程思政目标的身份资源。如宏观层面的"中国人"的身份,是培养学生家国情怀的重要资源。教师可以在此基础上发掘民族自豪感,培养爱国主义精神。在情景身份层面,对学校、班级或具体教学活动具有认同感的身份,如课堂参与者、班级成员、小组讨论领导者,也是实现课程思政目标的重要资源,有助于培养学生的集体主义意识和协作精神等。在交际身份层面,师生互动中的礼仪规范、对待老师或同学不同意见时的包容与涵养、面对老师批评的虚心与反思,都是培养学生道德规范的有效资源。

障碍分析则聚焦学生身份问题给实现课程思政目标带来的障碍。障碍分析的总原则是关注学生的个体化问题,而不是将学生看作同质化的学习者。例如,在性别比例方面,外语专业的男生通常较少,部分男生会因为性别间沟通障碍而不能融入班级,从而影响上课发言、分组讨论等教学环节。这一状况不但会影响学生的学习情况,也会影响学生的全面发展。在课堂小组活动中,有的学生将自己定位为小组成员和协作者,有的学生则将自己定位为任务完成者。后者往往不愿意积极参与小组讨论或分工协作。这一身份定位不但影响小组活动的完成质量,还会导致学生集体主义意识淡漠,缺少协作和沟通能力。在交际身份方面,师生间的交际定位也可能成为课程思政的实施障碍。例如,在课堂提问环节,教师如果将自己定位为"检查者"或"评价者",学生则可能将自己定位为"被检查者"或"被评价者",从而对老师抱有某种"敌意",这种师生定位不仅不利于学生表达自己的意见,也不利于学生接受课程思政内容。

价值分析则着重分析学生的价值判断和文化认同。对外语专业而言,学生接触到的西方发达国家文化较多,可能对学生的文化自信、价值观造成影响。例如,有研究发现,外语学习会减弱学生对母语文化的认同[1]或引起学习者的文化身份焦虑[2]。因此,通过分析学生在课堂互动、小组展示和课后作业等环节中所表现的观点和立场,可以发现学生的价值观是否符合课程思政的目标。

(三)落实课程思政身份抓手的行动策略

在行动环节,教师可以综合运用资源利用、障碍清除和价值纠正三类行动

---

[1] 杨森:《英语学习对大学生文化认同影响研究》,山东师范大学博士学位论文,2016年。

[2] 韩海燕:《中国语境下EFL学习者文化身份焦虑研究》,上海外国语大学博士学位论文,2013年。

策略，落实课程思政的身份抓手。其中资源利用和障碍清除属于隐性思政的范畴，价值纠正属于显性思政的范畴。资源利用指在教学实践中利用或建构符合课程思政目标的身份资源，推进课程思政的开展。障碍清除指解决学生的各类身份要素带来的困难，扫清课程思政的实施障碍。价值纠正寓于课堂教学的每个环节，要求教师及时发现学生在观点和立场中的价值观偏差，进行及时的引导和纠正。

在隐性课程思政方面，现有外语课程思政实践研究多采用资源利用这一行动策略。如在外国文学课程中，以中国人的身份和立场看待世界文学和英语文学，以批评者的身份看待外国文学作品中蕴含的价值观①，就是运用"中国人"和"批评者"这两种身份资源，实现课程思政目标。学习共同体的构建，是通过构建"合作者"这一身份，在提升学习质量的同时，增强学生的责任意识，使学生学会理解、包容、友善和尊重。② 利用问题驱动，在实现深度学习的同时，发掘学生感悟真理的潜力，培养学生的思维能力、认知观念和自我评价体系③，是通过利用"问题解决者"这一交际身份，实现课程思政目标。

对于障碍清除这一行动策略，现有讨论涉及较少。这一策略可以由多种方法实现。例如，针对来自农村的学生外语听说能力相对不足的情况，可以通过"听说工作坊"之类的机制，帮助这些学生补齐听说能力的短板，同时促进学生树立"人人为我，我为人人"的观念。在小组展示这一教学任务中，为了避免学生将自己定位为"自我展示者"而不是"小组协作者"，可以指定小组长协调整个项目，记录小组成员在展示过程中的表现和问题。同时合理利用成绩考评这根指挥棒，将学生在展示中的表现作为考核评价的内容。这些做法不但能提高展示作品的质量，还能促进学生在组内的沟通和协作，培养学生互帮互助的集体意识。在交际身份层面，为避免学生将自己定义为"被检查者"或"被评价者"，教师应在师生关系定位中放弃"检查者"或"评价者"的定位，将自己

---

① 王卓：《高校外国文学"课程思政"的内涵与外延》，《当代外语研究》2020 年第 4 期，第 66-72 页。

② 岳曼曼、刘正光：《混合式教学契合外语课程思政：理念与路径》，《外语教学》2020 年第 6 期，第 15-19 页。

③ 成矫林：《以深度教学促进外语课程思政》，《中国外语》2020 年第 2 期，第 30-36 页。

定位为"帮助者"①或"倾听者"。这不但有助于激发学生的学习积极性,也可以为课程思政内容的开展奠定良好的基础。

## 四、结语

本文以二语习得中的身份研究为理论依据,提出以教学活动中学生的多维身份要素为抓手,构建新型的课堂关系,实现教师对学生全面发展的关注。本文以外语课程思政建设为例,提出从认识、分析和行动三个方面落实课程思政的身份抓手,即认识学生在教学活动中的多维身份要素,分析各身份要素与课程思政目标之间的关系,并通过资源利用、障碍清除和价值纠正等策略促进课程思政目标的实现。学生的多维身份要素不仅体现在外语学习的过程中,也普遍存在于其他专业学习过程中,如何以学生的多维身份为抓手,在其他学科中推进课程思政,还有待进一步探索。

---

① 肖琼、黄国文:《关于外语课程思政建设的思考》,《中国外语》2020年第5期,第1、10-14页。

# 四情涵养视域下大学生的英雄情感观养成
## ——以"中国近现代史纲要"为例

汤 锐

**摘要**:英雄情感观的养成是"中国近现代史纲要"课程的重要培养目标之一,面对部分学生英雄情感疏失的现状,我们倡议通过"四情涵养"来解决这一问题。第一,触情。借助瓦根舍因的"范例教学理论",精选具有示范性的英雄文本,文本的选择与"中国近现代史纲要"课程主线索相吻合,同时注意文本的形成史梳理,让学生通过语言展示,感受文本中的英雄主义语境,从而触发学生的情感。第二,动情。通过播放主旋律历史剧,使学生对英雄的体验从文本移情到影像,通过蒙太奇、特写影像语言,引导学生开展话题讨论。之后通过真实的共性体验,以及新文化史"经历"视角的解构,使学生在内心深处真正为之动情。第三,共情。学生们在经历"触情""动情"环节之后,便具备深层次情感体验——"共情"的基础。这种共情昭示着情感体验要从课内走向课外,同时要与理论逻辑保持紧密联系。第四,生情。学生跟随教师亲身走近英雄,产生关于英雄的"共情"体验,还不足以让英雄精神内化于学生心中,因此,借鉴班杜拉观察学习理论中的"榜样"概念,让学生主动开展多方实践体验,"深度

---

**基金项目**:本文系2022年国家社科基金一般项目"中国共产党领导下的中国式现代化道路的历程与经验"(项目编号:22BDJ019)、曲阜师范大学教学改革项目"三维视野下高校思政课实践教学体系创新研究"(项目编号:2020JG37)阶段性成果。

**作者简介**:汤锐,曲阜师范大学马克思主义学院副教授,四川省社会科学院与四川大学联合培养在站博士后。

描写"并践行英雄行为,从而使学生真正生发出对于英雄的崇敬之情。

**关键词**:四情涵养;英雄情感观;大学生;中国近现代史纲要

英雄,是中华民族自立于世界之林的闪亮名片。习近平总书记在颁发"中国人民抗日战争胜利70周年"纪念章仪式上指出:"一个有希望的民族不能没有英雄,一个有前途的国家不能没有先锋。包括抗战英雄在内的一切民族英雄,都是中华民族的脊梁,他们的事迹和精神都是激励我们前行的强大力量。"①以此足见,英雄对于一个民族、国家发展具有重要意涵。纵观中国近现代历史,英雄指涉的不仅是抛洒热血的战场英雄,也包括和平年代当中涌现出的改革英雄;不仅包括毛泽东、周恩来等指引新中国前进的领袖,也包括基层社会中勇于担责的民众。但是当重新检视并且回望英雄的足迹时,我们发现,囿于各种因素,部分学生对于英雄的认知存在一定疏失。

首先,历史虚无主义思潮以所谓的"重新评价"为名,贬低甚至恶搞英雄,而且贬损对象大多集中于中国近现代史人物。比如,有人说:"邱少云事迹,违背生理学常识,根本不可能!""黄继光堵枪眼的故事是不是为了鼓舞士气虚构出来的?"甚至某些网络平台公然发布丑化董存瑞烈士和叶挺烈士的视频。这种"英雄污名化"的背后实质是要否定革命,进而否定党执政的合法性。因此,习近平总书记强调:"引导学生学习英雄、铭记英雄,自觉反对那些数典忘祖、妄自菲薄的历史虚无主义和文化虚无主义,自觉提升境界、涵养气概、激励担当。"②我们需要秉承实事求是的态度去分析英雄、感受英雄、宣传英雄,深入体验英雄情感。

其次,"中国近现代史纲要"(以下简称"纲要")课程受众群体对于英雄情感的认知不够。"纲要"面向的是高等院校本科一年级学生,处于该阶段的学生已学完中学历史课程。此外,在大一上学期,学生通过"党史教育讲坛""新中国史"等一系列主题教育实践活动,已经具备了学习"纲要"课程的思想和实

---

① 习近平:《在颁发"中国人民抗日战争胜利70周年"纪念章仪式上的讲话》,《人民日报》2015年9月3日,第2版。

② 习近平:《思政课是落实立德树人根本任务的关键课程》,《求是》2020年第17期。

践基础。但是这里仍存在一个问题:学生对于近现代史英雄人物的认知大多停留在理性认知层面,重在掌握"纲要"课程的知识点,情感体验较为缺乏,尤其是对于近现代史线索的轴心——英雄人物的认识不够全面,这样就难以深刻领略英雄人物背后波澜壮阔的革命风景。情感目标相较于知识、能力目标,达成度较低。①

基于以上两点考量,我们需要以创新为驱动力,以英雄人物为切入点,增强学生学习"纲要"课程的兴趣,厚植学生的爱国主义情感与社会责任感,最终使学生树立努力成为社会主义建设者和接班人的信仰。为此,我们遵循习近平总书记所讲的大思政课理路,并结合实际教学经验,确立了以"英雄情感"为主题,以学生的情感体验为抓手的"四情涵养"教学模式。

## 一、从文本视角去理解英雄,使学生为之触情

借助瓦根舍因的"范例教学理论",精选具有示范性的英雄文本,让学生通过语言展示,感受文本中的英雄主义语境,进入意蕴深厚的历史空间。在这里需要注意两点。

首先,文本的选择要与"纲要"课程主线索相吻合。文本的选择时限要涵盖新民主主义革命时期、社会主义革命和建设时期、改革开放和社会主义现代化建设新时期以及中国特色社会主义新时代。进一步说,要在把握中国共产党为什么能、马克思主义为什么行、中国特色社会主义为什么好的基础上,围绕教学重点内容来选择英雄文本。英雄文本大致取自两类:一种是英雄本身撰写的作品,比如辛亥革命时期同盟会骨干林觉民的《与妻书》、抗日战争时期抗联英雄赵一曼的遗书、八路军副总参谋长左权写给妻子的信,社会主义建设时期雷锋的日记等,基本是带有纪实性和自传体性质的作品;一种是作家撰写的英雄作品,比如丁玲的《一颗未上膛的枪弹》、美国作家索尔兹伯里的《长征》、美国记者史沫特莱的《朱德传》、魏巍的《谁是最可爱的人》等。

其次,还要注意文本的形成史梳理。我们可以借鉴美国学者罗伯特·伯

---

① 我们的调研小组在山东省5所开设"纲要"课程的大学中发放问卷1100份,其中收回1025份。根据问卷调查结果,学生自认为,知识、能力目标的达成度为90%以上,但是在情感目标上的达成度仅为76%,特别是对于英雄人物的体验感较少,印象不够深刻。

克霍夫的"文本主义的语境"范式,分析文本的意义系统。例如方志敏《可爱的中国》,其文本形成于1935年5月,是方志敏狱中写下的一篇散文,这种险恶的生存环境并没有磨灭他的爱国心。针对国民党反动派污蔑共产党人的革命"只顾到工农阶级利益,忽视了民族利益",他进行了深入批驳。

"我自入狱后,有许多人来看我:他们为什么来看我,大概是怀着到动物园里去看一只新奇的动物一样的好奇心罢?他们背后怎样评论我,我不能知道,而且也不必一定要知道。就他们当面对我讲的话,他们都承认我是一个革命者;不过他们认为我只顾到工农阶级的利益,忽视了民族的利益,好像我并不是热心爱中国爱民族的人。朋友,这是真实的话吗?工农阶级的利益,会是与民族的利益冲突吗?不,绝不是的,真正为工农阶级谋解放的人,才正是为民族谋解放的人,说我不爱中国不爱民族,那简直是对我一个天大的冤枉了。"

通过梳理并朗诵方志敏在《可爱的中国》中呈现的语言,可以使学生感受到囚室这一特殊的文本形成语境,从而对方志敏的个人品德、革命境界有更为深入的理解。

与英雄本身撰写的作品相比较,我们接触得更多的是作家撰写的英雄作品。譬如丁玲发表于1937年的《一颗未上膛的枪弹》,写一个年仅七八岁的小红军萧森,在急行军时掉了队,被小村中的老妇收容下来,不久,国民党军队进村要枪毙她。我们选择的文本段落是萧森在临刑前的一段话:

"没有什么招的,任你们杀了吧?红军不是土匪,我们从来没有骚扰过老百姓,我们四处受人欢迎,我们对东北军是好的,我们争取你们和我们一道打日本,有一天你们会明白过来的!"他镇静地对着连长说:"还是留着一颗枪弹吧!留着去打日本!你可以用刀杀掉我!"

教师通过朗读这些质朴的文字,可以让学生进入抗日民族统一战线下社会各界举旗抗日的历史时空。"留着一颗枪弹吧!留着去打日本!你可以用刀杀掉我",这一句无疑将强烈触发学生的情感。

《一颗未上膛的枪弹》是作家丁玲根据自己抗战初期采访彭德怀将军的真实经历所撰写的一个文本。我们接下来将"文本"作为一种社会行为来进行解读,从中找出作者写作时的意图(见表1)。

表 1 《一颗未上膛的枪弹》文本分析

| 写作动机 | 写作主题 | 写作内涵 |
| --- | --- | --- |
| 作者亲眼看见了红军战士们杀敌的无畏,被其爱国精神所感染 | 红军战士对于抗日民族统一战线的维护;一个革命英雄的爱国心 | 书写红军战士的英雄行为;抒发红军战士英雄行为背后的思想感情 |

由此可见,《一颗未上膛的枪弹》中的人物、事件已经经过作者的"选择"或"排列",建构出作者自身关于爱国主义的认知。换句话来讲,正是基于作者的亲身经历,这些文本的爱国主义意涵才得以升华,学生的情感才得以被触发。

## 二、从影像视角诠释英雄,使学生为之动情

在新时代的当下,影像成为人类书写历史的重要方式之一,其中历史剧、历史类纪录片是重要表现形式。① 历史剧通过生动形象的表达方式,使历史变得具有立体感。譬如在讲述第八章《中华人民共和国的成立与中国社会主义建设道路的探索》关于"抗美援朝与新中国政权巩固"之时,通过播放主旋律电视剧《跨过鸭绿江》中邱少云、黄继光的感人片段,将给学生带来巨大的视觉与心理冲击,从而使他们得以全面地体认英雄群像的魅力,将对英雄的体验从文本移情到影像,进一步增强感性认知。具体来讲,通过蒙太奇、特写、长镜头、闪回等影像语言,对相应的历史进行重新建构,可以引发学生的观赏热情与话题讨论。

以蒙太奇为例,通过分切和组接《跨过鸭绿江》中上甘岭战役场面,聚焦表现黄继光的英雄行为,能够最大程度地激发学生的联想。每个镜头虽然只表现一定的内容,但按一定顺序组接的镜头,却能够引导大家的情绪和心理,使学生对黄继光的英雄行为有所动情。再比如使用特写镜头,让被摄对象充满整个画面,这比通过近景镜头描绘人物内心更能让学生动容。比如,邱少云在大火烧身的情况下,他的内心在思考什么?这个时候对邱少云面部的特写镜头就可以告诉我们很多信息,从而给学生带来强烈的心理冲击。学生们在动容的那一刻将会懂得什么是为了胜利不惜献出自己生命的誓言,什么是革命

---

① 中国人民大学历史学院的姜萌教授将现阶段影像史学的研究主要分成四部分:理论的总结思考;对历史各时期影像资源的收集整理和以图证史研究;历史剧、历史类纪录片等创作与研究;当前数码影像的历史记载与传播问题。

英雄主义精神。

影像的一个问题是存在"失真",所以我们还需要补充相关史料。目睹黄继光舍身堵枪眼的战友李继德说,黄继光整个背部都是窟窿,血肉模糊。据统计,仅上甘岭战役中,危急时刻舍身堵枪眼、拉响手雷的的志愿军就有38人之多。此时,教师要引导在座的每一位学生像邱少云、黄继光一样,用实际行动爱我们的国家,爱我们的人民。

此外,为了弥补影像"失真"的缺憾,我们可以借助新文化史的"经历"视角,深入启发学生思考邱少云、黄继光在战场上的忠诚精神、革命英雄主义精神的来源,而邱少云与黄继光从军前的"经历"可以部分回答这个问题。

首先,两人出身贫苦,深受地主阶级压迫:邱少云出身贫农,自幼父母双亡,13岁就开始了长工生涯;黄继光同样出身贫农,父亲因受地主欺压,病恨交加而死,而他从小就给地主打长工。其次,选择参军的节点是在解放军南下过程之中:1949年12月,成都解放,曾经被川军抓壮丁的邱少云,毅然加入解放军;在此前一个月,四川中江解放,征集志愿军新兵时,黄继光在村里第一个报了名。

可以看出,黄继光、邱少云的"经历"都与"解放"不可分割,"解放"被看成是一种实践实体,而构成这个实体的要素,包括出身、职业以及政治觉悟等,这表明中国共产党的阶级基础十分牢固。通过了解这些,也就能够理解邱少云、黄继光在抗美援朝战场上的英勇表现。在这里,影像首先拨动了学生的情感丝弦,使学生产生了真切的共情体验,而对英雄人物"经历"的解构,则使学生在为英雄人物动情的同时,对他们有了更深入的理解和更坚定的认同。

## 三、亲身走近英雄,使学生与之共情

学生们在经历"触情""动情"环节之后,就已经基本完成了理论部分的建构,具备了深层次情感体验——"共情"的基础。这种共情昭示着情感体验要从课内走向课外,同时要与理论逻辑保持紧密联系。习近平总书记强调:"'大思政课'我们要善用之,一定要跟现实结合起来。上思政课不能拿着文件宣读,没有生命、干巴巴的。"①为此,我们借鉴杜威的"从做中学"理论,带领学生进行英雄人物口述史访谈并创建"口述史案例库"。与此同时,与"烽火 home"

---

① 《"'大思政课'我们要善用之"》,《人民日报》2021年3月7日,第1版。

等红色文化公益平台建立合作关系,在革命纪念馆、博物馆建立实践教学基地。在选择要访谈的英雄对象方面,需要注意以下三点。

第一,选择多层次的访谈对象。比如在讲授第九章《改革开放与中国特色社会主义的开创和发展》中关于"中国人民为什么选择了改革开放"一节的时候,为了将新时代英雄立体化呈现出来,我们访谈了西部某省的一个普通村落。访谈对象主要有三类:一是村党支部书记,他保存在四个木箱子里的是他四十多年的工作笔记,记录着改革开放以来村子里日新月异的变化;二是所在村亲历改革开放并在当地有影响力的普通村民;三是镇(乡)政府亲历改革开放的主要负责人。借助三个不同的访谈视角,学生的共情体验就更具有层次感了。

第二,适合对访谈对象进行比较。在讲授第八章《中华人民共和国成立与中国社会主义建设道路的探索》时,应怎样通过英雄人物去理解"全面建设社会主义的成就"呢?为此,我们以新中国初期的"县委书记(县长)"为切入点,带领学生访谈1960年代初期山东、山西、河南三地的县委书记(县长),了解并比较他们关于县域治理的思路。选择访谈县委书记(县长)是因为县级政治是中国政治的历时性缩影,而县委书记(县长)作为县级政治的核心人物,其思想和行为不仅反映了基层政治的状况,还在一定意义上透露着中国政治的发展现状和趋势。因此,通过比较1960年代不同地区的县委书记(县长)的社会治理思路,可以有效地发现这一时期经济社会发展的典型特征和面临的主要挑战。而这些人物的讲述将很自然地带领学生深入体会那一时期社会主义建设的激情与成就。

第三,重视访谈对象的无名化诉求。访谈英雄,一定程度上意味着要将英雄的光辉形象昭示出来。但是相当一部分群体只是希望作为"他者"来讲述曾经的事迹,并不想去主动宣示自身。我们采访的一些老兵,他们唯一的诉求就是不公布姓名以及部队番号。为什么?因为很多老兵觉得当兵打仗、保家卫国是分内之事,是军人的责任和使命,没必要宣示自己的功绩。在这里,英雄对无名化的诉求,恰恰是延展师生之间、学生与英雄之间共情的绝佳素材。教师要启发学生把英雄的名字放在心中最美丽的角落,从而增强学生对于英雄的敬畏感。与此同时,教师要延展学生与英雄共情的思想空间,从大历史观角度强调在百年中国发展史上,战场上的民族英雄比比皆是,这会形成对社会上"英雄污名化"现象的有力驳斥,更是对历史虚无主义思想的有力反击。

## 四、在实践中体悟英雄，使学生与之生情

学生跟随教师亲身走近英雄，虽然会产生共情的体验感，但是如何让英雄精神内化于心并付诸实践呢？这是四情涵养最难也是最为关键的一点。为此，我们借鉴班杜拉观察学习理论中的"榜样"概念，让学生主动参与多方实践体验，来"深度描写"英雄。

首先，学生以小组为单位，通过电话、视频、电子邮件、实地走访等方式，独立自主确定访谈英雄。这里主要有两种形式。一是从血缘、地缘的角度出发，有的学生的亲属、乡邻本身就是改革先锋、优秀党员。2021年我们给5个班级教授"纲要"课程，每个班级平均人数为45人，选择此类访谈形式的学生占到58％以上。① 二是从新媒体的角度出发，有的学生通过抖音、微信等媒体工具，间接了解社会各个层面的英雄事迹，从而萌发访谈的冲动，选择此类访谈形式的学生占到21％。② 还有部分学生通过其他途径确定访谈对象

其次，学习小组在访谈英雄后完成访谈报告，并回到课堂上展示。教学团队对于学生的报告进行评阅，同时学习小组之间也进行互评，得票率最高的小组上台展示。比如，有学生展示采访抗美援朝老兵时的内心感受。

"到底什么样的人是真正的英雄？我很早就有这个疑问，总觉得英雄似乎很遥远又脱离现实，但是在采访过英雄之后，我懂得了英雄是接地气的一群人。我采访了参加过抗美援朝战争的爷爷们，老人向我讲述他们的故事。徒步横跨鸭绿江，一走就是一个半月的路程……他们顶着严寒，穿着单衣，后勤补给不足又水土不服。可就是在这样的条件下，他们打破了美帝国主义不可战胜的神话。我的心中充满着感动。除了感动之外，更多的是无尽的感激。感激他们在七十年前为了国家和人民利益，无悔地奉献了自己的青春，感激他们为我们今天的美好生活做出了巨大贡献。今天，我们要向英雄学习，向英雄看齐！"③

学生的访谈报告，字里行间透露着对于英雄的敬仰、对于国家的感恩，这

---

① 笔者在Q大学的访谈调查问卷数据，2022年5月16日。
② 笔者在Q大学的访谈调查问卷数据，2022年5月16日。
③ 学习小组4组在Q大学"中国近现代史纲要"课上的部分展示文稿，2021年5月11日。

也是我们"纲要"课程立德树人所期望达到的效果。为了营造学生共同感受英雄的良好氛围,此时,教师带领所有学生起立,向民族英雄们鞠躬致敬,从而增强了学生崇敬英雄的仪式感。

最后,学生从课堂中再度出发,在实践中弘扬英雄主义精神。学习小组在课堂上展示的访谈英雄的感受,还需要延展到课堂之外。我们通过与相关的文化社团合作,帮助学生将英雄情感外化在现实之中。一是发挥传统文化社团的思政教育功能,形成思政教育社团化;二是带领文化社团在节假日走进部队、走进老党员群体,形成思政教育社会化。这种"双社"教学形式在延展"纲要"课教学的实践向度的同时,也使得学生的心灵世界真正生发出对于英雄的景仰之情。因此,在"共情"的基础上不断强化实践的作用,让学生在现实中自然地"生情",将会在大学生群体中形成崇拜英雄的热潮,就像习近平总书记所说的:"崇尚英雄才会产生英雄,争做英雄才能英雄辈出。"[1]

## 五、结语

总体上来讲,四情涵养的教学在坚持理论性和实践性相统一的前提之下,注重学生的参与感与主体性,将"情怀要深"作为"纲要"课教学的重中之重。学生在掌握知识并提升能力的同时,通过走近英雄,青春的心灵得到真切的触动,产生争做英雄的情感表达,从而埋下真善美的种子,正确的英雄情感观也随之逐渐形成。同时,青年大学生是一个社会关注度极高的群体,但是高校思政课教学中的社会教育维度略显薄弱,我们结合多年思政课教学实践,以四情涵养为抓手,提出了课上与课下、校内与校外相通相联的立体化思政教学模式,对于将社会教育引入思政教学有所助益。

---

[1] 习近平:《在国家勋章和国家荣誉称号颁授仪式上的讲话》,《人民日报》2019年9月30日,第2版。

# 医学专业课程思政教学设计

## ——以"肿瘤学"为例

丁卉 杨盛力 彭妙 丁乾

**摘要**:随着《高校思想政治工作质量提升工程实施纲要》的发布,课程思政建设成为推动大思政建设的重要一环。医学是一门科学与人文紧密结合的学科,其发展质量关乎能否为社会主义健康卫生事业培养合格医学人才,因此对课程思政建设的需求极为迫切。本文以"肿瘤学"学科为例,探索如何切实有效地开展医学专业课程思政建设。

**关键词**:课程思政;课程设计;大思政

"培养什么人、如何培养人、为谁培养人"是教育的根本问题。培养担当民族复兴大任的时代新人,是高校思想政治教育工作的最终目标。在中国特色社会主义进入新时代、各类思潮不断涌动的新时期,如何守好意识形态主阵地,用好课堂教学主渠道,把青年培养成爱党爱国的社会主义新青年,是高校教育工作者的一大课题。

医学是一门不断发展的科学,也是极具人文色彩的学科。所谓"有时去治

---

**基金项目**:本文系 2020 年湖北省高等学校省级教学研究项目"高等医学院校大思政育人体系研究"研究成果。

**作者简介**:丁卉,硕士研究生,华中科技大学同济医学院附属协和医院七级职员,研究方向为思想政治教育。

愈,常常去帮助,总是去安慰",医学在治病救人的同时,更多地承担着引导人们敬畏生命、护佑健康的使命。如何为社会主义健康卫生事业培养合格建设者和可靠接班人,也是每一位医学教育工作者的一大课题。

当今世界,人们对"肿瘤"仍然闻之色变。肿瘤性疾病,尤其是恶性肿瘤,是现代医学尚未攻克的难题之一。这种生存期短、花费巨大、痛苦巨大、预后不定的疾病,不仅让医生在诊断和治疗中面临诸多限制,更会让患者不断受到来自其家庭乃至社会的多种因素的影响,对医患双方都是巨大的挑战。因此,在医学生成长时期帮助其培养良好的沟通、协调等技能,坚定其从医职业信仰,不仅有利于医学生个人成长,更是可以为早日实现"健康中国"宏伟蓝图助力。

# 一、课程思政目标设计

《高等学校课程思政建设指导纲要》提出,课程思政建设内容要紧紧围绕坚定学生理想信念,以爱党、爱国、爱社会主义、爱人民、爱集体为主线,结合专业特点推进课程思政建设。在医学类专业课程方面,要注重加强医德医风教育、培养医者精神、加强医者仁心教育,引导学生始终把人民健康放在首位,提升综合素养和人文修养,提升重大突发公共卫生事件应对能力。[1]

根据肿瘤学的实际学科特点,其目标设计可以归纳为5个方面。

## (一) 培养医学生的爱国主义情怀

爱国是社会主义核心价值观在个人层面的首要价值准则,也是中华民族精神的核心。3500多年前,中国医学家便开始记载肿瘤。在我国肿瘤学科的发展历程中,涌现出不少代表性著作及人物,如享有"北孙南管"美誉的孙燕、管忠震,提出了"扶正固本"的中医观念及治疗方法等,为全世界肿瘤治疗贡献了中国智慧。诸如此类,均可培养医学生的爱国主义情怀与民族自豪感。

## (二) 激发医学生的医者使命感和责任感

肿瘤学是研究现代医学尚未攻克的医学难题——肿瘤的学科,具有极大的发展空间。在肿瘤的预防、诊断和治疗方面都存在诸多悬而未决的问题。随着学科的发展,肿瘤的治疗手段越来越多,如CAR-T技术等,使得某些肿瘤患者的生存率显著提升。这些技术的进步有助于引导医学生主动发现问题,

---

[1] 《高等学校课程思政建设指导纲要》,2020年5月28日,http://www.gov.cn/zhengce/zhengceku/2020-06/06/content_5517606.htm。

并投身相关研究,努力探究解决问题的方法,保持治病救人的初心,进一步激发医学生医者使命感和责任感。

### (三) 培养医学生的"大预防、大健康"观念

肿瘤学的研究对象——肿瘤,其发生与诸多行为方式、生活环境有关。通过课程思政教学设计,医学生对各类肿瘤及相关行为因素应有更加清晰的了解,对"大预防、大卫生、大健康"观念应产生更加深刻的认识,并将这种认识贯穿到其职业生涯中。这将对其今后的行医行为乃至"健康中国"建设产生潜移默化的深远影响。

### (四) 培养医学生的职业道德和人文精神

肿瘤病人大都面临巨大痛苦、巨额经济压力、有限生存期等问题,其诊治和临床决策受到多种因素的影响。对"医者仁心"的考验集中体现于肿瘤医生的临床决策中,医学生应学会从患者的病情、治疗效果、经济能力、家庭意愿等多维度综合考量,树立"以病人为核心"的理念,想病人之所想、急病人之所急、痛病人之所痛,从而建立起良好的医患关系,有效推进诊疗过程,逐步培养良好的职业道德与人文精神。

### (五) 激发医学生的创新强国意识

现阶段,全球肿瘤的特效药、靶向治疗、尖端设备频出。一方面,我国仍然面临诸多"卡脖子"问题,很多高精尖设备不仅价格及维修成本极其高昂,更受到诸多购买和应用上的限制,甚至一机难求;另一方面,我国医学科学家也在努力攻关,独立研发出了一系列成果,如一体化全身正电子发射/磁共振成像系统设备(PET/MR)、针对肿瘤的精准放疗系统"麒麟刀"等,努力解决医学尖端设备等方面的"卡脖子"问题。大国之间的对比、医学科学家们的探索精神,有助于促进医学生增强国际竞争意识和创新强国意识。

## 二、教学内容设计

最新的"肿瘤学"课程教学大纲将课程教学内容分为3大模块,分别是总论(肿瘤流行病、肿瘤病因学、肿瘤的诊断及治疗概论)、治疗方法(放射治疗学、化疗、靶向治疗)、各类肿瘤病种介绍(鼻咽癌、肺癌、胃癌、大肠癌、乳腺癌、妇科肿瘤、泌尿及生殖系统肿瘤、淋巴瘤、常见骨与软组织肿瘤)。

在教学内容设计上,应将课程思政目标,即培养爱国主义情怀、医者使命

感和责任感、"大预防、大健康"观念、职业道德和人文精神、创新强国意识5个方面融入其中,充分挖掘课程各部分思政元素,实现专业教育与思政教育相结合。

(一)总论部分:聚焦爱国主义情怀教育

课程总论是对课程的总体概述,是站在一定高度上让医学生对课程产生基本认识的过程。在思政内容设计方面,应注重培养学生的家国情怀。如国家近年来陆续出台的助力肿瘤疾病控制的相关举措——癌症早筛、将靶向药物纳入医保、大病专项救治、重点癌症集中救治等,都是极好的爱国主义教育素材,可以有效促进医学生切身感受国家以人民为中心的精神,并将国家需求融入自己的专业成长中,引导学生主动了解学科发展前沿,激发其课程学习兴趣和动机。

(二)治疗方法部分:聚焦创新强国意识教育

治疗方法一般是介绍肿瘤的放疗、化疗、靶向治疗等技术手段。在思政内容设计方面,应注意介绍每一类治疗方法的探究过程和发展历史,引导医学生在前人的基础上开展探究式思考,在他们心中埋下创新的种子,树立创新强国意识,尤其是要通过身边典型事例开展教育,帮助学生认识到医学科技创新的可及性,如武汉协和医院院长胡豫教授所带领的血液研究所团队近年在CAR-T细胞疗法上的临床转化和应用创新,给患者带来了希望,也让中国在重大疾病治疗的部分领域具备领跑的可能性。

(三)各类肿瘤病种部分:聚焦医者使命感和责任感、"大预防、大健康"观念、职业道德和人文精神教育

在疾病概述部分,通过对疾病的总体描述,帮助医学生了解疾病的恶性程度、分类、常见临床症状、首选治疗方法等基本信息,激发医学生的学习动力和医者使命意识,并对该类患者产生初步的同理心。

在病因病理及发病机制部分,通过对疾病的发病因素、发病机制、流行病学的分析,引导医学生关注不良饮食、生活习惯等发病因素,树立健康生活意识,从自身做起,进而逐步影响身边亲朋好友,促进整个社会形成"大预防、大健康"观念。

在临床表现部分,通过对疾病在不同时期、不同阶段的典型症状以及并发症等的分析,引导医学生树立早发现、早诊断、早治疗的"三早"观念,以点带

面,推动大卫生、大健康事业的发展。

在检查与诊断部分,通过对体格检查、专科检查、病理组织学检查等的介绍和对诊断标准和鉴别诊断的讲解,一方面引导医学生加强专业知识学习,实践人文关怀,另一方面教导医学生学会从效率出发,结合患者病情和个体情况等针对性选择检查项目,用最经济、最高效的方法帮助患者明确病情,为治疗争取时间。

在治疗部分,通过对治疗原则和方案的介绍,帮助医学生明确疾病不同发展阶段的不同治疗方法,开展示范性医患沟通谈话,学会将人文关怀贯穿于与患者及其家属的沟通、对患者家庭经济的考量等过程中,为患者选择最合适的个体化治疗方案,培养医学生良好的医德和奉献精神。

## 三、教学方法设计

肿瘤学作为医学类专业课程,须使理论和实践紧密结合,其课程思政的教学方法设计同样应遵循该原则,可以采用翻转课堂、PBL（project-based learning）、"跨专业-整合课程式"教学法、实践教学等教学形式。

### （一）翻转课堂

翻转课堂是近年来较为风靡的一种教学方法,指学生在课前或课外查阅相关资料,教师在课堂上发挥引导、总结的作用,可有效强化学生的自主学习意识。在课程总论、疾病概述部分,可提前向医学生推荐课前阅读材料,课程一开始即邀请医学生做阅读材料汇报,或分享相关感受、经历,之后再由老师进行总结,帮助医学生迅速明确课程重要性,初步树立起职业使命感、责任感、认同感。

如在放射治疗计划设计及评估的课程中,可以采用翻转课堂结合案例教学的混合式教学方式:课前,要求学生自学指定的阅读材料并完成答题,完成放疗定位、摆位等学习内容;课堂上,首先请学生围绕见习的内容和教师提供的乳腺癌放疗案例展开讨论,随后教师针对重点概念进行知识点串讲和课程讲授,使学生理解放射治疗的设计和实施过程,教师可着重运用讲故事的方式,形象地描述自己所经历的一些小故事,如肿瘤确诊时与病患及其家属的艰难沟通、手术过程中的突发情况处理、某位让自己印象深刻的病人等,让医学生直观感受到医学的温度和医生职业的崇高;课后,要求学生在教师指导下完成放疗实施等实践活动。

(二) PBL:以问题为基础的教学法

PBL 教学法强调以学习者为中心,以问题为基础,开展主动性、开放式、探索式、启发式教学。通过设计有一定难度、包含学习目标、有实用价值的病案,分次提供给医学生。① 教师从主导变成引导、启发,学生参与其间,经过提出问题、分析问题、查阅资料、小组讨论等过程,实现解决问题、发散思维、团队合作、获取信息等多维能力的提升。

如在肺癌教学章节中,在第一幕,主要围绕病例的临床表现如腰背痛、咳嗽等展开讨论,启发医学生学习诊断思路和鉴别诊断等相关内容,以此初步激发医学生产生职业认同感、树立"三早"意识;第二幕,主要围绕体检和肿瘤标志物、CT、穿刺活检等辅助检查内容展开讨论,引导学生科学、合理地为病患安排检查,树立为病患服务的人文关怀意识;第三幕,主要围绕化疗、放疗、手术治疗、靶向治疗、免疫治疗等肿瘤的治疗手段,癌痛和三阶梯镇痛治疗原则,晚期肺癌的心理调适指导等开展讨论,进一步引导医学生了解生物—心理—社会医学模式,增强其同理心和使命感。

(三) "跨专业-整合课程式"教学法

20 世纪 90 年代,肿瘤患者的临床需求催生了多学科诊疗模式,来自肿瘤外科、肿瘤内科、放疗科、放射科、病理科等相关科室的专家组成的固定的治疗团队,针对某个病人的某一疾病开展定期定时的专家会诊,提出适合病人当前病情的最佳治疗方案,继而严格执行、反馈、评估、优化和修正。这一模式对医学教育产生了深刻的影响和推动,催生了"跨专业-整合课程式"教学法。

在肿瘤学科,这一教学法的最大优势在于可以减少课程间教学内容的重复、减轻学生学习负担、培养学生自主学习与终身学习习惯,促使医学生形成更加系统的临床诊疗思维,也使医学生更能在学习中体会到医学的科学性和系统性,激发其投身医学研究的科研热情和创新意识。

如在原发中枢神经系统肿瘤的教学查房中,从问诊和体检开始,依次邀请病理生理、遗传、影像、手术、放化疗等方面的教师进行整合式串联讲解,通过对遗传学病因和分子病理诊断的讲授,增强医学生的科学探究意识;通过影像学技术的介绍,促使医学生重视学科交叉和成果转化的讲授;通过放疗这一高

---

① 黄亚玲、郑孝清、金润铭、兰黎、周东风:《PBL 教学模式探索》,《医学与社会》2005 第 6 期,第 56-57 页。

级别胶质瘤术后治疗手段的局限性介绍,进一步增强医学生的使命意识。

(四)实践教学法

实践教学法要求带领医学生亲身实践,在体验中开展教学,加深医学生对肿瘤全过程的认识,深化思政教育。根据教学计划的不同,其可分为课内实践和课外实践两种形式。

课内实践主要指教学计划内的实践,如要求医学生参与一位肿瘤病人的管床工作,在接诊、检查、诊断、治疗、回访过程中强化医者使命与责任感,树立"大预防、大健康"观念,培养良好的职业道德、职业精神、职业能力。

课外实践也称作第二课堂实践,如引导医学生参与肿瘤病人的各类人文关怀项目,包括针对儿童血液病的"爱心学校"项目、针对儿童骨肿瘤的"阳光书屋"项目、针对乳腺肿瘤的"粉红丝带"项目、针对终末期患者的"安宁疗护"项目、针对肿瘤病区的慰问演出等,第二课堂的实践有助于医学生增强同理心,坚定职业理想。

## 四、形成性评价

课程思政的实施效果,不仅有赖于"老师教",更在于"学生悟"。为了达到更好的思政效果,应注重采用形成性评价,在教学全过程注入学生参与元素。

(一)阅读资料总结报告

在课程实施前,要求医学生阅读资料和撰写总结报告,不仅有助于文献资料的整理和优化,更有助于培养医学生搜集资料、分析资料、整理资料的能力,为其奠定良好的科研起步基础。

(二)课堂讨论

课程中大量运用的案例教学、翻转课堂、"跨专业-整合课程式"教学法等,都是以学生为中心。帮助和督促医学生学会获取知识、培养团队合作和沟通能力,都是课程的重要目标,也是医学生形成未来职业能力的必然要求。

(三)课后科普作业

科普作业是引导医学生用通俗灵动的语言、文字、图片、视频等形式,向社会大众传播医学专业知识的过程。这一形式可以激发医学生潜能,使其充分调动自身既有特长或优势,并学会与大众沟通的技巧,为今后职业生涯中与各类病患沟通打好基础,也为职业精神的养成不断添砖加瓦,更是对"让健康知识惠及大众"的健康战略的积极响应。如肿瘤学老师牵头组建科普快乐驿站，组织学生撰写"肿瘤年轻化凸显，我们该如何面对？""关于癌症的十大错误认知系列"等科普，受到社会媒体的关注，也让学生在参与中提升了职业素养。

（四）热点讨论

结合行业时下动态和热点，组织医学生进行各种形式的课程讨论，也是引导医学生关注国际大势、国内民生，使自身投身时代浪潮中的一种思政教育手段，可以成就良好的课程思政效果。如2020新冠肺炎疫情期间，肿瘤学教研室不断开展"身边的战疫故事""关爱疫情中的肿瘤病人""从医学生到医生，战疫有我""停课不停学，说说我的战疫故事"等特别活动，讲述肿瘤学科相关的抗疫故事，对医学生产生了良好的思政教育效果。

## 五、结语

在"健康中国2030"战略目标的指引下，医学人才的培养正朝着育才和育人相统一、专业教育和思政教育相统一的目标而进发。医学类课程思政的目标是培养学生"敬佑生命、救死扶伤、甘于奉献、大爱无疆"的医者精神，在培养精湛医术的同时，教育引导学生始终把人民群众生命安全和身体健康放在首位，尊重患者，善于沟通，提升综合素养和人文修养，提升依法应对重大突发公共卫生事件能力，做党和人民信赖的好医生。

在肿瘤学的教学过程中，其课程思政的总体设计和实施均应紧紧围绕培养目标，在全过程融入思政元素，为实现"立德树人"根本任务不断努力。肿瘤学课程思政建设流程如图1所示。

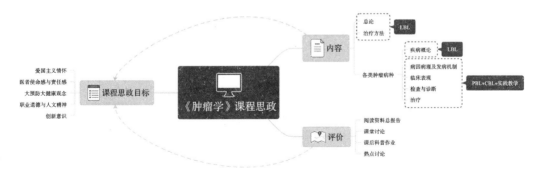

图1 肿瘤学课程思政建设流程图

教案设计

# "国际公法"课堂教学中爱国主义精神传导路径探索

王玫黎

**摘要**：当前我国正处于统筹兼顾国内法治和涉外法治、协调推进国内治理和国际治理的关键时期,高校应承担起培育秉持正确政治立场的涉外法治人才的历史使命。然而,许多学科在传导爱国主义精神的过程中面临着困境,突破这一困境是培养适格涉外法治人才的必然要求。"国际公法"的课程思政建设,将爱国主义教育作为基本要求贯穿始终,把课程内容与国家安全和发展利益相关联,以强烈的民族自豪感和强国使命感引领学生踏上学习之路,在课堂教学中传导爱国主义精神,培养真正能够捍卫国家主权、安全和发展利益的社会主义建设者和接班人。

**关键词**:"国际公法"课程;课程思政;爱国主义精神

2022年4月25日,在五四青年节即将来临之际,习近平总书记在考察调研中国人民大学期间,强调教育的根本问题是"为谁培养人、培养什么人、怎样培养人"。同时,习近平总书记还观摩了思政智慧教室现场教学。诚然,当前

---

**基金项目**:本文系重庆市高等教育教学改革研究项目"《国际法学》课程思政建设模式新探讨"(项目编号:212038)的阶段性成果。

**作者简介**:王玫黎,西南政法大学国际法学院教授、博士生导师,海外利益保护研究中心执行主任。

思政教育工作已然贯穿于教学的全过程,各高校不断探索在宏观上把握思政教育的改革方向,把大学专业课程与思想政治课程有机融合,以"思政课程"为核心,让"思政教育进课堂"。① 思想政治教育是"国际公法"课程中不可或缺的一环。而政治立场的选择决定了涉外法治人才在发挥其专业才能时是否能够以国家和人民的利益为导向,是否能够在正确的道路上发挥自己的才能。因此,有必要在"国际公法"课程中植入爱国主义教育的内容。

"国际公法"课程思政项目建设,要求在课程教学中传导爱国主义教育的内容,以期培养一批具有国际视野、了解国际法规且能够在国际问题谈判、国际造法、国际组织的运作、国际危机的化解以及我国的国际法理论、观念的创新等领域为国家和人民争取权益,致力于营造更加有利于国家发展、有利于人民安定富足生活的国际环境的高素质涉外法律人才。

## 一、爱国主义教育融入国际法的重要性

高校肩负着培养具有爱国主义情怀的法律人才的重要使命,"国际公法"课程将爱国主义教育内容与专业知识技能教育有机融合,破除了专业教育与价值引领的脱轨现象,可以在学生群体中强化国家主权观念,实现涉外法治人才"德"与"才"的统一,从而提高我国涉外工作法治化水平。

(一)有利于学生树立国家主权至上观念

16世纪,法国政治思想家让·布丹提出著名论断——主权是共和国的绝对的和永久的权力,自此之后,主权就被视为国家与其他政治组织的根本区别之一。17世纪中叶威斯特伐利亚体系的建立以及20世纪中叶《联合国宪章》对于国家主权原则的确立,更是强化了主权绝对性及其至高无上的重要性。② 主权作为国家统一而不可分割的最高权力,不仅是国家的基本属性,更是一个国家的灵魂和生命。然而在全球化时代,国家、联合国及其附属机构、国际非政府组织、国际性的社会团体等多方主体也在参与国际秩序,国家主权原则受到了冲击,当今人类共同面临的贫困、不平等、跨国犯罪、种族冲突、全球生态

---

① 《把思想政治工作贯穿教育教学全过程 开创我国高等教育事业发展新局面》,《人民日报》2016年12月9日,第1版。

② 高景柱:《全球化时代爱国主义的重塑》,《理论月刊》2022年第2期,第32—41页。

环境恶化以及核威胁的加剧等问题也在不断挑战传统的主权原则。① 这对国家是极其不利的,因此强化国家主权原则成为国家生存的必然路径选择。

爱国主义在维护主权原则上至关重要。一方面,爱国主义可以凝聚人心,使公民对国家的文化产生一种特殊的情感和关切,这非常有利于保持本国文化的基本特质,而不至于被他国的文化同化。另一方面,爱国主义可以被用于抵制某些与国家认同不一致的分裂性认同。② 在全球化时代,国家认同危机问题逐渐显现,尤其是在一些多民族国家中,国家认同与民族认同可能处于一种矛盾和对立的关系中。当国家认同危机出现时,爱国主义是一种培养公民对国家的忠诚感和认同感、抵制分裂性认同的重要载体,爱国主义教育此时可以发挥重要的作用。

(二) 实现涉外法治人才"德"与"才"相统一

现阶段,我国面临的海洋争端、"一带一路"建设中的各种摩擦,乃至其他各个领域的矛盾,其议题本质上都不是单纯的部门法议题,而是同时牵涉国际政治、历史、经济等其他学科的非常复杂的问题,这对国际法人才培养目标提出了更高要求,既需要国际法法律人才具备过硬的专业素质、丰富的知识储备,又要求其具有坚定的政治立场和强烈的政治敏锐性,时刻谨记维护国家利益,利用国际法捍卫国家主权、安全和发展利益,真正做到为国家服务、为大局服务、为人民服务。③ 实际上,十八届四中全会第一次正式提出"建设通晓国际法律规则、善于处理涉外法律事务的涉外法治人才队伍"的目标,习近平总书记也多次强调,"要坚持立德树人,德法兼修,创新法治人才培养机制,努力培养造就一大批高素质法治人才及后备力量。"④因此,我国迫切需要一批具备扎实专业能力、坚定政治立场和爱国主义热情的涉外法治人才。

"国际公法"课程思政将爱国主义教育融入日常教学,加强对国际局势、立法背景、法治体系的讲解,鼓励学生申请国际组织实习、开展模拟联合国活动,并邀请在国际组织、外交部、海事法院的一线实务工作者分享一线经验。以创

---

① 高景柱:《全球化时代爱国主义的重塑》,《理论月刊》2022年第2期,第32-41页。
② 徐国正、刘文成:《新时代大学生爱国主义教育:挑战、原则与路径》,《大学教育科学》2022年第3期,第102-109页。
③ 王玫黎:《从教学实例中看国际法研究生培养新思路——以培养高素质涉外法律人才为目标》,《教师教育论坛》2020年第7期,第65-72页。
④ 习近平:《加强党对全面依法治国的领导》,《求是》2019年第4期。

新探索的方式寻求课程思政建设,摆脱了以往政治教学枯燥乏味的弊病,实现了寓教于乐,不仅能够让爱国主义教育深入人心,帮助学生形成正确的价值观念和良好的政治素养,在学习中站稳政治立场,而且还能够有效传授国际法法律知识,促使学生对国际法产生浓厚兴趣,主动关注国际新闻,并能用国际法知识简单分析和评论国际事件,进而积极地思考如何以正确的政治立场为导向学习、研究、运用国际法,从而实现涉外法治人才"德"与"才"相统一。

(三)有利于提高我国涉外工作法治化水平

当今,世界处于百年未有之大变局,特别是新冠肺炎疫情暴发以来,大国博弈加剧,全球治理竞争激烈,国际体系和国际秩序面临深刻调整。[①] 因此,我国正面临着严峻的国际环境,而要想走向世界,做全球治理变革进程的参与者、推动者、引领者,必须善于运用国际法。在这个关键时期,我们必须深刻认识国际格局演变进程与民族复兴目标的叠加性、同步性、长期性,坚持正确的历史观、大局观、角色观,树立战略思维,保持战略定力,敢于斗争,善于斗争,牢牢把握战略主动权,推动世界变局朝着符合时代发展潮流和趋势的方向演进,建立更加公正合理的国际秩序。[②] 因此,提高涉外工作法治化水平成了国际法学科的重要且急迫的任务。

"国际公法"课程思政通过对课程内容进行多维度讲解,在课程中强化爱国主义教育,能够引导学生深入理解中国特色社会主义法治体系,特别是习近平法治思想中的国际法要义。"国际公法"课程思政既强调基础知识和理论,同时又关注涉及我国切身利益的法律规范,关注国际局势的热点领域和未来国家发展的重点领域,以强烈的民族自豪感、强国使命感引领学生踏上未来学习之路,能够使学生把个人专业学习和国家发展相结合,更加明确个人与国家之间相互依存的关系。将价值引领贯穿于知识传授的全过程,能够使法学专业的学生在社会发展进程中有更大的担当和更大的作为,从而培养一批具有坚定信念、时刻维护国家利益的"德"与"才"兼具的涉外法治人才,进而提高我国涉外工作法治化水平。

---

① 黄惠康:《习近平关于国际法治系列重要论述的核心要义》,《武大国际法评论》2021年第1期,第21-25页。
② 赵梓斌、刘杰:《习近平为何反复强调"战略思维"》,人民网2019年1月25日,http://politics.people.com.cn/n1/2019/0125/c1001-30590771.html。

## 二、国际法学科中爱国主义精神教育困境

爱国主义是我国民族精神不可或缺的一部分。习近平指出:"在中华民族几千年绵延发展的历史长河中,爱国主义始终是激昂的主旋律,始终是激励我国各族人民自强不息的强大力量。"① 但在国际法学科中,爱国主义精神的传导仍然存在着如下困境。

### (一) 爱国主义的文化根基受到冲击

当代国际社会的国际秩序,包括政治上的雅尔塔体系和经济上的布雷顿森林体系,是由西方少数国家主导建立和维护的。② 实际上,过去多年里,国际社会在各个方面的行为规则多是西方国家制定的,其他国家很难真正参与其中,很难在国际舞台上发出自己的声音。因此,少数国家的强势文化会冲击某些国家的民族文化。而在全球化浪潮下,西方国家采取文化渗透方式向发展中国家输出价值观、渗透意识形态,大众容易被西方文化所"标榜"的"自由、平等、民主、法治"等价值观所吸引,向往、推崇西方民主政治制度,甚至会出现一些极端现象,如盲目崇尚西方发达国家,民族自卑情绪增强,在某种程度上导致国家的民族文化受到更大的冲击,大众对国家政治制度不认同和不自信,这会冲击和削弱爱国主义的文化基础。③

### (二) 不注重爱国主义教育教学环节

高校传统教学模式使爱国主义教育内容难以真正融入教学,主要体现为以下两点:其一,传统的"国际公法"课程强调知识传授,注重向学生传授国际法学基础理论和知识,注重实证分析、"就法论法",强调对现行法律条文的研习,重微观轻宏观,对国际局势、立法背景、法治体系关注不够,思政内容只是连带讲述。这可能会导致学生一味地追随西方政治理念和国际法理论,对国际法规则的理解流于简单、片面。可见,国际法学专业教育与思政教育有一定脱节,使得爱国主义教育内容未得到专门体现。其二,传统法学教学模式单

---

① 《习近平谈治国理政》,外文出版社,2014,第58页。
② 徐国正、刘文成:《新时代大学生爱国主义教育:挑战、原则与路径》,《大学教育科学》2022年第3期,第102-109页。
③ 徐国正、刘文成:《新时代大学生爱国主义教育:挑战、原则与路径》,《大学教育科学》2022年第3期,第102-109页。

一,特别是本科教学主要以老师上台讲授为主,走的是"老师输出—学生输入—考试反馈"的简单路径,师生互动性不高。而思政教学内容相比于法学专业内容更为严肃且具有价值导向,传统的灌输式教学不利于激发学生的兴趣,甚至会因"灌输价值"而引起学生反感,最终起到反作用。

(三) 对爱国主义精神的认知存在误区

爱国主义始终激励着青年砥砺前行,但是目前大众并没有正确认知爱国主义精神,主要表现为:一是爱国理解的片面化。当前公众中流行一种"大事爱国主义"思想,认为只有在大事件中才能体现爱国主义,在细小的生活事件中不必谈论爱国。[1] 因此,在他们看来,爱国离自己比较遥远,很难把日常生活中的事情与爱国主义相连接,爱国只是在"升国旗""国庆大典"等特殊仪式和场合中的行为。二是爱国行为的情绪化。部分人在涉及中美贸易争端、台湾问题等热点话题时表现出较强的情绪性行为,存在爱国行为情绪化现象,表现出封闭狭隘、专横的特征,盲目激进和排外,视他国为异己。此外,也存在特定舆论事件中"表态""站队"以裹挟政治,以暴力行为彰显"爱国精神"的现象。[2]

## 三、爱国主义教育内容融入课程的方案设计

全面推进课程思政建设,就是把价值引导贯穿于知识传授和能力培养的全过程;探索"国际公法"课程思政教学路径,就是探索国际法学专业教育与思想政治教育融合的路径。

习近平总书记指出"思政课的本质是讲道理,要注重方式方法,把道理讲深、讲透、讲活"[3]。"国际公法"课程思政通过对思政内容进行"一条主线,四个支点,八个重要映射点"的架构改革,从主线、价值引导、重要抓手三个方面分层次地将爱国主义教育融入专业内容教学,在全面讲授基础知识的同时,着重分析涉及我国切身利益的法律法规,关注当下国际局势的热点领域和未来国家发展的重点领域,使"国际公法"课程与爱国主义教育同向同行,形成协同效

---

[1] 孙芳:《新时代爱国主义教育应辨析的四个认识误区》,《社会主义核心价值观研究》2020年第6期,第86—92页。

[2] 孙芳:《新时代爱国主义教育应辨析的四个认识误区》,《社会主义核心价值观研究》2020年第6期,第86—92页。

[3] 《习近平考察中国人民大学,重点强调了什么?》,人民网2022年4月26日,http://politics.people.com.cn/n1/2022/0426/c1001-32409426.html。

应,将知识传授、能力培养、价值塑造融为一体,培养高素质涉外法治人才。

(一) 主线:习近平法治思想中的国际法要义

2020年11月16日至17日召开的中央全面依法治国工作会议,将习近平法治思想明确为全面依法治国的指导思想。习近平总书记强调:"要坚持统筹推进国内法治和涉外法治。要加快涉外法治工作战略布局,协调推进国内治理和国际治理,更好维护国家主权、安全、发展利益。要强化法治思维,运用法治方式,有效应对挑战、防范风险,综合利用立法、执法、司法等手段开展斗争,坚决维护国家主权、尊严和核心利益。要推动全球治理变革,推动构建人类命运共同体。"①在此背景下,"国际公法"课程思政结合国家统筹推进国内法治和涉外法治的最新战略布局,确定了"背景嬗变:百年未有之大变局""核心理念:推动构建人类命运共同体""治理观念:人类共同价值"和"有机联系:国内法治和涉外法治"四个支点,每个支点下设置两个"重要映射点",形成了"一条主线、四个支点、八个重要映射点"的基本框架。课程通过该条主线确定国际法教学的时代背景、理念需求、重要着力点等问题。

(二) 指导思想:社会主义法治理念

社会主义法治理念中蕴含主权平等、公平正义、厉行法治、合作共赢等先进理念和一系列博大精深、影响深远的国际法理念和基本原则,有助于解决现有全球治理体系存在的弊端,推动全球治理和国际法治朝着更加公正合理的方向发展,与新时代国际关系的潮流高度契合,体现了一个负责任大国的历史担当。这也是一代代中国共产党人为国际关系理论和实践创新、为国际法的发展进步、为全球治理体系变革作出的重大贡献。因此以社会主义法治理念作为指导思想,确立国际法教学所服务的政治立场和所具有的法治轮廓,有利于培养学生运用社会主义经典理论、中国特色国际法观念的能力,引导学生避免一味地追随西方政治理念和国际法理论,不盲从于对国际法规则的理解,进一步为中国国际法理论的建设添砖加瓦。

(三) 教学形式:学校"互联网+"平台建设

首先,利用学校"互联网+"平台,实现线上线下教学的有效衔接,使学生

---

① 《坚定不移走中国特色社会主义道路 为全面建设社会主义现代化国家提供有力法治保障》,《人民日报》2020年11月18日,第1版。

更容易接触和学习思政教育的相关内容。其次,将课上理论教学和课下实务教学、兴趣教学相结合。在课堂上,充分发挥优秀教师在理论教学上的引领作用,通过课堂授课、小组研讨、论文写作等多种方式为学生打下扎实的国际法知识基础;在课后,开展模拟联合国系列活动,邀请在国际组织、外交部、海事法院的一线实务工作者,向学生展示实践中的法律关系,使法律思维得到实际运用,把新鲜的实务经验和生动的案例实践带进第二课堂,缩小书本知识与法律实践的差距,增强学生回应和解决实际问题的能力。最后,在双语教学上因材施教。面向涉外法律人才实验班、"一带一路"法律人才实验班的学生,发放课前预习英文材料,引导学生打好英文文献的阅读基础,鼓励学生用英文撰写课程小论文,开展英文模拟法庭竞赛,锻炼学生的英文书状写作能力和口头表达能力;面向非实验班学生,确保其了解国际法基本英文名词,掌握基础词汇,对于有能力的学生,鼓励其向实验班学生靠拢,提供学生之间的交流平台和交流机会,实现互助和进步。由此可见,本课程通过多媒体手段,实现了"文字、图像、声音、视频、VR(虚拟现实技术)"多元素实时互动和课后互动;通过课堂研讨和课后论文,构建了学生"自学输入—课堂输出—互动反馈"的多元路径。多元的教学方法提升了思政教学的趣味性,将思政教学的内容与学生的主动参与进行融合,促使学生主动地吸纳思政教学的知识点,从而获得更加深刻的认同感和更强烈的驱动力。

(四) 引导工具:生动的案例教学

直观的教学方式,能够极大地调动学生的积极性,培养学生应用国际法的能力。"国际公法"课程思政要求教师寻找能体现思政要素的典型国际法案例,在引导学生运用所学国际法知识解决法律问题的同时,自然地进行价值塑造,提升学生的政治素质和道德修为,将价值塑造、知识传授和能力培养融为一体,于无形中加强思政教育的影响和爱国主义精神的传播。

在海洋法章节,本课程通过安排三个事例的学习,即中美撞机事件,中国海军亚丁湾、索马里海域护航行动,以及"银河号"事件,让同学们加深对相关理论知识的理解。采用案例教学一是回应同学们在问卷里要求的增强课程的趣味性的意见,二是将理论用于指导实践,分析国际法案例,三是认清在国际关系中中方恪守国际规则的一贯做法,认识到恰恰是自称守约的美国在反复破坏国际规则和打压中国,以此让同学们认识到掌握和维护国际规则的重要性、维护国际海洋秩序的重要性,积极投身人类命运共同体的建设。

在外交领事保护章节,本课程通过安排中国在海外撤侨的三个实例的学习,即中国在利比亚的撤侨行动、在也门的撤侨行动,以及在乌克兰的撤侨行动,让同学们明白祖国不曾放弃任何一位中国公民,用实力证明了有一种震撼叫"中国式撤侨",我们的国家是一个有担当、有责任的大国,使学生了解到中国政府如何保护海外中国公民的安全与正当权益、海外中国公民安全保护与救助机制有哪些等内容,从而增强学生们的爱国主义精神。

在陆地国界法部分,"国际公法"课程将2022年1月1日施行的《中华人民共和国陆地国界法》及其二次审议稿发给同学们对照学习,让同学们找出两稿中的不同部分。同学们找到了第11条:"国家加强陆地国界宣传教育,铸牢中华民族共同体意识,弘扬中华民族捍卫祖国统一和领土完整的精神,增强公民的国家观念和国土安全意识,构筑中华民族共有精神家园。各级人民政府和有关教育科研机构应当加强对陆地国界及边境相关史料的收集、保护和研究。公民和组织发现陆地国界及边境相关史料、史迹和实物,应当依法及时上报或者上交国家有关部门。"老师首先对相关条文进行解释:"这条增加的第2、3款表明,陆地国界及边境相关史料、史迹和实物,是作为国家财产部分,任何人不得擅自处理。"然后补充道:"第1款铸牢中华民族共同体意识和构筑中华民族共有精神家园这两句是增加内容。"之后引导同学们理解该条文,同学们从增进国家安全意识、中国边境管理制度设立的内核、国家认同感等维度进行了解读。在听完同学们的观点之后,老师补充总结:"增加前述条款的意义在于提供陆地国界法的制度基础,不仅在边境地区要有中华民族共同体意识,在全国人民尤其是青年学生中间也要培养这种民族意识。"这节"国际公法"课程通过对关于边境的国际法制度的引申学习,让同学们对相关理论知识有了深入了解。在做好理论知识的铺垫之后,带着同学们接触新近出台的国家法律,引导同学们理解爱国主义精神是中华民族精神的核心,激发同学们对专业学习尤其是基础课程学习的动力。

如上所述,选取国际法学案例不仅能够形象地引导学生树立正确的法律思维,客观地分析法律问题,而且还能培养其利用国际法捍卫国家主权、安全和发展利益的意识,增强同学们的民族自豪感和强国使命感,从而引导学生站稳政治立场并且以正确的政治立场为导向学习、研究、运用国际法。

(五) 考核方法:两维度+七要点

在课程考核上,以"专业课成绩(期中测试、期末测试)+平时表现(课堂回答、小组讨论、线上作业、模拟联合国和模拟法庭展示)"两维度、七要点作为评判标准,将思政元素融入七个评判要点中。以期末测试这个要点为例,除了在客观选择题、判断题方面设置相关题目外,在主观论述题中还设置有以下考题:"请论述新时代中国国际法观念的提升与创新。"这一考题囊括了习近平外交思想的国际法意义,推动全球治理体制变革,坚持正确的义利观,推进国际关系民主化、法治化和合理化,构建人类命运共同体等方面,既能够考查学生对于国际法的整体了解程度,也检验了学生对于马克思主义法学思想和中国特色社会主义法治理论的理解能力。

## 四、结语

习近平总书记明确指出:"中国人是讲爱国主义的,同时我们也是具有国际视野和国际胸怀的。"[①]在国际视野中,爱国主义不仅是民族自豪感和民族自尊心的体现,也是国际法教学和学习中应有的情感支撑。[②]"国际公法"课程思政从主线、价值引导、重要抓手三个方面融合思想政治教育和国际法学专业教育,以解决思政内容的融合性、思政教学方法的趣味性以及学生体验的深刻性等问题,从而实现知识传授和价值引领相统一、基础理论和社会实践相统一、涉外法治人才"德"与"才"相统一、思政教学趣味性与学生体验深刻性相统一等目标。通过案例设计,剖爱国心,抒报国情,立强国志,使学生更容易接触和学习思政教育相关内容。综上所述,"国际公法"课程思政寓教于乐、寓教于行,在润物无声中、在春风化雨中将爱国主义精神要义刻入学生思想深处,使学生在关注理论问题的同时,强化了爱国主义精神,提升了专业能力和综合素质,完善了利用国际法捍卫国家主权、安全和发展利益的意识、思维、能力和技巧,从而得以更好地服务于国家战略方针。

---

① 《坚定不移走和平发展道路 坚定不移促进世界和平与发展》,《人民日报》2013年3月20日,第1版。
② 王雷:《对高校爱国主义教育创新的思考——结合国际法教学》,《华章》2014年第25期,第191、206页。

# "农村经济发展调查"国家一流课程思政建设逻辑

杨丹 刘海 曲燕彬 刘自敏

**摘要**：依据课程思政理念进行金课建设，发挥教育传播知识和培育德行的重要作用，有助于全面提升高校人才培养质量，服务国家重大需求。"农村经济发展调查"作为首批国家级社会实践一流课程，通过使教师团队遵循思政育人逻辑、在教学设计中融入思政元素、在考核方式中嵌入思政评价，构建思政创新的逻辑框架，并在选题设计、数据收集、报告撰写等具体的教学环节中进行思政内容设计和学生科学素养培育，取得了"润物无声"的良好教学效果，并形成了良好的社会声誉。

**关键词**：农村经济发展调查；课程思政；金课；创新实践

## 一、引言

知识能够促进社会进步和人类和谐，李克强总理曾指出知识是天下公

---

**基金项目**：本文系重庆市社会科学规划"成渝地区双城经济圈"重大项目（项目编号：2022ZDSC08）、重庆市教委人文社会科学类研究项目研究资政专项（项目编号：22SKZZ001）阶段性研究成果。

**作者简介**：杨丹，西南大学经济管理学院教授，博士生导师；刘海，西南大学经济管理学院博士研究生；曲燕彬，西南大学经济管理学院硕士研究生；刘自敏（通讯作者），西南大学经济管理学院教授，博士生导师。

器①。而教育在传播知识的同时也需要关注德育功能,发挥承载人性光辉与传递精神能量的关键作用,让高尚的德行闪耀光芒。一直以来,将思政教育与高校专业课程相结合是党和国家关注的重点。2020年6月,教育部印发的《高等学校课程思政建设指导纲要》强调,立德树人是高校的根本任务,全面推进课程思政建设是落实立德树人根本任务的战略举措,也是全面提高人才培养质量的重要任务。②"农村经济发展调查"课程组围绕立德树人根本任务,积极落实习近平总书记关于课程思政的重要指示,面向国家重大战略需求与地方经济发展,秉承学校"杏坛育人,劝课农桑"百年发展精神,开展"社会调查+课程思政"融合探索,倡导用中国方案解决中国"三农"问题,全面提升学生创新实践能力和社会责任意识。

课程思政是指将价值引领与思想引导充分渗透到各专业课程教育中,深度发掘各专业学科思政教育基因,强化高校思政工作协同育人效能。③ 课程思政所呈现出的课程观不同以往,其注重在课程教学的过程中将价值塑造、知识传授和能力培养三者融为一体,将课程所具备的教育功能上升至思政教育高度④,形成全过程与全方位育人的大思政教育格局,引导学生树立正确的世界观、人生观和价值观,真正落实立德树人这一根本任务,不断提升人才培养质量。这需要将价值引领渗透至教育的全过程中,使所有专业学科与课程均融入课程思政这一完整体系当中,充分发挥各学科与课程所具备的育人功能及价值引领作用⑤,将价值引领和知识讲解有机融合,实现高校思政课程及课程思政共同发展与同向同行。

西南大学经济管理学院"农村经济发展调查"是国家级和省级社会实践一

---

① 国务院总理李克强2014年5月27日出席全球研究理事会2014年北京大会开幕式并致辞,指出科学连着发展权,知识是天下公器,打造更加开放的平台,才能让每一个人都分享科学知识的营养,实现普惠、包容发展。

② 《高等学校课程思政建设指导纲要》,2020年5月28日,http://www.gov.cn/zhengce/zhengceku/2020-06/06/content_5517606.htm。

③ 韩宪洲:《全面推进课程思政建设的逻辑进路探析》,《中国高等教育》2021年第6期,第31-33页。

④ 李蕉、方霁:《课程思政中的"思政":内核、路径与意蕴》,《思想教育研究》2021年第11期,第108-113页。

⑤ Laurance Lampert, *How Philosophy Became Socratic: A Study of Plato's Protagoras, Charmides, and Republic*, The University of Chicago Press, 2010, p:66.

流课程,课程组立足课程背景和专业特点,在教学过程中进行金课思政创新,以实践阵地、院校组织、师生队伍为三大保障,在教学中渗透课程思政理念,推动调查素养、思政元素和文化知识的紧密结合,强化乡村情怀教育,在学生心中厚植"三农"情怀,实现科学知识传授与价值观念引领的同频共振,形成知识、能力、素质"三位一体"全面育人,引导学生以强农、兴农为己任,为培养更多知农、爱农的新型人才做出更大的贡献。

## 二、"农村经济发展调查"金课思政创新的逻辑框架

"农村经济发展调查"金课思政创新逻辑框架如图1所示。

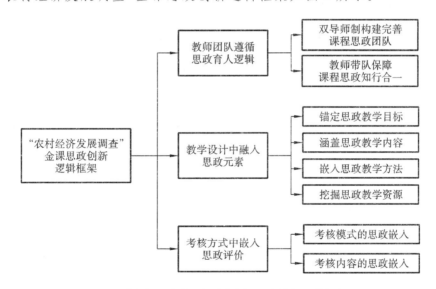

图1 "农村经济发展调查"金课思政创新逻辑框架

(一) 教师团队遵循思政育人逻辑

教师团队遵循思政育人逻辑如图2所示。

在坚持以学生为中心的总原则下,由西南大学农林经济管理系系主任担任课程负责人,负责课程总体设计并组建课程核心团队,核心团队承担了课程运行、成绩评定、基地建设和奖励评分四个方面的任务。教师团队主要从学术导师和实践导师两个方面组建,其中学术导师主要负责选题论证、调研设计、数据分析、报告撰写四个部分的内容,实践导师主要负责带队调研和调研指导两个部分的内容。

在课程总体规划(见图3)中,由于农村社会发展调查是纯实践课,某一次

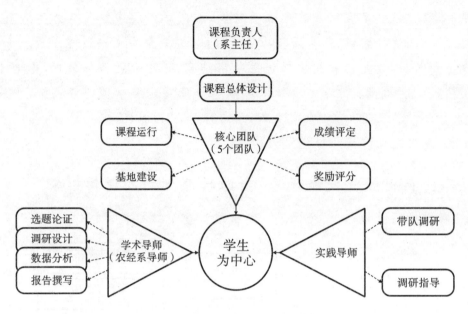

图 2　教师团队遵循思政育人逻辑

调研或者某一学期的课堂讲授都难以使学生养成规范的调研习惯,本课程改变了传统教学模式中将一门课程在一个学期内讲授完的方式,使整个课程分布于本科一、二、三年级,让学生能够在多次不同的调研中深化对科学调研的理解。同时每学期均安排一次分报告,让学生在汇报交流中相互学习、取长补短。

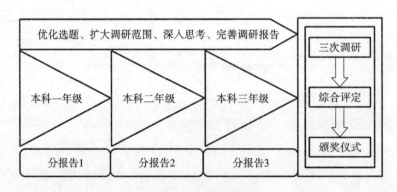

图 3　课程总体规划

在课程思政的构建上,其主要从以下两个方面展开。

一是双导师制构建完善的课程思政团队。课程组建立本科生导师制,鼓励本科生加入导师课题组,开展学术交流和模仿性、探索性研究,在思政教育、学术研究、理论学习、职业规划等多方面对本科生展开全面指导。同时,聘请一些来自世界名校的经常展开社会调研的学者兼职任教或客座讲学,并担任实践导师。通过双导师制构建的课程思政团队,有效保障了专业教育与思政教育同向同行,形成协同效应。课程思政团队以质量为导向,注重实效,积极、务实开展课程教学工作;以专业认知和专业发展为导向,围绕学生专业兴趣的培养和专业技能的提高开展课程思政工作;以学生动态需求为导向,有重点、有区别地开展工作;以服务于学生综合全面发展为导向,合理协调导师与辅导员及相关工作人员的关系,良性互动,形成合力。

二是教师带队保障课程思政知行合一。课程组积极构建创新型人才培养师资结构,选派有社会资源的优秀教师或有潜质的青年教师直接带队开展入户实践,在调研中培养学生的人文关怀,引导学生在理解专业大户、家庭农场、农民专业合作社、农业产业化龙头企业等新型农业经营主体方面的专业知识及实际情况的同时,了解当前我国"三农"发展的困境,增强"以强农兴农为己任"的历史责任感,积极思考出路助力乡村振兴,切实保障课程思政知行合一。课程教师带领学生走出校门、走向社会,深入农村开展社会调研活动,在调研活动中解答学生关注的问题,挖掘专业社会调查思政元素,把思政小课堂同社会大课堂结合起来,在同向同行中打造学校"社会调查+思政教育"实践教学品牌。

(二)教学设计中融入思政元素

在教学设计中,主要从以下十个部分展开(见图4):在课程思政方面,主要培养学生的爱国主义精神、"三农"情怀和社会责任意识、科学的世界观、人生观、价值观;在教学目标上,坚持课程目标与毕业要求紧密结合、思政目标与知识目标紧密结合、能力目标与素质目标紧密结合,切实保障课程目标的有效落实与贯彻;在教学环境方面,主要优选实践基地、建设科研平台、精选教学资源来构建完善合理的教学环境;在学情分析方面,课程组通过自编教材与实践教学相结合,有效保障课程教学内容切实运用于实践调研中;在教学评价方面,坚持学生评价、教师评价、同行评价、社会评价相结合;在教学方法上,综合运用讲座、头脑风暴、社会实践、现场教学、调研驱动、科研导向、小组分工合作等多种方式;在专业竞赛方面,课程学生多次参加挑战杯、费孝通田野赛、毕业论文评定等学术竞赛并获得相关奖项;在教学内容方面,涵盖课题论证、资料准备、调研方案设计、调研报告撰写等多个方面;通过服务"三农",学生开阔了视野、产生了新鲜想法,导师提供了专业指导及改进建议;在教学互动方面,既有老师之间、师生之间的互动,同时在小组内及小组间也有密切的生生交流。

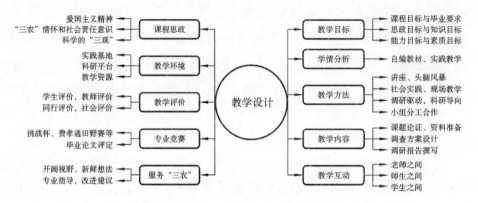

图 4　教学设计中融入思政元素

在教学设计中融入思政元素要做到以下几点。

一是锚定思政教学目标。在教学目标的设置中,采用价值塑造、知识传授、能力培养三位一体的模式,侧重对学生进行价值引领和塑造,既包括调研过程中知农爱农价值观的引领,也包括规范化科研精神的塑造,充分发挥思政课的"群舞中领舞"作用①。具体来看,课程目标主要包括思政目标、知识目标、素质目标、能力目标四个方面。其中,思政目标又包括精神、使命、情感三个维度的内容,知识目标则包括通识性知识、基础性知识和专业性知识三个维度的内容,素质目标包括科学人文素质、学科专业素质和身体心理素质三个方面的内容,能力目标则包括学习知识的能力、运用知识的能力、表达与沟通能力以及创新与创业能力四个维度的内容(见图5)。

二是涵盖思政教学内容。教师团队依据教学目标,以问题为纽带、以知识形成发展和思维能力培养为主线、以师生合作互动为基本形式选择教学内容。通过问题导向、师生互动等多种形式,将教学内容与学生价值观塑造、能力培养紧密结合,切实保障课程学习和课程思政同向同行、相互促进。恩格斯指出:"一个民族要想站在科学的最高峰,就一刻也不能没有理论思维。"教师团队在农村调研中用习近平新时代中国特色社会主义思想铸魂育人,不断在增强理论的解释力、说服力上下功夫,在社会调查中提升青年学生理论素养,强化对青年学生的理论引导,为青年学生增强理论思维夯实基础。

---

① 刘承功:《高校深入推进"课程思政"的若干思考》,《思想理论教育》2018年第6期,第62-67页。

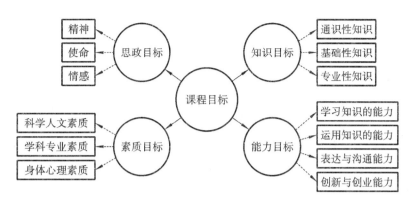

图 5 锚定思政教学目标

三是嵌入思政教学方法。在教学方法使用上,采用"两融三度"的教学流程模式。"两融"是指将课程思政融入空间和时间。空间上将课程思政融入线上线下、校内校外,最大限度拓展空间;时间上分三个暑期调研,实际教学时间涵盖多个学年,达到"润物细无声"的效果。"三度"指的是做"有深度,有广度,有温度"的课程思政,实现课程思政时空一体化。在实际教学方法的运用中,采用 PBL(project-based learning method)教学法。这是以学生为中心、以问题为导向的教学方法①,具体包括调研现场教学、实践问题探讨、小组自由讨论、一对一指导、典型案例分析和反馈交流评价(见图 6)。

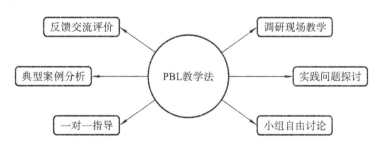

图 6 嵌入思政教学方法

四是挖掘思政教学资源。发挥资源的思想政治教育效力,需要教师发挥主观能动性探寻资源与课程内容的天然契合点,架构起"融知识传授和价值引领于一体"的教学体系,使资源的育人价值内化为学生精神世界的一部分。一

---

① 樊丽明:《财政学类专业课程思政建设的四个重点问题》,《中国高教研究》2020 年第 9 期,第 4-8 页。

是"实质化"融合,彰显价值引领。① 专业课程中蕴含着思想政治教育资源,决定了专业教育和思想政治教育存在内在关联与耦合的可能性,但这是一个必要非充分条件,要想实现二者的真正融合,须运用整体性、系统性、创新性思维对二者的融合机制进行探索,促使二者于逻辑层面保持一致、知识层面配合补充、理论层次衔接递进、价值引领效力凸显,力避二者的融合流于形式、只是简单嫁接而无实质关联。二是"自然化"融合,即衔接无缝隙、不错位。② 思想政治教育具有很强的针对性,资源的选择与运用必须恰到好处方能为专业课程锦上添花,否则可能会导致思想政治教育与专业教育"两张皮"现象,造成事实上的资源无效,甚或思想政治教育资源非但没有支撑课程观点,反而喧宾夺主,损害专业课程自身逻辑体系、知识图谱,造成学生思想混乱。本课程现有教学资源包括学校图书馆资源、学院资料、教师个性化资源、国家一流课程微观调查数据集、调查报告集、案例库等,同时还包括系列教学成果奖、课程组自编教材、优势学科思政资源等。为了使思政元素与教学资源合理配套,教师团队从专业知识讲授与思政教育培养两个角度出发,分析专业课和相关热点事件中的思政元素并进行合理融合,形成课程思政所需的PPT、视频、案例素材。

（三）考核方式中嵌入思政评价

考核方式中嵌入思政评价的路径如图7所示。

一是考核模式的思政嵌入。本课程采用分数评定和荣誉奖励相结合的考核模式,分数评定包括调研过程打分和调研报告打分,使课程评价由单一的结果评价转变为"过程+结果"评价,增强了课程考核的全面性和合理性③。具体来看,在分数评定上坚持过程考核与最终考核相结合,将过程考核分为学术过程评分、实践过程评分,最终考核则分为过程考核总评、报告撰写总评;在奖励设置上坚持精神奖励与物质奖励相结合,物质奖励通过奖金体现,精神奖励包括各种荣誉称号,如在调研过程中评比"优秀报告奖""优秀图片奖"等,鼓励学生积极探索农村,激发学生的调研热情。

---

① 张拥军:《新农科视野下农林高校课程思政建设路径思考》,《中国高等教育》2021年第Z2期,第35-37页。

② 张大良:《课程思政:新时期立德树人的根本遵循》,《中国高教研究》2021年第1期,第5-9页。

③ 刘淑慧:《"互联网+课程思政"模式建构的理论研究》,《中国高等教育》2017年第Z3期,第15-17页。

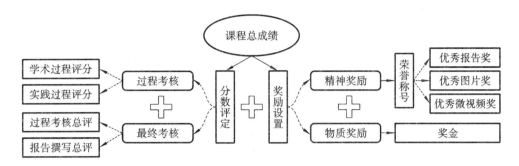

**图 7 考核方式中嵌入思政评价**

二是考核内容的思政嵌入。在考核内容上,本课程从过程性考核与总结性考核两个方面展开。思政调研札记、考核环节同样需要"显性化"思政元素,突出思政要素占比,将以往仅对知识和能力进行考查的评价方式转变为知识传授、能力培养以及价值塑造相结合的考核方式,对团队协作精神、社会责任感等课程思政内容的考核贯穿于过程性评价和总结性评价全过程。在考核指标方面,主要从过程性评价和总结性评价两个方面展开(见表1)。其中,过程性评价包括问卷设计、小组展示、调研实践,在总成绩中各占20%;总结性评价包括团队协作和调研报告,在总成绩中分别占10%、30%。

**表 1 考核体系**

| 一级指标 | 二级指标 | 权重 |
| --- | --- | --- |
| 过程性评价 | 问卷设计 | 20% |
|  | 小组展示 | 20% |
|  | 调研实践 | 20% |
| 总结性评价 | 团队协作 | 10% |
|  | 调研报告 | 30% |

## 三、"农村经济发展调查"金课思政创新实践

"农村经济发展调查"金课思政创新实践的主要内容如图8所示。

### (一) 选题设计环节的思政内容设计和科学素养培育

一是选题设计中涉及农业优秀文化,培育学生爱农爱国情怀。鼓励学生挖掘与中国农业文化相关的选题,在调研过程中培养爱农情怀。如典型文明村庄、农业科学家等相关选题,既可以生动展现优秀农业文化,营造浓厚的文化育人氛围,化解农科专业学生对"三农"的排斥,又能培养学生的专业情怀,

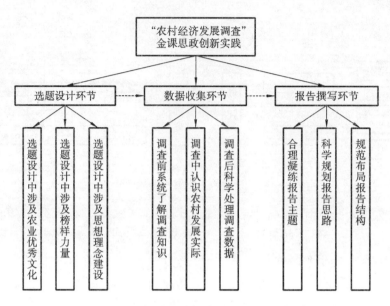

**图 8 "农村经济发展调查"金课思政创新实践**

强化学生热爱农业、研究农业、服务农业的意识,形成内化于心、外化于行的价值取向和行为示范。

二是选题设计中涉及农业经济学家等榜样力量,弘扬社会主义核心价值观。学生价值观的养成不是被动的,而是主动选择的结果,因此要创造条件让学生积极地践行社会主义核心价值观。课程教学中的许多环节都可以引导、教育学生践行社会主义核心价值观,如乡村能人、乡贤等在乡村振兴中的作用等选题,可以启发学生挖掘农村社会主义核心价值观的具体实践形式,学会与农村实际同频共振,在增强社会责任感的过程中强化践行核心价值观的使命感。

三是选题设计中涉及思想理念建设,对学生进行理想信念教育。积极探索理想信念教育新路径,教育引导学生坚定"四个自信",为乘势而上开启全面建设社会主义现代化国家新征程、向第二个百年奋斗目标进军汇聚强大青春力量。如农村废弃物处理等相关选题,可以培育学生爱护自然、保护自然、遵循自然发展规律的意识,让学生理解绿水青山就是金山银山,同时鼓励学生立足中国国情研究中国问题。

(二)数据收集环节的思政内容设计和科学素养培育

一是调查前系统了解调查知识,培养严谨的科学态度和抽样调查能力。在开展农村社会调查前,通过教师团队一对一指导,让学生了解调查方案设计、实地调研、数据收集等社会调查的系统知识。由于全面调查的资金、人员等成本过高，因而在调查过程中大都采用抽样调查的方式，调查前的学习可以让学生了解抽样调查的相关知识和操作技巧，培养学生严谨细致、求真务实的科学精神。

二是调查中认识农村发展实际，培育爱国尊农的意识和团队协作能力。在农村实际调查中，学生可以在潜移默化中感受到农地劳作的艰辛和学者专家的"责任担当"和"奉献精神"，从而培养爱岗敬业、以"业"报"国"的社会责任感和为"三农"事业奉献终身的使命感。同时在调研中，采用分组调研的方式，锻炼了学生的动手能力和团队协作能力。

三是调查后科学处理调查数据，了解背后的经济规律和农村发展问题。实地调查结束后，引导学生通过专业的数据分析软件及分析方法处理回收的各种数据，根据严谨的分析处理结果了解调研主题背后的经济规律，透过数据发现农村发展中存在的问题，培养学生的问题意识和探索意识。同时，在收集整理统计数据时，要求学生尊重数据和求真务实，树立用数据说话的严谨态度。数据是统计学的基本元素，也是后续统计描述和统计推断的基础，因此应教育学生不能弄虚作假，帮助学生培养实事求是的科学精神、严谨细致的做事风格和脚踏实地的工作作风。

（三）报告撰写环节的思政内容设计和科学素养培育

一是合理凝练报告主题，培养学生应用创新能力。在凝练研究报告主题的过程中，通过调研数据的收集和处理培养学生的理性思维，促进学生形成对现象和事物的理性洞察力，而不是被表面现象所迷惑，注重培养学生的应用创新能力，通过处理后的数据凝练出科学的主题。主题既要符合调研实际，也要有政策价值和学术价值。

二是科学规划报告思路，提高学生"高、新、实"能力。在报告撰写过程中，围绕主题思想、结构形式、基本观点等集思广益，注重培养学生的"高、新、实"三方面的能力："高"指的是立足调查实际，高起点树立全局意识；"新"指的是基于调查数据，发现新的问题或规律；"实"指的是坚持实事求是，使研究报告准确合理。

三是规范布局报告结构，保障政策建议合理有效。在报告的谋篇布局过程中，教师规范的指导，能够让学生了解研究报告的严谨格式，同时培养学生理性思辨、明辨是非的能力，以及利用样本来推断总体的方法和过程，使报告更加真实、有效，从而提出合理有效的政策建议。

## 四、未来展望

随着教学改革与创新的推进，"农村经济发展调查"金课将持续优化。首先，要深入学习习近平总书记关于教育的重要论述，全面贯彻党的教育方针，坚持不懈用习近平新时代中国特色社会主义思想铸魂育人，充分发挥课程思政育人功能，践行学生的主体性原则，让学生怀抱德行光芒踏步前行。其次，要强化专业课程的实践特色，强调"用脚步丈量祖国大地"的课程初心，推动专业课程与思想政治理论在实践过程中更加紧密融合，发挥本课程对"三农"发展的示范带动效应。再次，创新课程思政教学实践，结合"互联网＋"开展新型调查，推进产学研思相结合，熔铸金课思政知识公器，为社会培养更多德智体美劳全面发展的创新型复合型农科人才，以期为乡村振兴提供智力支撑和人才保障。同时，要加强高素质教师队伍建设，坚持"守好一段渠、种好责任田"，加强教师自身的思想政治教育，放发课程思政德育光芒，挖掘所授课程的思政元素和德育价值，完善健全教师选配和培养工作体制机制和评价支持体系。最后，结合专业培养目标，加强国际交流与合作，充分利用社会资源，构建与农业部门、企业、科研院所等的协同育人机制，推进课程思政育人方法创新、教育资源共享。

# 融合育人：嵌入社会主义核心价值观的民法课程

梁鸿飞　包欢乐

**摘要**：在课程思政背景下，民法课程思政的展开需要充分挖掘民法课程中的社会主义核心价值观意蕴。社会主义核心价值观与民法课程在道德层面的教育功能具有同质性。民法课程的育人功能不仅体现在法科学生职业技能的培养上，也体现在法科学生世界观和价值观的塑造方面，可以塑造法科学生的法治精神和法治信仰。只有融合运用社会主义核心价值观和民法课程的育人功能，才能培养出德法兼修的法治人才。社会主义核心价值观和民法课程融合育人，需要坚持民法课程思政不向思政课程转变原则和嵌入融合原则。社会主义核心价值观与民法课程融合育人的路径需要于民法总论教学部分和民法分论教学部分分别构建。

**关键词**：社会主义核心价值观；民法课程；融合育人

习近平总书记在全国高校思政政治工作会议上强调，"要用好课堂教学这个主渠道，思想政治理论课要坚持在改进中加强，提升思想政治教育亲和力和

---

**基金项目**：本文系江苏省高等教育教改研究课题"综合性大学法学教师教学发展模式研究"（项目编号：2021JSJG269）、南京信息工程大学研究生教育教学改革课题"法律硕士课程思政模式创新研究"（项目编号：JGKT22_D002）研究成果。

**作者简介**：梁鸿飞，法学博士，南京信息工程大学法政学院副教授、硕士生导师；包欢乐，扬州大学马克思主义学院马克思主义中国化专业博士研究生。

针对性，满足学生成长发展需求和期待，其他各门课都要守好一段渠、种好责任田，使各类课程与思想政治理论课同向同行，形成协同效应"①。这就要求高校教师充分发挥思政课程与课程思政的协调作用，于"润物细无声"之中实现思政育人的目的，培养出专业与道德兼备的青年人才。教育部、中央政法委《关于坚持德法兼修 实施卓越法治人才教育培养计划2.0的意见》提出，"坚持以马克思主义法学思想和中国特色社会主义法治理论为指导，围绕建设社会主义法治国家需要，坚持立德树人、德法兼修，践行明法笃行、知行合一……培育一流法治人才"。由此可见，于法学学科教育而言，道德与法学专业知识兼备、理论与实践并行是社会主义法治人才的培养目标。道德与法学专业知识的兼备要求法治人才不仅需要具有扎实的专业知识，同时也需要具备较高的道德水平。法学课程思政就是要在法学教育教学中挖掘专业课程中的思政元素，提高学生道德水平，努力将学生培养成德法兼修的法治人才。因此法学学科课程皆应该立足于此，充分挖掘专业知识中的思政元素，促进法学课程思政的发展与落实，民法课程也不能例外。

2021年1月1日，《民法典》正式施行，开始规范公民生活，其所规范的内容涉及公民生活诸多领域，实为公民生产生活的重要指南。《民法典》作为新中国第一部民法典，不仅仅是依法治国的重要法律依据，同时也是依法治国文化的传播媒介，蕴含着丰富而深刻的法治道德文化。《民法典》第一条明确了弘扬社会主义核心价值观是其重要制定目的之一，将弘扬社会主义核心价值观深深植入了《民法典》血脉基因之中。社会主义核心价值观是中国特色社会主义价值观念与中华优秀传统文化融合发展的结果，是新时代国家、社会和个人的行为准则和价值航标，对于社会整体而言具有重要的引导功能。《民法典》是开设民法课程的基础，社会主义民法课程理应传播社会主义民法规范和精神。在民法课程发挥培养法治人才的教育功能之时，《民法典》蕴含的社会主义核心价值观同样发挥着价值引导的功能。因此在民法课程中对民法专业知识所蕴含的社会主义核心价值观元素进行挖掘，可以为法学课程思政的有效展开和落实提供可行路径，实现社会主义核心价值观和民法课程的融合育人功能，培养德法兼修的法治人才。

---

① 《把思想政治工作贯穿教育教学全过程 开创我国高等教育事业发展新局面》，《人民日报》2016年12月9日，第1版。

# 一、社会主义核心价值观与民法课程融合育人的理论基础

## （一）社会主义核心价值观的普遍性

社会主义核心价值观蕴含国家、社会和个人三个层面的价值追求，从宏观到微观，分别为国家、社会和个人标定了行为价值。十九大报告指出："社会主义核心价值观是当代中国精神的集中体现，凝结着全体人民共同的价值追求。要以培养担当民族复兴大任的时代新人为着眼点，强化教育引导、实践养成、制度保障，发挥社会主义核心价值观对国民教育、精神文明创建、精神文化产品创作生产传播的引领作用，把社会主义核心价值观融入社会发展各方面，转化为人们的情感认同和行为习惯。"① 社会主义核心价值观是时代精神和优秀传统文化融合的产物，代表着新时代全体人民的共同追求。② 波斯纳认为，对于复杂问题的处理，除了要掌握相当成熟的专业技艺，也应当遵循既定的政治基础与法律传统。③ 社会主义核心价值观既是对道德规范的原则框定和对社会建设的政治鼓励，也是对传统法律文化的现代提炼与阐释。由此而言，社会主义核心价值观在一定程度上与道德、法律相嵌合。顶层智识通过对社会主义核心价值观的凝练和阐扬，使其成了社会伦理和道德规范的重要理念和核心内容，当然也包括立法、行政以及司法等公权行使的重要原则和价值目标。因此，社会主义核心价值观具有育人的普遍性，可以由小及大地塑造个人品质，进而全方位地塑造社会品性和国家品格。

## （二）民法课程育人功能的特殊性

民法课程作为法学课程的一种，天然具备育人功能。但是其育人功能需要分多层次来理解，并且与其他学科的育人功能相比具有一定的特殊性。在民法课程中，根据育人功能的区分，需要将对象区分为社会公民意义上的对象和纯粹学生意义上的对象。

第一，社会公民角度。就将学生置于公民角度而言，一个社会公民参与民

---

① 习近平：《决胜全面建成小康社会 夺取新时代中国特色社会主义伟大胜利——在中国共产党第十九次全国代表大会上的报告》，《人民日报》2017年10月28日，第1版。

② 莫文秀：《核心价值观融入法治的历史进程、时代特征与实践路径》，《中共中央党校（国家行政学院）学报》2015年第2期，第98-108页。

③ 理查德·A.波斯纳：《法理学问题》，苏力译，中国政法大学出版社，2002，第120页。

法课程学习与接受民法普法教育无异。法学知识的传播直接影响法科学生在实际生活中如何对待和运用民法规定。法科学生无论是否从事法律职业,其所学习的法律规范都将在未来指导其实际生活,引导其参与社会生活。

第二,纯粹学生角度。首先,法学课程作为知识课程的一种,当然是法学知识的一种传播方式。这一方式以对象具备学生身份为基础。这一意义上的育人是单纯专业知识的传授,不涉及对学生价值的影响和塑造。也就是说,这一意义上的育人,与自然科学知识的传授完全一致。培养"正规化、专业化、职业化"的法治人才是法学教育的基本目标,对法科学生进行法律知识传授、法律技能培养,引导法科学生养成法律思维,是法学教育的基本内容。① 其次,民法中蕴含的道德追求和价值取向引导了法科学生道德追求和价值取向的形成。法科学生在学习过程中受到民法制度规范的影响和法学教师的影响,并在此影响下塑造自身的世界观和价值观。法律本质上是统治阶级在社会经济关系基础上进行价值衡量和选择的结果。②"每一种法治形态背后都有一套政治理论,每一种法治模式当中都有一种政治逻辑,每一条法治道路底下都有一种政治立场。"③可见意识形态对法律制度同样具有重要的影响。法律规范保护本国意识形态的立场,确立本国意识形态的地位。因而法科学生在学习法律规范、学习法学知识乃至吸收法学教师对法律知识的解读时,必然受到法律规范和制度背后意识形态的影响,受到法学教师对意识形态的个性化认知和解读的影响。法科学生在这一过程中重塑了自己的世界观和价值观,法治精神和法治信仰也于这一过程中形成。法科学生将以此时形成的价值观在未来从事立法、司法和执法活动,而法科学生所形成的价值观将很大程度上影响社会公众看待立法、司法和执法的立场。

综上所述,从社会公民身份角度而言,民法课程可以引导学生正确参与社会生产生活,实施符合道德、符合民事法律的社会行为。但是从课程学习者学生身份角度而言,民法课程的育人功能不仅仅体现在传播专业知识、培养法学

---

① 曾皓:《在我国法学教育中融入隐性思想政治教育的路径探析》,《湖南警察学院学报》2020年第1期,第63-73页。

② 吕世伦、叶传星:《马克思恩格斯法律思想研究》,中国人民大学出版社,2018,第142页。

③ 《党的领导是中国特色社会主义法治之魂——四论学习贯彻习近平在省部级专题研讨班重要讲话》,《人民日报》2015年2月11日,第1版。

职业技能上,而且体现在世界观和价值观的塑造上,重塑学生的法治精神和法治信仰。民法课程育人的特殊性决定了民法课程本身会对学习者的世界观和价值观进行塑造,学习者的世界观和价值观进而又将对社会的法治环境、法治文化产生深刻的影响。立德树人具有非常突出的整体性,旨在整体优化培育时代新人的工作,包括社会公德、职业道德、家庭美德及个人品德等公民道德素养的统一性集合。① 同样,培养法律人才更是需要实现整体性培养。法律人才不仅仅是一名具有优秀职业品格的法律人,更是一名具有优秀道德品格的社会公民。社会公民身份角度和纯粹学生身份角度两相结合,才能塑造出一个能够参与社会生活、社会建设的完整的、不断发展的法律人品格。

### (三) 社会主义核心价值观与民法课程育人功能的协调融合

法学家伯尔曼认为,法律不仅在现实社会中通过自身实在的规则规范社会成员的行为,促使成员按照法律规则支配行为和分配利益,而且同时在超脱于现实主义和工具主义的理念层面彰显对更高层次真理和正义的信仰呼唤。② 法律需要被信仰,要树立它的权威性,需要通过建立共同的价值目标来把各项具体的法律制度联结起来,获得目的的正当性,进而形成全社会普遍的价值认同。习近平总书记强调,"要充分调动人民群众投身依法治国实践的积极性和主动性,使全体人民都成为社会主义法治的忠实崇尚者、自觉遵守者、坚定捍卫者,使尊法、信法、守法、用法、护法成为全体人民的共同追求"③。因此,信仰、追求法治的价值目标在法学教育过程中就显得尤为重要。

社会主义核心价值观作为中华优秀传统文化和时代精神的结合,与我国民事法律所规范的诸多价值在价值取向上是一致的。可以说,信仰民法与信仰社会主义核心价值观具有价值的一致性。社会主义核心价值观体现了社会整体客观的价值目标,而在民法课程中形成的价值观具备一定的主观性,因而法科学生将自身形成的价值观与社会主义核心价值观进行对比纠偏,可以使得个人基于民法课程的学习形成的价值观获得参考坐标,真正成为国家、社会需要的法治人才。换言之,在法治人才培养过程中,只有社会主义核心价值观

---

① 冯刚:《立德树人与时代新人培育的内在逻辑》,《四川师范大学学报(社会科学版)》2021年第5期,第13-19页。
② 哈罗德·伯尔曼:《法律与宗教》,梁治平译,生活·读书·新知三联书店,1991,第44页。
③ 习近平:《论坚持全面依法治国》,中央文献出版社,2020,第107-108页。

和民法课程的育人功能得到融合运用,才能培养出德法兼修的法治人才。社会主义核心价值观与法律具有共同的目标指向,两者正是有了共同目的,才能将"德治"与"法治"这两条不同的路径辩证统一起来。社会主义核心价值观和民法课程分别以其育人的普遍性和育人的特殊性对个人价值观进行塑造,具备功能重叠以及协同前行的基础。因此,以社会主义核心价值观的价值引领作用,为法科学生法治理念、法治信仰发展立定航锚,动态纠偏,能够在法科学生价值塑形的时候促进其德法兼修。

## 二、社会主义核心价值观与民法课程融合育人的内在机理

### (一)民法课程思政的独立性是融合育人的基本要求

在我国民法课程中隐性融入思想政治教育以实现社会主义核心价值观与民法课程融合育人,绝不是让二者形成从属或者替代的关系。其一,这是民法课程教学的当然要求。民法课程的首要任务是向学生传授民法理论、民法思维以及各种民法研究方法。在民法课程思政中需要把握社会主义核心价值观在民法课程中育人的尺度,谨防机械主义与形式主义影响民法专业教学,甚至导致民法课程的专业教学任务难以完成,出现学生民法专业技能水平低的情况。部分高校甚至不成比例地拔高课程思政建设的重要性,从而出现课程思政建设遮蔽专业课程主业的现象。① 其二,这是课程思政与思政课程协同育人的当然要求。思政课程与课程思政之间是相辅相成、共同促进的关系。思政课程进行刚性的引导,课程思政进行柔性的教育,如此才能形成有机的大思政体系。思政课程内容及其丰富的效果为课程思政提供了坚实的基础,课程思政则是思政课程的有效补充与夯实,二者均是协同育人机制的有机组成部分。大思政的发展呈现出从思政课程独立发展,到课程思政广泛探索,再到二者"同向同行"的历程。② 由此可见思政课程与课程思政在历史发展上就存在着分工。简而言之,课程思政正是为了补足思政课程在育人功能上的缺陷而提出的。在思政课程和课程思政分工明确的前提下,社会主义核心价值观与民

---

① 石岩、王学俭:《新时代课程思政建设的核心问题及实现路径》,《教学与研究》2021年第9期,第91-99页。
② 韦诗业、李素芬:《新时代思政课程与课程思政协同育人机制构建研究》,《学校党建与思想教育》2021年第20期,第36-39页。

法课程融合育人将仅限于发挥补充作用,原本应该由思政课程完成的任务仍然应由思政课程完成。因此,坚持课程思政不向思政课程转变是社会主义核心价值观与民法课程融合育人的本质原则。

(二) 嵌入融合是融合育人的核心目标

民法课程思政与思政课程的最大区别在于民法课程思政的思政元素来源于民法课程本身,需要从民法课程本身中挖掘,而不是从思政教育里强硬输出,追求的是润物无声的教学实效。其一,嵌入融合的要求来自民法课程的特性。民法属于私法,蕴含自由、平等、公平等精神。从公私法的角度来看,民法课程更多地为学生带来了关于个人权利和义务的知识,使得学生对个体权利保护和义务履行规范有了深层次理解和思考。学生在思考未成熟时、认知未深刻时,极容易对一些社会现象产生不理解以及难以接受的心理,从而在面对社会主义核心价值观硬输入时产生抵触。其二,嵌入融合的要求是民事法律制度自信的必然结果。我国法学发展较之国外起步较晚,并且吸收了许多西方的法律成果,尤其是许多西方制度进行了简单的本土化改造即迅速用于解决我国现实问题。随着中国特色社会主义法治体系的建立和不断完善,立足于我国具体国情和法律制度的实践,我国立法、司法水平已经有了较大的提高,我国已经于制度自信的形成过程中形成了对于我国法律制度的自信。因此嵌入民法制度的社会主义核心价值观,能够悄然影响学生的价值判断,而且能够很好地塑造法科学生对我国民事法律的制度自信。我国《民法典》由于顺应了时代潮流,立足于新时代的社会实践,相较于国外《民法典》更具有后发优势。在具体的比较学习中,法科学生可以清晰地发现我国《民法典》的巨大优势,于无声中遵守着民法中融入的社会主义核心价值观,以其引导自身法律价值观的塑造。其三,嵌入融合是育人规律的本质属性。在民法专业课程中开展社会主义核心价值观教育应当坚持教育的间接性。对于一项知识而言,只有使学生感受到其科学性与合理性,才会让学生信服。法学教师在民法课程教学中自觉运用社会主义核心价值观来观照国际、国内现实,展现我国民法制度背后的原理、立法精神和目的,可以使得学生知其然而知其所以然,充分体会到其中蕴含的社会主义核心价值观的光辉,从而在内心崇尚这种光辉。

## 三、社会主义核心价值观与民法课程融合育人的实践进路

民法课程分为民法总论课程和民法分论课程。一般而言,民法总论课程

涉及的知识属于一般性知识,是整个民法课程的基础,相较于民法分论而言更能直观地展现其对社会主义核心价值观的取向。而民法分论课程则恰恰相反,民法分论的价值取向更加隐蔽,所蕴含的社会主义核心价值观是立法选择的结果。因而社会主义核心价值观与民法课程融合育人的路径需要于民法总论教学部分和民法分论教学部分分别进行构建。

(一) 社会主义核心价值观与民法总论的融合育人路径

1. 社会主义核心价值观与民法基本原则的融合育人

民法总论课程部分以教学民法基本原则为要。在教学课程中,法学教师应将民法基本原则及其所蕴含的社会主义核心价值观相融合,使专业知识传授和课程思政同向进行,在传授民法专业知识之时,运用课程思政的方式使得法科学生在潜移默化中接受、理解、践行社会主义核心价值观,使社会主义核心价值观获得学生的情感认同、价值认同,并使之最终转化为学生的行为习惯,进而有效塑造法科学生的法治信仰和人格。这一融合育人实践具体有以下几方面表现。

其一,平等原则与平等观的融合育人。恩格斯在《爱尔福特纲领草案》的修改中特别强调"为了所有人的平等权利和平等义务",这一平等观也成为科学的无产阶级的民主口号和社会主义国家法制构建的重要原则。①《民法典》第四条确立了民法平等原则。② 其平等性体现在三个方面:一是民事主体权利能力一律平等。具体而言,民事主体平等地享有民事权利、承担民事义务,不因出身、身份、职业、性别、年龄、民族、种族等而有所不同,法律人格在民法上是平等的。二是民事主体之间在从事民事活动时双方的法律地位平等。例如,即使是掌握公权力的行政机关,在实施民事法律行为时,也与普通民事主体一样,具有民法意义上的同等法律地位。三是民事主体的合法权益受到法律平等保护。平等保护就是民事主体权利在法律上都一视同仁受到保护。平等保护还意味着民事主体的权利受到侵害时,在法律适用上是平等的,能够获得同等的法律救济。社会主义核心价值观中"平等"指的是公民之间一律平等,不因为个人性别、身份、民族、年龄的差异而被差别对待。其本质上是人权

---

① 吕世伦、叶传星:《马克思恩格斯法律思想研究》,中国人民大学出版社,2018,第153-154页。
② 《民法典》第四条:"民事主体在民事活动中的法律地位一律平等。"

层面的平等,不仅仅是权利义务的平等,更是个人发展的平等,特别是各种基本人权的同等享有。可见民法平等原则中平等的概念范畴包含于社会主义核心价值观中平等的概念范畴。因此,在民法总论课程中,对民法平等原则的讲解不仅可以增进学生对民法平等思想的体系性认识,更可以通过引导学生理解和感受民法追求平等的价值意蕴,使学生切实感受到更大程度、更大范围的平等,乃至感受到社会整体层面的平等。

其二,意思自治原则与自由观的融合育人。《民法典》第五条确立了意思自治原则。① 民事主体有权自愿从事民事活动,其他民事主体不得干预,更不能强迫。民事主体决定参加民事活动后,可以根据自己的利益和需要,决定与谁建立民事法律关系,并决定具体的权利义务内容以及民事活动的行为方式,有权自主决定民事法律关系的变动。可见,民法是私法,是自由之法。马克思认为,法律是肯定的、明确的、普遍的规范,在这些规范中自由的存在具有普遍的、理论的、不取决于个别的任性的性质,真正的法典应当是人民自由的圣经。② 马克思主义的法治理念是实现人人平等、人人自由,实现按需索取的社会价值秩序。③ 由是观之,社会主义核心价值观中自由观与民法意思自治原则的追求目标具备一定程度上的一致性,在价值观层面相通互联。民法课程引导法科学生学习领悟民法意思自治对于民法规范的重要作用,学生能同时感受社会主义核心价值观中对自由的价值追求。特别是通过对民法中"自由"边界的教学,启发学生领悟自由的真正内涵,从而正确看待中西方关于"自由"的不同定义,增强思想定力。

其三,诚实信用原则与诚实观的融合育人。《民法典》第七条确立了诚实信用原则。④ 诚信原则要求所有民事主体在从事任何民事活动时,包括行使民事权利、履行民事义务、承担民事责任时,都应该真诚、信守承诺。社会主义核

---

① 《民法典》第五条:"民事主体从事民事活动,应当遵循自愿原则,按照自己的意思设立、变更、终止民事法律关系。"

② 韦恩·莫里森:《法理学:从古希腊到后现代》,李清伟、李清伟、侯建、郑云瑞译,武汉大学出版社,2003,第269页。

③ 吴文嫔:《民法典教育融入高校思想政治教育的几点思考》,《思想理论教育导刊》2021年第7期,第119-122页。

④ 《民法典》第七条:"民事主体从事民事活动,应当遵循诚信原则,秉持诚实,恪守承诺。"

心价值观中的诚信是个体交往中最为重要的品质素养。诚信要求个人实施一定行为时,特别是以他人为对象时,要真诚、信守承诺。民法与社会主义核心价值观在诚信上的价值理念一脉相承。可见,民法中诚实信用原则是社会主义核心价值观中诚信观的法律表达,诚信观是民法中诚实信用原则的意蕴升华。因此,在民法课程中,对民法诚实信用原则的讲解不仅仅是对民法知识的传播,更是对道德层面的诚信的弘扬和普及。特别是法科学生作为未来的法律从业者,不仅应将诚信观念内化于心,更应将诚信观念外化于行,并且以正确的诚信观观照现实,成为社会诚信的裁判者、促进者。

2. 监护制度与社会主义核心价值观中和谐观、友善观的融合育人

监护制度是《民法典》总则编的重要内容。在民法课程中一般安排在民法总论部分,属于法律行为章节。监护制度是法律对行为障碍群体权益的法律安排与保护制度。传统上,监护制度主要关注父母对未成年子女的监护。但是民法所确立的完整的监护制度不仅仅涉及父母对子女的监护,而且包含成年子女对父母的监护。例如,我国《民法典》第三十三条规定了成年监护制度中的意定监护制度,允许成年人事先确定自己的未来监护人,安排自己将来缺乏行为能力时的生活。此项制度在很大程度上尊重当事人的意愿,使得社会出现的"病无所依"现象获得一定的缓解,为行为能力缺失的成年人创造了和谐生活。在监护人的法定顺位上,确定了近亲属、其他个人或组织的顺序,从而构建了由亲至远,由家庭保障到社会保障的监护人顺位,使无民事行为能力人和限制民事行为能力人的监护人不至于缺位,使他们可以得到应有的生活照顾。

和谐观和友善观是社会主义核心价值观的重要组成部分。和谐社会是社会建设的重要目标,贯穿社会发展的始终。构建社会主义和谐社会是扎实推进共同富裕的当然要求。虽然目前我国经济建设已经取得巨大成就,但是社会发展仍然面临诸多问题。城乡、区域发展的差距促生了贫富、生活水平乃至幸福指数的差距。也正因为如此,十九大报告才科学指出我国目前社会主要矛盾已经发生改变。和谐观作为国家层面的价值导向,站在更高的角度,要求实现的是国家整体的和谐,包括社会发展和谐和人民生活和谐。行为障碍群体能够得到有效生活监护、享有幸福生活是和谐社会的应有之义。其中其他个人和组织对能力障碍群体的监护方面的制度规定同时体现了社会成员和组织友善待人的观念。个人层面的友善、社会层面的和谐将逐步构建起和谐国

家。因此,在监护制度课程中对制度构建原理和价值取向的讲解,将使得学生能够切身感受到民法制度对于社会生活的重要影响,从而在学习中理解监护制度的深层次价值,培育和谐友善的生活观。只有掌握和谐从何而来的法科学生,才能在未来工作中始终以对监护制度的深刻洞见,在具体案件处理中弘扬和谐观和友善观,促进和谐社会的建设。

(二) 社会主义核心价值观与民法分论的融合育人路径

民法分论课程是对具体民法规范的教学。如前文所述,在具体的民法规范中,社会主义核心价值观往往是间接性的存在。因此,社会主义核心价值观与民法分论的融合育人必须以挖掘具体的民法规范中隐藏的价值观为前提,明确具体的民法规范的价值导向,如此才能进一步结合社会主义核心价值观进行融合育人。

物权法课程涉及物权法基本理论和具体物权制度的讲授。具体来看,其调整范围涵盖国家、集体和私人的所有权制度,有序明晰了所有权归属;业主建筑物区分所有权、相邻关系和共有制度,在物权法意义上实现了业主之间、相邻之间和共有人之间的物权界限;建设用地使用权、土地承包经营权和宅基地使用权是对土地使用权的规范。居住权作为一项新的制度规定,对于丰富我国房屋利用方式,解决社会对居住权的迫切需求具有重要意义;抵押权、质押权和留置权方面的规定则构成关于物或者物权负担的制度。总体而言,物权法构建了较为完善的财产归属制度,对各类财产性权利纠纷的解决有着明确的指引作用。物权法对物权的保护,本质上是对劳动人民劳动成果的保护,具有鼓励人民创造财富、积累财富的作用,为追求共同富裕奠定了制度基础。国家保护物权,激励人民更加勤劳敬业,有助于实现国泰民安和提升社会文明程度。由是观之,物权法具体制度蕴含着社会主义核心价值观的特定意蕴和价值追求。因此,在物权法课程具体教学中,应充分引导法科学生肯定财产保护制度的重要性、基础性的作用,牢记财产权神圣不可侵犯。

合同法课程的核心要义是对契约精神的教授。合同法一般理论阐明了合同的共同规范原理。对合同订立、合同效力、合同履行、合同保全、合同变更与转让、合同终止和违约责任等相关规范制度及其背后原理的教学,可使学生掌握处理相关问题时应采取的价值取向、目的和具体方式,充分认识到契约精神的价值。合同相对性原则课程通过对合同遵守、违约代价和合同权利义务的教学,可使学生充分理解意志自由的边界和交易的诚实守信原则。对合同法课程和社会主义核心价值观中的自由观和诚信观进行挖掘、比较和升华,潜移默化地在学生专业知识教学中增加对社会主义核心价值观中自由观和诚信观的引导,有利于学生于合同法课程中生成对社会主义核心价值观的信仰。在准合同的教学课程中,无因管理制度体现了法律提倡互帮互助、人与人和谐相处的价值观导向。在并无法律上的义务的情形下,其激励人们出于同理心与互帮互助的内心品格,避免他人损失发生,有效保护他人利益。无因管理对于促进社会和谐具有重要意义。因此,在民法课程中对无因管理所蕴含的友善观进行讲解,有利于促进学生深刻理解友善互助对于人与人之间、人与社会之间的关系构建的积极意义,深化学生对友善观的认知。

  侵权责任法课程主要讨论对侵权行为及侵权责任的规范,涉及侵权行为、损害赔偿和责任主体等。侵权责任法事无巨细的规范背后传达着这样一种价值取向:无论侵权行为多么复杂,必定伴随责任承担;无论侵权人有何种身份,必定伴随责任承担。侵权法课程传播的重要价值观是责任观。当前我国全面推进依法治国,法律面前人人平等,依法解决纠纷的观念逐渐深入人心。而这也正是法科学生需要坚守,而且需要在未来工作中不断弘扬的价值观。民法学课程所教授学生的这一理念体现在社会主义核心价值观中即是公正观和法治观。因此公正观和法治观当然成为侵权责任法课程与社会主义核心价值观融合育人的落脚点与基础。

  以上从民法总论和民法分论两个部分举例说明了社会主义核心价值观与民法课程融合育人的实践进路,在民法课程中还可以做出很多类似的尝试,重要的是坚持二者的嵌入融合,坚持培养德法兼修的法治人才这一目标。

# 协同理念下的"大学物理实验"课程思政创新研究

## 吴晓庆 朱小芹 王凤飞

**摘要**:在"大思政"教育的发展背景下,推动课程思政改革已经成为加强和创新高校"立德树人"工作的重要途径和必然要求。课程思政的有效实施以课堂教学为核心环节,涉及教学理念、课程目标、课程资源、课程结构、教学模式、评价反馈等多方面的内容。本文基于协同论的视角,分析课程思政与思政课程的内涵与联系,论证两者协同的依据,并以"大学物理实验"课程为例,从目标、师资、途径和评价几个方面探讨协同机制的构建方式。

**关键词**:课程思政;思想政治教育;协同理论;大学物理实验

---

**基金项目**:本文系中国高等教育学会"新工科背景下基于CDIO理念的《大学物理实验》智慧教学模式研究"(项目编号:22LK0315)、江苏省高等教育学会"基于工程教育理念的《大学物理实验》智慧教学研究与实践"(项目编号:2022JDKT045)、江苏省高等学校教育技术研究会"基于区块链技术的实验课程智慧教学模式研究"(项目编号:2021JSETKT011)、教育部高等学校大学物理课程教学指导委员会(华东区)"新工科背景下基于CDIO理念的《大学物理实验》智慧教学模式研究"(项目编号:22JZWHD01)、江苏理工学院课程思政示范课《大学物理实验》项目(项目编号:11211212113)研究成果。

**作者简介**:吴晓庆,江苏理工学院数理学院讲师,主要从事大学物理实验教学与研究;朱小芹,江苏理工学院数理学院院长、教授,主要从事凝聚态物理研究;王凤飞,江苏理工学院数理学院副教授,主要从事生物光学成像研究。

当今世界正处于重大而又深刻的变动之中,知识经济时代的到来,促进了经济的全球化发展,国际政治经济格局正在迅速变化和调整,综合国力竞争日趋激烈;信息技术的广泛应用,尤其是互联网的普及对人类文化传递方式产生着革命性的影响。高校学生面对多元文化和剧烈社会变化的冲击,在行为方式、思想观念、价值取向等方面不可避免地呈现出多样化的时代特征,一些大学生不同程度地存在着理想信念缺失、政治信仰迷茫、价值取向扭曲、诚信意识淡薄和社会责任感缺乏等问题。

十八大以来,高等院校积极落实"立德树人"教育目标,逐渐提升思想政治教育的地位,切实做好政治教育工作。但育人是一项系统工程,不能靠专门的思政课程独立完成。习近平总书记在全国高校思想政治工作会议上强调,要坚持把立德树人作为中心环节,把思想政治工作贯穿教育教学全过程,实现全程育人、全方位育人,努力开创我国高等教育事业发展新局面。

"大学物理实验"课程是高等院校理工科专业学生进行科学实验基本训练的必修基础课,是他们接受系统实验方法和实验技能训练的开端。物理实验课覆盖面广,具有丰富的实验思想、方法、手段,同时能提供综合性很强的基本实验技能训练,在培养学生严谨的治学态度、活跃的创新意识、理论联系实际和适应科技发展的综合应用能力等方面具有不可替代的作用。

"大学物理实验"课程中也蕴含着丰富的思想政治教育资源,理论与实践并重的学科特点使该课程成为推动课程思政建设的优质载体。只有构建一个学生是根本、教师是关键、"课程"是基础、"思政"是重点的协同育人体系,着力解决技术教育与思政教育"两张皮"的育人痛点,整合专业教育资源和思政教育资源,才能培养出有具备正确价值观和高尚情操的高素质技能型人才。

## 一、何为协同:协同理论的内涵

"协同"(synergy)一词来源于自然科学。20世纪70年代初,在量子光学领域做出杰出贡献的德国著名物理学家赫尔曼·哈肯(Hermann Haken)提出了系统从无序到有序转变的"协同学"基本观点,其主要内容包括协同效应、伺服原理与自组织原理三个方面。他把协同定义为:"系统的各部分之间互相协作,结果整个系统形成一些微观个体层次不存在的新的结构和特征。"[1]

---

[1] 赫尔曼·哈肯:《协同学——自然成功的奥秘》,戴鸣钟译,上海科学普及出版社,1988,第233页。

在社会学语境下,协同效应是指为实现系统总体演进目标,各子系统或各部门之间相互配合、相互协作、相互支持而形成的一种良性循环态势。它侧重强调系统内部各子系统或者各部门、各个功能块在同一时刻具有相似的地位、不可替代的作用,并具有相互依存、相互协调的关系,它们之间相互协作,产生关联运动进而出现新的结构与功能。①

当前,协同理论(synergetic)被广泛应用于科技、经济管理、社会学、哲学等领域,该理论的突出贡献是指出了组成系统各要素之间、要素和系统之间、系统和系统之间以及系统和环境之间存在着合作、同步、协调、互补的作用,这种作用会使系统形成 1+1>2 的整体合力,实现优势互补。

## 二、为何协同:课程思政与思政课程协同的必要性

本文基于协同理论的视域,对高校课程思政与思政课程协同育人机制进行研究,并以"大学物理实验"为例,创设利于两者有机结合、产生关联作用、发挥整体合力的良性机制,从而创新协同育人新模式。

### (一) 课程思政与思政课程的内涵与联系

思想政治教育的历史最早可以追溯至奴隶社会。人类进入阶级社会以后,统治阶级控制着教育,就有了思想政治教育。一般将思想政治教育定义为:一定的阶级、政党、社会群体用一定的思想观念、政治观点、道德规范,对其成员施加有目的、有计划、有组织的影响,使他们形成符合一定社会、一定阶级需要的思想品德的社会实践活动。② 可见它是受政治制约的思想教育,又是侧重于思想理论方面的政治教育,是思想教育与政治教育的互相交叉、渗透综合并融为一体的社会实践活动,主要包括思想教育、政治教育、道德教育三方面内容。

大学生思想政治教育属于思想政治教育的子系统,日益受到党和国家的重视,中共中央、国务院《关于进一步加强和改进大学生思想政治教育的意见》的发布,标志着我国大学生思想政治教育工作进入了新的历史阶段。通常来说,高校思想政治教育有显性和隐性两种形式。具体而言,显性形式即是"思

---

① 白列湖:《协同论与管理协同理论》,《甘肃社会科学》2007 年第 5 期,第 228-230 页。
② 张耀灿、郑永廷、刘书林、吴潜涛:《现代思想政治教育学》,人民出版社,2001,第 6 页。

政课程",是指思想政治理论课,通常采用正面直接的施教方式。而隐性形式即是"课程思政",是指非思想政治理论课采用间接教化的方式,以课程为载体和媒介,在教学的实践和活动中,根据课程特点适当地把思想政治教育的理念和方法融入其中,即思政寓于课程。

课程思政是指以构建全员、全程、全方位育人格局的形式,使各类课程与思想政治理论课同向同行,形成协同效应,把立德树人作为教育的根本任务的一种综合教育理念和课程建设模式。简言之,课程思政就是通过高等学校课程建设和课堂教学对大学生进行的思想政治教育,通过挖掘课程中所蕴含的思政元素和有精神价值的素材,并将其融入课程教学实践的全过程,在知识传授中强调主流价值引领。因此,课程思政既是一种新的教育手段,又是一种新的教学理念。

### (二) 高校课程思政与思政课程协同的依据

#### 1. 教育主体同一

高校学生作为思维成熟且独立的个体,在学习过程中有很强的思维自主性,是重要的教育主体之一。在课程思政与思政课程的协同育人过程中,首要的原则就是以学生为本,充分保证课程协同设计符合学生的实际,能够发挥思政教育的作用,推动学生全面发展。

思政课程具有刚性灌输的特点,在对学生进行主流意识形态教育方面发挥着重要作用,但在教学内容和形式上容易忽略学生个体需求,阳春白雪的纯理论灌输难以让学生产生心理共鸣。课程思政因其具有柔性缓进的特点,能够有效避免受教育者的逆反心理,同时能结合课程特点,取得更好的教育效果。因此,以学生为本的"大思政"课程体系中,既需要思政课显性教育的"大水漫灌",又需要课程思政隐性教育的"精准滴灌"。

#### 2. 教育载体同一

虽然高校课程思政与思政课程是两个不同的概念,但是高校的主要工作是教育,而教育的主要载体是课程。通过课程建设和课堂教学实现对大学生正确世界观、人生观和价值观的塑造,是高等学校思想政治工作的首要任务,也是高等学校办学和育人工作的首要任务。优质的课程往往是"点燃求知欲和道德信条的火把的第一颗火星"[1],而课程思政建设本身就是打造优质课程的过程。

---

[1] 瓦·阿·苏霍姆林斯基:《给教师的建议》,杜殿坤编译,教育科学出版社,1984,第290页。

### 3. 教育方式同一

根据学习金字塔理论,只有在学习过程中做到学思悟践、知行合一,才能做到高效学习。课程思政与思政课程协同育人,也需要充分保证理论与实践并重。尤其是在高校实验类课程教学过程中,更要高度重视对思政教育的融入,使学生在具体的教学实践中或者活动中领会思政教育的意义,以此实现对学生的思想政治观念的引导,促进其能力和素质的共同提升,使其逐渐成长为有益于社会的新时代人才。

综上,不能割裂高校课程思政与思政课程之间的联系,也不能将两者简单地合而为一。根据协同理论的要求,各高校不仅要保证两个子系统具有合理的结构,以提供协同的前提,还要促进各个子系统协调合作,这是形成协同效应的根本。用其中一个代替另一个是片面的。这也从另一个侧面证明,两者协同运作具有重要的意义。①

## 三、如何协同:高校课程思政与思政课程协同的机制

### (一) 现状

"大学物理实验"是一门实验性学科,教学内容须结合物理理论与实践操作,培养学生理论分析、实践动手、知识迁移、创新设计的能力。该课程蕴含丰富的思想政治教育内容,它们往往以不同的形态、不同的形式隐藏于知识体系中。

在目前的教学活动中,"大学物理实验"课程虽然已经广泛融入了思政教育内容,但课程思政建设思路仍比较单一,忽视了与思政课程的协调与综合。主要表现在:思政课程的引领作用发挥不足,课程思政的思政元素挖掘不充分、不深入;教师自身的思政教育能力无法满足专业课与思政课协同育人的现实需求;评价体系缺乏联动性、衔接性与整体性。

因此,在"大学物理实验"课程的实际教学中,思政课程与课程思政存在相互脱节、相互分离的现象,不能很好地发挥两者的作用从而实现系统优化、协同发展。鉴于此,该课程需要进一步探索"大思政"育人的深刻内涵,创新专业课程与思政课程同向同行的有效机制。

---

① 李纯:《协同理论视野中的音乐教育》,《广西社会科学》2004 年第 7 期,第 188-190 页。

## (二) 协同机制

### 1. 理念的协同

高校作为学生进行专业知识学习的教育场所,其教学理念很大程度上决定了教育教学工作的开展成效。高校思政课程与课程思政都应服从于社会主义学校培养德智体美全面发展的时代新人的教育目标,倡导育人为本、德育为先的教育理念。无论是思政课程还是课程思政都应该坚持理论教育与实践锻炼相结合、解决思想问题与解决实际问题相结合、教育与管理相结合、教育与自我教育相结合等原则。

着力构建思政课程与课程思政协同的机制,首先要厘清两者在协同育人体系中的角色与功能。思政课程与课程思政之所以能够发挥协同效应,其"逻辑互构主要基于'思政课程'引领'课程思政'的政治方向、思想价值和教学方法;'课程思政'拓展'思政课程'的师资力量、课程载体和教育资源,二者交相呼应、相得益彰"[①]。以思政元素的挖掘方法为例,不同方法可从不同侧面体现两者的逻辑功能。

第一种方法是以思政内容为着力点来挖掘思政元素,充分体现思政课程的引领作用。先针对每一个思政内容展开丰富联想,再找到与之对应的课程教学内容。例如,针对"矛盾观"这一思政要素,可以联想到在单摆法测定重力加速度实验中,要求摆角小于5度,只有满足这个条件,才能把测量方法带来的系统误差作为次要矛盾看待,这就很好地印证了主要矛盾和次要矛盾的辩证关系。

第二种方法是以教学内容为立足点来挖掘思政元素,充分体现课程思政的支撑作用。先审视每一个实验涉及的背景、概念、原理、方法、规律和应用,再分析并确定其所包含的思政元素。例如,光电效应法测普朗克常数实验的背景故事中,爱因斯坦由光电效应的实验规律提出光量子假说,这就体现了尊重客观规律和发挥主观能动性之间的辩证关系。

### 2. 师资的协同

高校思想政治教育工作主要由思想政治理论课教学部门和党校负责,主

---

① 王景云:《论"思政课程"与"课程思政"的逻辑互构》,《马克思主义与现实》2019年第6期,第186-191页。

要以理论教育的形式向学生讲授马克思主义理论和价值观念,教学形式单一,教学内容的设置不能贴合学生的专业特点、就业方向、市场需求等,理论教育的效果在学生的道德实践中难以得到体现。而大多数专业教师只熟悉自己的专业,对于思政内容只会直白地宣讲、生硬地拼接、呆板地套用,自身的思政教育能力无法满足专业课与思政课协同育人的现实需求。

在协同理念下的"大学物理实验"课程思政教育中,任课教师自身的思想政治素养及其思政教育能力都会直接影响教学的实际效果。教育者必先受教育,教师作为落实课程思政教育的关键,必须提高自身思想政治素养,坚定社会主义理想信念,系统学习、领会、掌握思想政治相关理论以及我国思政教育的方针政策,并将思政理论应用于实际教学之中。对于"大学物理实验"的任课教师来说,可分为三个阶段来提升自身的思政教育水平。

(1) 初级阶段。接受思政课教师的指引与帮助,了解思政的构成和核心,从而准确、深入地挖掘专业课程中的思政元素。"大学物理实验"课程包含物理哲学思想、物理思维方法、物理科技成就、物理知识应用、物理科学家事迹、物理实践史等内容,其中的世界观、政治观、人生观、法制观、道德观、人文观和认知观等方面的思政元素可以构成相互联系、相互作用的教学体系。

(2) 中级阶段。开展课程思政教学技能训练。理工科课程开展课程思政教学,需要一种在专业教育和思政教育之间取得平衡的教学艺术,用力不足则如隔靴搔痒,无法感染学生;用力过猛则会破坏专业氛围,招致学生反感。① 由于课程思政天然具有"润物细无声""融盐入汤"的教学特征和要求,对课程思政的合理驾驭往往成为教师在教学中面临的巨大挑战。因此,教师不仅要对专业知识有精深的理解,还要对思政原理有准确的领悟,更要对教学技能熟练掌握。

经过这两个阶段的学习与探索,教师在设计"大学物理实验"教学方案时要分为两个层面:一是单个实验"课前—课中—课后"的教学设计;二是实验体系的整体教学设计。在单个实验设计层面(见图1),课前教师须针对每个知识点挖掘思政元素,并事先设定合适的教学技巧,将这些源自专业知识的思政元素融入计划讲授的课程知识内容中。在课堂教学过程中,教师则要运用巧妙

---

① 杜震宇:《一切有形,皆含道性——高校理工科课程的课程思政原则与教学策略》,《高等理科教育》2021年第1期,第19-25页。

而娴熟的教学技巧,将思政元素渗透于各个教学环节,并注意将思政元素紧密依附于具体的知识点进行传递。课后则通过网络平台推送与课程相关的思政素材供学生自主学习,同时展开师生之间、生生之间的互动交流。这样从课内延伸到课外的思政育人策略可以让专业知识与思政元素相互交融,最终使正确的立场和观念内化于学生心中,实现专业教育和思政教育的统一。

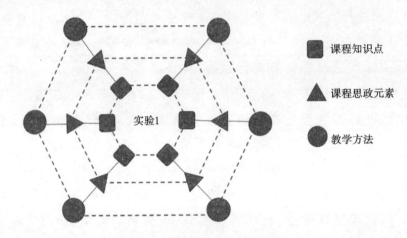

**图1** "大学物理实验"课程思政教学设计图(单个实验设计层面)

从实验体系设计层面来看(见图2),"大学物理实验"中的任何一个课程知识点或者思政元素都不是孤立存在的,它们在横向上体现着知识点和思政元素的丰富关联,在纵向上体现着不同实验对知识点和思政角度的特殊要求。在实验与实验互联形成的立体互通的综合教学体系中,教师需要有很强的系统性教学思维,始终将每个实验的教学内容置于整个实验教学体系中进行思考和定位,善于分析同类知识在不同实验中的共同性与差异性,如此才能充分掌握知识点和思政元素在教学中的合适处理技巧,从而以综合而多样的方式组织教学活动。

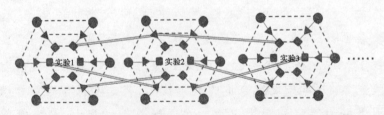

**图2** "大学物理实验"课程思政教学设计图(实验体系设计层面)

(3)高级阶段。开展有效合作和反馈,以支撑思政课程。教师们通过共同著作、申报课题、开展研讨、培训推广等形式进行合作研究,建立课程思政集体教研制度，针对课程思政建设中的重点、难点、前瞻性问题进行深入探索，同时，为思政课程的实践体验环节提供优质的课程载体，构建立体化、可持续的"大思政"教育新局面。

3. 途径的协同

高校课程思政与思政课程存在着某种程度的同构性。在教育过程中，两者的教育主客体都需要通过课程载体、管理载体、网络载体、活动载体等发生联系，教育者通过这些特定的载体向受教育者传递相关信息，促使这些信息为受教育者所接受、内化并外化。

（1）在教学内容中协同。思想政治教育课程的思政理论体系比较完整，可以很好地支撑课程思政中对思政元素的挖掘。"大学物理实验"课程教师应充分认识到该课程是一座思政元素宝库，从而积极将人、物和事件背后蕴含的宝贵精神财富显性化，用新时代大学生易于接受的形式予以呈现，在知识传播中融入思政价值。教师应以此为基础，寻找专业知识与思政元素的契合点，进行课程内容协同设计，实现课程思政与思政课程的内在整合，充分发挥两者协同育人的整体效应。

（2）在实践活动中协同。实践活动是大学生道德养成的源泉和基础，能够促使大学生把学到的知识与方法运用到实践中去。"大学物理实验"课程中含有大量实践环节，是开展课程思政非常理想的载体。在各类实验方法、仪器原理、方案设计中，如果教师能将思政元素紧密附着于一个个知识点，使其融入学生的专业知识体系，那么这些思政元素便将和专业知识一起，塑造学生积极向上的"三观"。

（3）在自我教育中协同。自我教育旨在不断地对学生施加意识形态的影响，推动大学生逐渐养成现代社会所需要的思想品德，培养大学生坚定的政治立场和远大的理想信念。自我教育既是教育的途径，又是教育应该追求的最高境界。在"大学物理实验"的线上线下混合式教学模式中，教师在课内可通过开展小组讨论促进学生之间的信息分享、观点交流，增强学生的团队意识和协作精神，引导学生建立良好的人际关系和培育健康的心理状态；在课外可借助网络学习平台向学生推送与课程有关的思政素材，让学生在移动学习中实现自我陶冶。但是由于学生正处于"三观"塑形期，教师对生生互动或自我教育要坚持正面引导，同时还要充分发挥优秀典型的引领作用和育人影响。

4. 评价的协同

在高校课程思政与思政课程协同育人过程中，要建立合理的评价机制。

既要注重定性评价,又要注重定量评价;既要由教师评价,也要由学生自评;既要注意学生的外在行为表现,也要分析其内在的思想观念。高校思政课程应将学生的评价作为思政教育成效的重要参考依据,而课程思政应充分发挥其内在的思想政治教育功能,构建关于学生的立体化、发展性评价。

课程思政的考核应与课程改革和育人目标相匹配,不应只考查学生对知识性的思政内容的掌握程度,而应将这方面的评价无形地融入专业课程的过程性评价与结果性评价之中。"大学物理实验"课程可在过程考核中设计课堂汇报或课后作业,考查学生对不同思政维度的理解与接受程度。例如,等厚干涉实验中,可以牛顿环为主题,让学生从牛顿环现象的成因、应用、测量原理、背景故事等不同角度,去探讨如何因地制宜地设计实验方案,去阐述光的波粒二象性,去分析牛顿在发现牛顿环现象过程中出现的是非曲直……在结果考核中,也可以设计融入思政元素的考题,如下所示。

胡克定律是英国科学家胡克于1678年发现的。实际上早于他1500年,我国东汉时期的经学家和教育家郑玄就提出了与胡克定律类似的观点。他在为《考工记·弓人》一文中"量其力,有三钧"一句作注解时写道:"假令弓力胜三石,引之中三尺,驰其弦,以绳缓擩之,每加物一石,则张一尺。"郑玄的观点表明,在弹性限度内(    )

A. 弓的弹力与弓的形变量成正比

B. 弓的弹力与弓的形变量成反比

C. 弓的弹力与弓的形变量的平方成正比

D. 弓的弹力与弓的形变量的平方成反比

教学反馈注重问卷评价。问卷调查是一种可量化的主观描述性反馈评价,教师可通过设计一系列符合本课程特点的选择题或简述题,调查学生是否感受、理解、认可和接受课程思政内容。但在具体实施过程中要注意以下几点:一是调查时间应该在课程结束后进行,以避免学生刻意寻找教学内容中的思政点;二是调查对象既要包含不同专业、生源、层次的学生,也要包含不同教学方式、风格的教师;三是进行匿名的问卷调查,根据调查结果进行数据分析,并及时对教学方法进行反馈修正。

教学效果注重学生体验的有效性评价。思想政治教育的实效性取决于个体内化思政教育内容的程度,学生的体验满意程度是最有效的评价,也更符合学生的思想实际。无论是任课教师还是教学管理部门,都可采用不同形式收集学生对课程的描述性评价,并根据一定数量样本的描述性反馈来评价教师的课程思政教学效果。①

## 四、结语

在"大学物理实验"课程中创新课程思政教育,必须遵循课程运作的协同性原则,用灵活多样的教学方式来丰富和加深学生对世界的认知,在理论认知和实践探索上加强对学生的素质培养,使其建立正确的世界观、人生观、价值观和独立的人格。为上好一堂物理实验课,也为实现"大思政"教育的美好愿景,所有教师都仍需要在理论构建、实施策略、反馈修正等方面进行广泛的研究和深度的探索。

---

① 杜震宇、张美玲、乔芳:《理工科课程思政的教学评价原则、标准与操作策略》,《思想理论教育》2020年第7期,第70-74页。

# 中华优秀传统文化融入中国古代文学课程思政主题研究

王波平

**摘要**：中国古代文学课程承载着中华优秀传统文化，其价值引领作用巨大，可以为时代大学生启智增慧与培根铸魂。该课程教学要传承中华文脉，围绕"中国心""中国情"和"中国味"实施课程思政，让大学生领会中华优秀传统文化的思想精华和时代精神，应不断创新教学，推进融合发展，充分弘扬中华优秀传统文化理念、文化情韵和文化价值。

**关键词**：中华优秀传统文化；古代文学教学；思政主题

中国古代文学是师范专业必修课，属中国语言文学类课程。《中国语言文学类教学质量国家标准》明确指出："中国语言文学类本科专业根植于中华优秀传统文化，是以中华母语及母语文学为基本内涵、具有深厚人文底蕴的基础

---

**基金项目**：本文系中国高等教育学会2021年课题"基于文化传承的中国古代文学教学改革研究"（项目编号：21DWZD07）、广西2020年教改重点项目"文化传承视野下的中国古代文学'三践'教学改革研究"（项目编号：2020JGZ154）和广西一流课程思政示范项目（项目编号：本-2021—058）阶段性成果。

**作者简介**：王波平，广西民族师范学院教育科学学院教授，研究方向为古代文学教学与研究。

学科,与历史、哲学、艺术等人文学科关系密切。"①中国古代文学教学要传承中华优秀传统文化,承继经典,弘扬传统。2014年,教育部印发《完善中华优秀传统文化教育指导纲要》,从爱国、处世、修身三个层次概括了中华优秀传统文化教育的主要内容。2017年,中共中央办公厅、国务院办公厅印发《关于实施中华优秀传统文化传承发展工程的意见》,提出建设文化强国,增强国家文化软实力。2020年,教育部印发《高等学校课程思政建设指导纲要》,强调在课程建设目标和内容上"加强中华优秀传统文化教育"②,"教育引导学生深刻理解中华优秀传统文化中讲仁爱、重民本、守诚信、崇正义、尚和合、求大同的思想精华和时代价值,教育引导学生传承中华文脉,富有中国心、饱含中国情、充满中国味。"③

中国古代文学须传承中华文脉,引导大学生领悟中华优秀传统文化的思想精华和时代价值,要充盈大学生的"中国心""中国情"和"中国味"。

## 一、中国心:奉行中华优秀传统文化理念

养育"中国心",需要接受中华优秀传统文化理念的洗礼,主要包含刚健有为的精神、天人合一的理念、崇和尚中的心理和止于至善的品质。"中华优秀传统文化是中华民族的文化根脉"④,中国古代文学所蕴蓄的中华优秀传统文化理念,要能滋养时代大学生的"中国心",让大学生从内心深处承继和积淀关于生命成长、自然关怀、社会理解和自我发展等方面的文化理解。

### (一)"刚健有为"的人生心经

《尚书》云:"人心惟危,道心惟微,惟精惟一,允执厥中。"这"十六字心传"是中国文化传统的精髓与要义,"执中"是原则,"惟精惟一"为方法。关于其执行方法,王阳明回答说:"……博学、审问、慎思、明辨、笃行者,皆所以为惟精而求惟一也。"《论语·子张》曰:"博学而笃志,切问而近思。"表明君子须内外兼

---

① 教育部高等学校教学指导委员会:《普通高等学校本科专业类教学质量国家标准》(上),高等教育出版社,2018,第85页。
② 《高等学校课程思政建设指导纲要》,2020年5月28日,http://www.moe.gov.cn/srcsite/A08/s7056/202006/t20200603_462437.html。
③ 《高等学校课程思政建设指导纲要》,2020年5月28日,http://www.moe.gov.cn/srcsite/A08/s7056/202006/t20200603_462437.html。
④ 《习近平谈治国理政》(第3卷),外文出版社,2020,第314页。

修、理实相生和言行一致。"博学而笃志,切问而近思",已成为复旦大学校训。《礼记·中庸》曰:"博学之,审问之,慎思之,明辨之,笃行之。"这说明学习要重视五个方面。这五条治学心得成为白鹿洞书院训条,也成为中山大学校训。"惟精惟一",强调修炼心性,有君子作为。大学生做时代新人,须秉持"刚健有为"的人生心经。

一方面,承继自强不息的精神。"天行健,君子以自强不息。"(《易传·象传》)这是人生心经的外显模式,属"刚健"之姿。君子应效法上天刚健运转之象,进而自强不息。永不停止的拼搏精神,在中国古老的神话传说中很流行,如"愚公移山宁不智,精卫填海未必痴"(张耒《山海》),"刑天舞干戚,猛志固常在"(陶渊明《读山海经》),夸父追日体现着对生命永恒的渴求,提示我们要超越有限生命的束缚必须做出卓绝的奋斗。另一方面,养成厚德载物的品质。"天行健,君子以厚德载物。"(《易传·象传》)这是人生心经的内蕴状态,属"有为"之势。厚德载物,既有利于培养君子道德人格,也有利于君子追求高尚精神生活,更有利于构建"和为贵"的社会秩序。君子厚德载物,应"为天地立心,为生民立命,为往圣继绝学,为万世开太平"。

(二)"天人合一"的自然心境

季羡林认为:"'天'就是大自然,而'人'就是人类。天人合一就是人与大自然的合一。"①其内涵可从两方面理解。其一,追求天人合一。孔子对待"天命"的基本态度是"畏天命",并且强调"不知命,无以为君子也"(《论语·尧曰》)。"天"不仅以德择人,而且以德赋人,"天生德于予"(《论语·述而》),"知我者,其天乎!"(《论语·宪问》),"道德之天"与"伦理之天"是儒家追寻的目标,他们总希冀天人合一,然"究天人之际"太难。《窦娥冤》演绎着"悲天悯人"的人生悲剧,希冀天人感应来实现天人合德。孟子说:"诚者,天之道也;诚之者,人之道也。"人道模仿天道,诚为要。张载提出:"儒者则因明致诚,因诚致明,故天人合一。"其"民胞物与"思想也是天人合一的生动写照。其二,维系生态平衡。《论语》注重与自然和谐相处,遵循自然规律,提出"使民以时"(《论语·学而》),即要因时节开展农业生产,主张"子钓而不纲,弋不射宿"(《论语·述而》),即不妄杀滥捕,保护生态。《孟子》强调"斧斤以时入山林",意识到了

---

① 季羡林:《"天人合一"新解》,《传统文化与现代化》1993年第1期,第9—16页。

可持续发展的重要性;《淮南子》训示"不涸泽而渔,不焚田而猎",也是注重生态平衡的表现。

(三)"崇和尚中"的社会心理

"崇和尚中"具体表现为两个方面。

其一,"和为贵"的民族智慧。崇和是中华民族的生存哲学和生活智慧,中华民族历来崇和修睦、崇和向美。《论语》道:"礼之用,和为贵。""和"是儒家伦理原则、政治原则和社会原则。"和"在道家这里表现为万物平等。老子说:"以道观之,物无贵贱。"庄子追求"天和"的平等精神、"人和"的独立精神乃至"心和"的宽容精神。《史记》中的崇和思想包括"民族统一""协和万邦"等,"一统"在文中出现六次,体现了司马迁大一统的历史观。唐代边塞诗高奏和平主题,作为"盛唐之音"[①],其音调豪迈而慷慨,为和平而奋歌。"但使龙城飞将在,不教胡马度阴山",是为和平而征战;"黄沙百战穿金甲,不破楼兰终不还",是为和平而献身。

其二,"中庸"的价值理念。《论语》曰:"中庸之为德也,其至矣乎!""中庸"是一种"至德","中庸之道"是中国传统文化的最高价值原则。中庸追求平和、适度与协调,提倡为人中庸,平和处事。《礼记·曲礼》言:"傲不可长,欲不可纵,志不可满,乐不可极。"这提出了待物中庸、用取适度的规范。《资治通鉴》道:"取之有度,用之有节,则常足。"这里强调的是治国的中庸之道,治国应谋求协调发展,以达"致中和,天地位焉,万物育焉"的"太平和合"境界。

(四)"止于至善"的自我心思

《礼记·大学》道:"大学之道,在明明德,在亲民,在止于至善。"个人成长要经历一条"明德""亲(新)民"和"止善"之路,即成为一个大德之人、崭新之人和完美之人。"止于至善",是一种以追求卓越为要义的至高境界,必须经过内圣与外王的修身之道。内圣是修身的内容,外王是修身的功用;内圣是格致诚正之路,外王是修齐治平之路,强调由己及人,由内而外,由道德事功而达成人生目标。儒道佛皆希望"止于至善",达成完美人生境界。儒家倡导日积善行。《论语》中曾子讲:"吾日三省吾身:为人谋而不忠乎?与朋友交而不信乎?传不习乎?"每天自我反思三件事——办事、交友与学习,实质上是从中获取为人

---

① 李泽厚:《美的历程》,广西师范大学出版社,2000,第234页。

处世的智慧。李泽厚对此概括道："人处于'与他人公在'的'主体间性'之中。要使这'公在'的'主体间性'真有意义、价值和生命，从儒学角度看，便须先由自己做起。"①佛家强调"戒定慧"的修炼。《水浒传》中鲁智深"听潮圆寂"，是他完成一生的修为而达到的"智深"境地："逢夏而擒，遇腊而执。听潮而圆，见信而寂。"道家讲究虚极静笃。老子云："知足不辱，知止不殆。""足"是事状，"止"是事态，强调在明事中得道而获得大智慧，从而实现生命的升华。《庄子·大宗师》："泉涸，鱼相与处于陆，相呴以湿，相濡以沫，不若相忘于江湖。"二十三字的"鱼语录"堪称对人生境界的完美阐释，"相呴以湿，相濡以沫"属生活真实，是人生成长中的艰难状态，"相忘于江湖"属人生理想，是一种放下执念后获得释放的新生世界。"相濡以沫不若相忘于江湖"，既是解脱，更是超越，是一种生命的重建与自信，正所谓"生活不止眼前的苟且，还有诗和远方的田野"。

## 二、中国情：积淀中华优秀传统文化情韵

蕴蓄"中国情"，要求接受中华传统美德的熏陶，从爱国、处世和修身三个层面来激活学生的内心情愫，从而引导学生积淀家国情怀、崇尚社会关爱和提升人格修养。中华传统美德滋养着大学生的情感，学生应具备"三省吾身"的美德境界、"淡泊明志"的美德追求、"俭以养德"的美德修养以及"修己慎独"的美德实践。

### （一）忠贞的爱国情怀

爱国情怀是对国家最忠实的感情。习近平总书记在纪念中国人民抗日战争暨世界反法西斯战争胜利75周年座谈会上指出："爱国主义是我们民族精神的核心，是中国人民和中华民族同心同德、自强不息的精神纽带。"②爱国主义是中华民族精神的内核，是中华儿女最伟大的情操和品德。屈原爱国，"亦余心之所善兮，虽九死其犹未悔"，忠贞高洁；"长太息以掩涕兮，哀民生之多艰"，赤诚哀怨。杜甫爱国，"必若救疮痍，先应去蟊贼"，心系民生；"朱门酒肉臭，路有冻死骨"，憎恨不平。陆游爱国，"位卑未敢忘忧国，事定犹须待阖棺"，深沉炽烈。文天祥爱国，"人生自古谁无死，留取丹心照汗青"，侠肝义胆。龚

---

① 李泽厚：《论语今读》，生活·读书·新知三联书店，2004，第30—31页。
② 习近平：《在纪念中国人民抗日战争暨世界反法西斯战争胜利75周年座谈会上的讲话》，《人民日报》2020年9月4日，第2版。

自珍爱国,"落红不是无情物,化作春泥更护花",热诚深沉。爱国是公民的第一品质,爱国主义精神维系着国家统一和民族团结,一直激励着人们拼搏奋发。

(二)友善的处世情谊

友情是社会交际中最朴实的感情。友善是基于中华民族的生存环境和生存伦理而成长起来的道德范畴。仁爱的情愫是处世的内蕴标准,友善的情谊是处世的外显原则。善是友情、友谊、友爱的灵魂。与人为善,社会就充满友善。友善,善是内在的,友是外在的,内善则能外友,从而构建祥和的社会。友善的处世情谊具体表现为以下方面。

其一,友情真纯,相善为朋。忘年之交,如孔融与祢衡,惺惺相惜;孟浩然与李白,诗人相倾。管鲍之交,相知深切;知音之交,三世难觅。鸡黍之交,如范式与张劭生死相约;刎颈之交,如蔺相如与廉颇患难与共。李白《黄鹤楼送孟浩然之广陵》:"孤帆远影碧空尽,唯见长江天际流",友情如江水绵长;高适《别董大》:"莫愁前路无知己,天下谁人不识君",友情如愁绪深长;王维《送元二使安西》:"劝君更尽一杯酒,西出阳关无故人",友情如酒味绵长。

其二,友谊长存,厚善是真。"李杜"之谊真纯。天宝三年(744年)春,李白与杜甫在洛阳邂逅,诗酒相酬,倾心相交,结成深情厚谊,诚如1962年郭沫若在纪念杜甫诞生1250周年大会开幕词《诗歌史上的双子星座》中所言:"李白和杜甫是像兄弟一样的好朋友。他们在中国文学史上的地位就跟天上的双子星座一样,永远并列着发出不灭的光辉。"① "元白"之谊真心。元代辛文房《唐才子传》载:"(白居易)与元稹极善胶漆,音韵亦同,天下曰元白。"② 元稹在《酬乐天频梦微之》中就曾写道:"我今因病魂颠倒,惟梦闲人不梦君。"而元稹死后八年,白居易仍梦见老友,并作《梦微之》。纳兰容若与顾贞观是生死不渝的友人,容若《饮水词》和顾贞观《弹指词》为当时词坛双璧。两人一个是相国之子,一个是一介寒儒,却志趣相投,相见恨晚,纳兰容若写下《金缕曲·赠梁汾》:"青眼高歌俱未老,向樽前、拭尽英雄泪。……然诺重,君须记。"容若英年早逝,顾贞观写有感人肺腑的祭文。

其三,友爱相生,淳善为美。"老吾老,以及人之老;幼吾幼,以及人之幼",

---

① 郭沫若:《诗歌史上的双子星座》,《光明日报》1962年6月9日。
② 傅璇琮主编:《唐才子传校笺》(第2册),中华书局,2000,第568页。

是心存善念。"仁者爱人,有礼者敬人。爱人者,人恒爱之;敬人者,人恒敬之",强调与人为善。仁心善意是社会交际的黄金法则,我们应遵循友善之道,培植仁心,弘扬善举。

(三)诚信的修身情操

诚信是面对个人成长最真实的感情。第一,诚信是修身立人之本。"车无辕不行,人无信不立",诚信是一个人道德理性最基本的体现,是公民的"第二身份证"。信,于外而言叫信用,于内而言叫信念,一贯坚持谓诚信。做人必须诚信,无诚不立,无信不行,诚信胜于生命。第二,诚信是修业立世之基。应以真诚之心,行信义之事。《左传》云:"信,国之宝也。"可见,诚信是治国的法宝。《论语》:"子以四教:文、行、忠、信。"可见诚信是人生修炼的必备品格和价值观,为立业创业的基石。《世说新语》倡导信用,其中言语篇讲仲思(诸葛靓)之思时谓:"在家思孝,事君思忠,朋友思信。"①这表明为人与处事都要诚信。方正篇讲元方(陈纪,陈寔长子)答客时道:"君与家君期日中。日中不至,则是无信。"②这是指责客人不守信用。诚信,客观、真诚地反映着生活现实,规范地维系着社会关系。

## 三、中国味:弘扬中华优秀传统文化价值

体验"中国味",要求接受中华人文精神的浸润,传承文化,弘扬价值,主要包含以人为本的人文思想、精诚合作的团队意识和直觉感悟的思维模式。"不忘历史才能开辟未来,善于继承才能善于创新。"③汲古润今,温故知新;融古创今,文学常青。中国古代文学所蕴蓄的中华优秀传统文化意义与价值,必须在生活经历和生命感发中沉淀、酝酿和生成,其精神价值和生活方式应具备一种道地的中国味。

(一)重人道的人本意味

中华传统重人道、轻天道,"人事为本,天道为末",注重天人协调。其一,重视人的价值地位,强调"惟人万物之灵"(《尚书·泰誓》)。人在社会活动中,

---

① 《世说新语校笺》(上),刘义庆撰,徐震堮著,中华书局,1984,第45页。
② 《世说新语校笺》(上),刘义庆撰,徐震堮著,中华书局,1984,第153页。
③ 习近平:《在纪念孔子诞辰2565周年国际学术研讨会暨国际儒学联合会第五届会员大会开幕会上的讲话》,《人民日报》2014年9月25日,第2版。

永远处于第一位,应以人为本,"民为邦本,本固邦宁"。相较于鬼神,我国先民更重视人事,李商隐《贾生》诗云:"可怜夜半虚前席,不问苍生问鬼神。"讽刺汉唐以来"不恤民生"的事鬼活动。其二,尊重人的价值主体,强调"人者天地之心也"(《礼记·礼运》)。下面以"士子"为例,彰显读书人的生动形象与鲜明性格。嘉奖士子风范,如《论语》记录孔门弟子言行;行为世范,如《世说新语》记载汉魏名士言行轶事;讽刺士子丑态,如《儒林外史》鞭挞士子面对"功名富贵"的不同表现,《围城》《应物兄》写文人的"沉沦"。其三,关注人的价值意义,强调"人最为天下贵"(《荀子·王制》)。孟子主张"人禽之辨",比较人与动物、植物的差异,充分肯定人的生命价值和生活意义,而人较动植物进步的地方在于有"仁义道德",所以孔子主张人要讲"仁义",老子主张人要讲"道德"。人是在现实世界中提升道德品质和实现人生价值的。《西游记》记人成长经历,孙悟空大闹天宫后西天取经,由美猴王到齐天大圣再到弼马温直至斗战胜佛,属人性修炼过程;《水浒传》流传英雄故事,宋江在家叫"黑三郎",江湖称"及时雨",朝廷封"保义郎",这是人的社会地位变化的结果。

(二) 重群体的合作情味

一是重集群轻个人的"五常"伦理。这是合作的伦理基础。五常谓仁、义、礼、智、信,是人际交往的基本要求和行为规则,"仁"是一般原则,"义"是价值标准,"礼"是行为模式,"智"是理性规范,"信"是审美判断。下面以四大名著为例来看集体观。《西游记》写了一个"完整而强大"的团队,唐僧师徒四人和白龙马为取经而通力合作终成正果。《三国演义》主题是"天下大势,分久必合,合久必分",最后一回"荐杜预老将献新谋 降孙皓三分归一统",点题大一统思想,结束分裂,恢复统一。《水浒传》写英雄"逼上梁山"团结"聚义厅",梁山好汉们为了一个共同的理想"替天行道"而行走江湖。《红楼梦》写"大观园"里"千红同窟"与"万艳同杯",由女儿国集体悲惨命运来批判制度的腐朽和没落。

二是群体高于个人的"四海"情结。这是合作的情感导向。"四海之内皆兄弟也。君子何患乎无兄弟?"(《论语·颜渊》)极具凝聚力和向心力。中国古代文学中"家""国""社稷""天下"等词眼都表达着社群的意义与价值,而"能群""保家""报国""济天下"等都明确地体现了社群安宁、和谐与繁荣的重要性。"捐躯赴国难,视死忽如归""穷则独善其身,达则兼济天下""先天下之忧而忧,后天下之乐而乐""苟利国家生死以,岂因祸福避趋之",则是对这种社群价值的积极维护,其突出地表现在抒写"舍身为国"的边塞诗中。王昌龄"但使龙城飞将在,不教胡马度阴山"、王翰"醉卧沙场君莫笑,古来征战几人回",是为维护边塞安宁而奋勇杀敌;李益"伏波惟愿裹尸还,定远何须生入关"、陈陶"誓扫匈奴不顾身,五千貂锦丧胡尘",是为保卫家乡平安而不惜牺牲。对社群价值的重视还体现在历代书写"山川大景"的散文名篇中。《岳阳楼记》《醉翁亭记》《石钟山记》《游褒禅山记》等,虽是写自然风光,展现的却是家国情怀,如《岳阳楼记》写"不以物喜,不以己悲",抒"先天下之忧而忧,后天下之乐而乐"。它们都是在描绘山川美景的同时抒发一己之"大爱"与"共情"。清代戏曲则以故事传说传导国家兴亡之感。孔尚任《桃花扇》,"借离合之情,写兴亡之感"①(《桃花扇·先声》)。沈默《桃花扇·跋》道:"《桃花扇》一书,全由国家兴亡大处感慨结想而成,非正为儿女细事作也。"②洪昇《长生殿》也"是一部借男女之情抒写兴亡之感的作品"③,以爱情悲剧演绎家国兴亡。

### (三) 重直觉的体悟趣味

严羽《沧浪诗话》云:"诗者,吟咏性情也。盛唐诸人惟在兴趣。诗有别材,非关书也;诗有别趣,非关理也。"④这谈的是"妙悟",是中国古典文学的生命力所在。袁行霈先生认为学习古典文学的治学之道为:博采、精鉴、深味和妙悟,重诗性理解和形象思维,讲究直觉、体悟和灵感。诗词是文学精华,诗词抒发人心,感发人意,"掬水月在手,弄花香满衣"。无论是汉赋的夸饰、唐诗的明晓,还是宋词的韵味、元曲的悲悯,都是需要大学生及读者理解与玩味的,进而领悟文学的灵性。妙悟是中国古典文学的魅力所在。诗词曲赋文,都重体悟。其中,诗重情趣,元好问说:"诗家圣处,不离文字,不在文字。"⑤词重意趣,王国维说:"词之为体,要眇宜修。"⑥文重味趣,苏轼说:"大略如行云流水。"

---

① 转引自章培恒、骆玉明:《中国文学史》(下),复旦大学出版社,1996,第478页。
② 孔尚任:《〈桃花扇〉传奇》,清末民初贵池刘氏暖红室汇刻传剧本,卷首。
③ 郭丹、陈节:《简明中国古代文学史》,高等教育出版社2010年版,第279页。
④ 《沧浪诗话》,郭绍虞校释,人民文学出版社1962年版,第23页。
⑤ 转引自吴文治:《辽金元诗话全编》(第一册),凤凰出版社2006年版,第327页。
⑥ 王国维:《人间词话》(卷下),上海世纪出版集团2008年版,第18页。

# 基础力学课程教学中的思政元素

侯作富　黄和祥　刘　洋

**摘要**：本文总结了基础力学课程教学中的一些思政元素，并对其在教学中的应用做了具体分析，为激发学生的爱国热情、增强学生的学习效果打下了良好基础，同时也为高校力学教师的课堂教学提供了一定的参考。

**关键词**：基础力学；课程思政；民族自豪感；工匠精神

2016年12月7日，习近平总书记在全国高校思想政治工作会议上指出，"要用好课堂教学这个主渠道，思想政治理论课要坚持在改进中加强……其他各门课都要守好一段渠、种好责任田，使各类课程与思想政治理论课同向同行，形成协同效应"。近年来，课程思政作为高校工作的主体任务之一，既得到了各高校的积极响应，也受到了社会的广泛关注。课程思政以其隐性的思政教育作用，与显性的思想政治理论课一道，共同构建着全新的育人格局。在基础力学的教学中，我国各高校采用的教材一般还沿袭着苏联的教材编写形式，很少出现课程思政的内容，在课程思政建设方面存在很大的提升空间。目前的大多数力学教材，虽记载有我国古代劳动人民以及近现代科学家在力学上

---

**基金项目**：本文系长江大学教学研究项目(2021-33,2022-60)研究成果。
**作者简介**：侯作富，博士，长江大学机械工程学院教授，主要从事基础力学教学和科研工作。

取得的巨大成就①②,但出现得不多,且一般只限简单的说明,没有从课程思政的角度进行重点阐述,因此难以适应课程思政新形势下的教学。作为一位长期从事基础力学教学的教师,笔者在长期教学的过程中,总结了一些适合在课堂上讲解的思政元素,这些思政元素将有效地激发学生的爱国热情,增强学生的民族自豪感,提升学生的学习兴趣,同时也可以为高校力学教师的课堂教学提供一定的参考。

## 一、墨子的力学成就

墨子,名翟,相传为宋国人,长期居住在鲁国,是我国战国时期著名的思想家、教育家、科学家、军事家,墨家学派创始人和主要代表人物。墨子去世后,墨家弟子根据墨子的生平事迹,收集其语录,编成了《墨子》一书。墨子关于科学技术的论述,主要保存在作为《墨子》重要组成部分的《墨经》中。

首先,墨子给出了力的定义,说:"力,刑(形)之所以奋也。"(《墨经·经上》)也就是说,力是使物体运动的原因。比如,把重物由下向上举,就是由于有力的作用才做到的。同时,墨子指出物体在受力之时,也产生了反作用力,接着给出了"动"与"止"的定义。他认为"动"是由于力推送的缘故,更为重要的是,他提出了"止,以久也,无久之不止,当牛非马也"的观点,意思是物体运动的停止来自于阻力的阻抗作用,如果没有阻力的话,物体会永远运动下去。这样的观点,与牛顿惯性定律暗合。而他对杠杆平衡的研究,不仅考虑到力的大小,而且考虑到力臂的长短,实际上提出了力矩的概念。可以说,墨子已经发现了杠杆的平衡条件。

因此,《墨经》作为当时世界上最高水平的自然科学论著之一,有些思想比后世早出1000多年,也是物理学诞生和发展的重要标志。而我们现在的力学教材在开篇通常讲的是伽利略、牛顿等西方近代的科学家,事实上我们完全可以大书特书墨子巨大的力学贡献。

---

① 哈尔滨工业大学理论力学教研室编:《理论力学》(第6版),高等教育出版社,2002,第2页。
② 侯作富、胡述龙、张新红、夏晨宇编:《材料力学》(第3版),武汉理工大学出版社,2021,第3页。

## 二、滚动代替滑动更省力

在古代,没有起重机,没有汽车,如何将一个很重的物体从一个地方移到另外一个地方呢?答案就是滚动代替滑动。我们现在都知道,滚动比滑动省力。在理论力学教材介绍"滚动摩擦"的一节中,我们通过计算可以得出,使一个圆形的物体滚动要比使它滑动所需要的水平力小很多。教师在分析得出相关的结论后,就可以讲解我国古代劳动人民在利用滚动摩擦代替滑动摩擦方面的巨大成就。

事实上,我国古代劳动人民很早就理解了滚动摩擦和滑动摩擦的关系,比西方要早很多年。[①] 早在1960年,清华大学的刘仙洲教授在《中国古代在简单机械和弹力惯力重力的利用以及在滚动摩擦代替滑动摩擦等方面的发明》一文中,就对我国古代在滚动摩擦代替滑动摩擦方面的成就进行了详细研究。车的发明就是这方面代表性成就之一。根据记载,车发明于我国古代的轩辕黄帝时代,甲骨文中的车字就有9个,金文中的车字有22个。根据发掘资料,殷代以前就有了战车,而在从车诞生开始到发展出有四个马驾着的战车,是需要有很长时间的。

车的重要作用是在移动重物时,把重物与地面之间的滑动摩擦改为车轮与地面之间的滚动摩擦(虽然也存在滑动摩擦),或改为车轴与轮毂和轴承之间的比较光滑的滑动摩擦(早期没有弹珠),从而大大减小所需要的原动力。到周代,人们更是发明了用动物油作润滑剂的做法,大大降低了车轴处的摩擦力。我国早期运转木石等重物时,多在下面横放若干铁制或木制的滚柱,这也是用滚动摩擦代替滑动摩擦的实例。所以郭守敬(1231—1316)在他的天文仪器上就用到了滚柱轴承,比达·芬奇(1452—1519)的滚柱轴承草图还要早200年左右。

教师在讲解此处内容时,可以布置相关课程思政作业,让学生查找利用滚动摩擦代替滑动摩擦的实例。相信类似的实例在我国古代还有很多,这些实例将使学生了解我国古代劳动人民的聪明才智,从而增强学生的民族自豪感。

---

[①] 刘仙洲:《中国古代在简单机械和弹力惯力重力的利用以及在滚动摩擦代替滑动摩擦等方面的发明》,《清华大学学报》1960年第2期,第1-22页。

## 三、赵州桥

赵州桥,又名安济桥(宋哲宗赐名,意为"安渡济民"),坐落在河北省赵县的洨河上,建于隋开皇十五年至大业元年(595—605),由著名匠师李春设计和建造,距今已有1400多年的历史,是当今世界上现存最早、保存最完善的古代敞肩石拱桥。1961年被国务院列为第一批全国重点文物保护单位。

赵州桥的敞肩圆弧拱形式是我国古代劳动人民的一个伟大创造,西方直到14世纪才出现敞肩圆弧石拱桥。赵州桥建筑结构奇特,融科学性和民族特色为一体,是我国古代建筑的精品。1991年,赵州桥被美国土木工程师学会选定为世界第12处"国际土木工程历史古迹",可与英国伦敦铁桥、法国巴黎埃菲尔铁塔、巴拿马运河、澳大利亚悉尼湾大桥等世界建筑工程相媲美。

教师在讲解材料力学中材料的拉压性能一节时,就可以重点讲解赵州桥。到过赵州桥的人可能会发现,赵州桥不大,主孔净跨度仅为37.02米,而拱高只有7.23米,拱高和跨度之比为1∶5左右,实现了低桥面和大跨度的双重目的。其与我们现在建造的港珠澳大桥、各类长江大桥、三峡大坝等相比很不起眼,但为什么它获得了这么高的荣誉呢?因为赵州桥是一座石拱桥,整体结构采用的全部是附近州县生产的质地坚硬的青灰色砂石。① 施工时采用了纵向并列砌置法,整个大桥由28道各自独立的拱券沿桥宽方向并列组合在一起。为了加强各道拱券间的横向联系,使28道拱券组成一个有机整体,主券上沿桥宽方向均匀设置了5个铁拉杆,并使其穿过28道拱券,在主孔两侧外券相邻拱石之间也设有起连接作用的"腰铁"。但总的来说,赵州桥承受载荷的主要是石料,即设计师充分发挥了石料的抗压特性,而钢铁材料用得很少,只起辅助作用,不像我们现在很多的桥梁,基本上都是钢铁堆砌而成的结构。

## 四、中国的高铁轨道

很多年轻人可能没有印象,但稍微上点年纪的朋友就很清楚,以前乘坐火车,总有"咔哒咔哒"的声音,让人十分烦躁。这是为什么呢?因为热胀冷缩是地球上绝大多数材料的属性,钢铁也不例外,所以在以前,为了解决钢轨热胀

---

① 周天成:《浅析赵州桥的建筑特点与文化内涵》,《门窗》2019年第2期,第112-113页。

冷缩难题,人们在铺设轨道时,会特意留一点缝隙,一般是每隔12.5米或25米留足缝隙空间,以释放钢轨遇热膨胀后的作用力。而令人烦躁的"咔哒咔哒"声,就是火车在经过钢轨缝隙时车轮撞击前节钢轨产生的声音。虽然有缝钢轨解决了钢轨热胀冷缩难题,但它也不是没有缺点,例如有缝钢轨会降低行车速度,整体平稳性差,易损坏钢轨接头,增加铁轨维修频率以及提高养护成本,等等。

那能不能不留缝隙呢?当教师在讲解材料力学中拉压超静定一节中的温度应力时,可通过计算得出两端固定直杆由于温度变化所引起的杆内力和应力。当温度上升幅度较大时,在杆内会产生非常大的内力和应力,足以使钢铁轨道产生扭曲或隆起,这将是非常危险的。

那为什么现在乘坐火车听不见"咔哒咔哒"声了呢?答案就是四个字——无缝轨道。我国高铁采用无缝轨道,已完全解决了此问题。而我国高铁从2004年引进德国西门子、法国阿尔斯通、日本川崎重工、加拿大庞巴迪四家的技术到全面超越国外高铁技术,只用了不到20年时间。[①]

那无缝轨道是如何完美解决钢轨热胀冷缩难题的?

(1)利用扣件将无缝钢轨锁死。在铺设高铁轨道时,采用高强度的弹性扣件,将无缝钢轨紧紧地锁死在轨枕上,让轨道本身承受所有的温度应力,不论轨道温度如何变化,在扣件的压制下,无缝钢轨的伸缩都会受到很大的限制。而现在的铁路建设中,轨枕一般铺的都是钢筋混凝土。钢筋混凝土不仅受热胀冷缩影响较小,而且十分牢固,在扣件的传递作用下,轨枕可以轻松化解钢轨因热胀冷缩而产生的作用力。

(2)钢轨的应力放散和轨温锁定技术。应力放散是在合适的温度范围内让钢轨伸缩,以此来抵消钢轨内部的温度应力。轨温锁定则是结合钢轨铺设地的温度数据,将钢轨锁定在某个合适的温度范围之内,这样就不会使钢轨太膨胀从而导致胀轨,自然也不会出现钢轨因低温而发生拉断的现象。

## 五、对胡克定律的探讨

弹性定律是材料力学、弹性力学等固体力学的一个非常重要的基础。一

---

① 路风:《冲破迷雾——揭开中国高铁进步之源》,《管理世界》2019第9期,第164-194页。

般认为它是由英国科学家罗伯特·胡克(1635—1703)在公元1676年首先提出来的,所以通常叫作胡克定律。当时胡克按照学术界惯例,发布了一个拉丁语字谜"ceiiinosssttuv",两年过后,他将错乱的字母重组,公布了答案"ut tensio sic vis"。这句拉丁文意译过来就是"力的变化就像伸长那样"。该答案简明扼要地点出了他的发现:固体材料受到力量的拉伸或者挤压后,其变形距离和力量呈线性关系。基于这个理论,胡克发明了我们经常用到的弹簧,也因此被物理学史所铭记。

其实,在胡克之前1500年,我国就有了关于力和变形成正比关系的记载。东汉经学家郑玄(127—200)对《考工记·弓人》中"量其力,有三均"作了这样的注释:"假令弓力胜三石,引之中三尺,弛其弦,以绳缓擐之,每加物一石,则张一尺。"事实上这句话说的就是弓力与变形的关系。所以国防科技大学的老亮教授认为郑玄是最早提出力与变形成正比例关系的人,建议将胡克定律修改为郑玄—胡克定律。① 老师在课堂上这样讲解,可以让学生领略到中华文化的博大精深,展现中国古代劳动人民的智慧,增强学生的民族自信与自豪感,这是非常有必要的,也是没有问题的。但比较遗憾的是,由于郑玄并没有形成科学的计算公式,在西方目前是不被认可的。

## 六、圆木中截取矩形截面木梁的问题

在材料力学中讲到弯曲应力和弯曲变形的内容时会遇到这样一个问题:古代建造房屋时,需要大量使用木材,木材做成立柱时是可以直接使用圆截面树木的,只需对树木表面加工一下,但作为横梁时就有点不一样了,横梁虽然可以采用圆截面树木,但此时容易滚动,不好固定在立柱上,也不方便承受载荷,故一般要加工成矩形截面的横梁,并采用各种木榫连接固定在立柱上。

北宋李诫于公元1100年编修的《营造法式》一书指出,从圆木中锯出的矩形截面,其合理高宽比为1.5。而在西方,英国科学家托马斯·杨(Thomas Young)1807年才在《自然哲学与机械技术讲义》一书中指出,从圆木中截取矩形截面的梁,高宽比为$\sqrt{2}$时强度最大,为$\sqrt{3}$时刚度最大。对于一根梁而言,不仅要考虑他的强度,也要考虑他的刚度,合理高宽比应介于这两个数据之间。

---

① 武际可:《郑玄的弓和胡克的弹簧》,《力学与实践》2012年第5期,第75-78页。

所以说李诫在当时没有实验条件的情况下，能够总结出 1.5 的高宽比是非常了不起的。

## 七、榫卯结构

榫卯结构指的是一种凹凸结合的连接方式，主要适用于木架的连接。榫卯结构中的"榫"指的是木构件上面突出的部分，"卯"指的是木构件上面凹进去的部分。因此，榫卯结构就是榫和卯的结合，是木构件上面采用的凹凸结合的连接方式。最基本的榫卯结构是由两个构件组成的，其中的一个榫头插入另一个的卯眼中，使这两个构件连接固定。

中国的榫卯结构起源于新石器时代。距今约 7000 年前，生活在今天浙江余姚地区的一支原始部落——河姆渡人建造的干阑式建筑，就已经使用了榫卯技术。[①] 河姆渡文化遗址出土的木构件大到柱、梁、枋、板，小至栏杆的木楞，都无一例外地采用了这种先进的密合连接方式。正因如此，榫卯被称为早于汉字历史的民族符号。当然随着时代的变迁，这种连接方式使用得越来越少，因为现在大量使用的是金属材料，但不管如何，连接件都存在剪切和挤压的计算问题。因此教师在讲解剪切和挤压的实用计算时，是可以花一定时间讲述中国古代这一伟大连接形式的，这对培养学生的创新精神、工匠精神都大有裨益。

## 八、结束语

本文为抛砖引玉，只列举了基础力学课程中的部分思政元素，相信力学教师们还可以举出很多，希望这些具体实例能为广大力学教师的教学起到很好的辅助作用。目前的困惑是我们的基础力学教材大多是长期延续下来的经典教材，与当前的课程思政教学要求存在一定差距，广大教师如何在教学过程中以及在后续教材的编写过程中融入相关的课程思政内容、全面提高基础力学课程的教学质量，还需要进一步摸索和探讨。

---

① 郭伟、费本华、陈恩灵等：《我国木结构建筑行业发展现状分析》，《木材工业》2009 年第 2 期，第 19-22 页。

# 西藏大学"环境地质学"课程思政设计与实践

央金卓玛　李洋

**摘要**：本文讨论了西藏大学环境地质学课程的课程思政设计与实践相关内容。在课程思政建设中,融什么和怎么融是非常重要的两个问题。作为边疆少数民族地区高校,西藏大学的工科课程,除融入一般理工科专业课程的思政元素如科学思维、家国情怀、职业素养外,还需要结合西藏本地特色,融入乡土乡情,突出价值和精神引领作用,把"两路"精神、老西藏精神、青藏铁路精神等融入课堂。西藏大学环境地质学课程采用互动式的教学方式把具有时效性的思政内容通过浸润式的课堂设计体现出来,着重讲好身边的西藏故事,发挥课程思政在保障边疆稳定、促进民族地区经济发展的作用,培养出真正"靠得住,用得上,留得下"的社会主义建设者和接班人。

**关键词**：少数民族；课程思政；环境地质学；价值引领

高校肩负着培育党和国家可靠接班人的重要职责和使命,是思想政治教育工作的前沿阵地。为深入贯彻落实习近平总书记关于教育的重要论述,坚

**基金项目**：本文系西藏大学环境地质学"课程思政"教育教学改革示范课程建设项目(项目编号:ZDK2020-09)、中央支持地方部区合建珠峰学科建设计划项目地质资源与地质工程特色学科建设项目阶段性成果。

**作者简介**：央金卓玛,西藏大学工学院讲师；李洋,沈阳药科大学马克思主义学院讲师。

持把"立德树人"作为教育的根本任务,努力构建全员、全程、全方位育人格局,实现课程思政与思政课程协同育人,全国高校教学工作者积极践行"课程思政"这一育人理念,使各类课程与思想政治理论课同向同行,深入挖掘、提炼各类课程所蕴含的思政要素和德育作用,寓价值观引导于知识传授和能力培养之中,实现知识传授、能力培养与价值引领有机统一,帮助学生塑造正确的世界观、人生观、价值观,达到润物无声的育人效果。西部边疆少数民族地区地理位置偏远,教育发展相对滞后。尤其是西藏地区,站在反分裂斗争的前线,对于青年学生的思政教育要求更高。思政教育不能仅仅依靠有限的思政课程,而应深入每门课程中,通过结合身边的优秀案例和对专业理论知识的讲解,把习近平总书记"治国必治边,治边先稳藏"的重要指示精神落到实处,为奋力推进西藏长治久安和高质量发展贡献高校力量。

在课程思政设计中,融什么和怎么融是两个最基本的问题。只有充分挖掘思政元素并恰当融入各门课程中,才能在课堂上实现"润物无声"的思政教育效果。

## 一、融什么——专业课程思政元素

环境地质学是研究人类活动和地质环境相互作用的学科,是地质学的一个分支,也是环境科学的一个组成部分,属于一门交叉学科。[①] 与传统学科相比,其研究方向更加多样化,研究视角更加宽泛广博,课程设置也更为灵活,能够挖掘的思政元素非常多且案例丰富。该课程的教学内容主要围绕人地关系这一条主线展开,在使学生理解人与自然的关系、了解我国的地质环境现状、树立良好的价值取向方面具有重要的作用和意义。近年来,我国不断加强生态环境建设、大力推进绿色可持续发展,西藏作为国家生态安全屏障的重要性日益凸显。因此,西藏大学的环境地质学课程的受众范围不断扩大,其建设显得日益重要,不但要在专业教学上狠下功夫,更要发挥其作为公选课的特点和优势,进一步加强课程思政的建设。

2016年,习近平总书记在全国高校思想政治工作会议上强调,"高校思想政治工作关系高校培养什么样的人、如何培养人以及为谁培养人这个根本问题。要坚持把立德树人作为中心环节,把思想政治工作贯穿教育教学全过程,

---

① 徐恒力:《环境地质学》,地质出版社,2009,第1页。

实现全程育人、全方位育人"。为了深入贯彻落实习近平总书记关于教育的重要论述和全国教育大会精神，2020年，教育部印发《高等学校课程思政建设指导纲要》，指出全面推进课程思政建设是落实立德树人根本任务的战略举措，影响甚至决定着接班人问题，影响甚至决定着国家长治久安，影响甚至决定着民族复兴和国家崛起。国家意识是个人与国家之间的精神纽带，落实立德树人根本任务必须培养学生的国家意识，教育引导学生把自身的理想同国家的前途、把自己的命运同民族的命运紧密联系在一起，引导学生树立和坚持正确的历史观、民族观、国家观、文化观，增强做中国人的志气、骨气、底气，把青春奋斗融入党和人民事业，实现中华民族伟大复兴的中国梦。

环境地质学课程作为一门理工科课程，在建设课程思政时不仅应引入一般理工科专业课程的思政元素①，如科学思维方法、职业素养、团队合作精神等，更应结合西藏本地特色，突出价值和精神引领，把"两路"精神、老西藏精神、青藏铁路精神等中国精神融入课堂，真正实现立德树人。

（一）融入家国情怀，盈科而进，志修齐治平

"环境地质学"课程绪论部分涉及本学科产生与发展的历史，相关内容既以对象化的世界作为研究对象，又以人文社会的发展为研究着力点，涵盖内容非常广泛。人地关系是其中的讨论主线，中华民族很早就开始研究人地关系（天人关系），因此中华优秀传统文化中有着非常丰富的"天人关系"思想，如究天人之际、天人合一、天与人交相胜，等等。儒家提出天人合一，道家倡导以自然原则为最高准则，这里的自然不是对象化的事物，而是自然而然的原则，体现了我国传统文化对于天人关系的基本看法，这有利于引导学生正确看待人地关系，增强文化自信。

我们的中国特色之所在，就在于中华优秀传统文化。没有五千年的文明，哪里来的中国特色？如果不是中国特色，哪里有我们中国特色社会主义道路？中华优秀传统文化是中华民族的根与魂，铸就了中华民族的民族品格和民族精神。结合具体课程内容，自然而然地讲授中华优秀传统文化的相关内容，可以增强学生的文化自信，培养学生的民族自豪感和自信心。

---

① 夏源、陈余道、程亚平:《环境地质学的课程思政建设初探》,《科教导刊》201年第12期,第87-88页。

## （二）融入职业道德，乾乾精进，做大国工匠

中国作为基建大国，基建水平让世界各国叹服。川藏铁路、"天眼"工程、港珠澳大桥等大国工匠项目，涉及环境地质学中的诸多内容。尤其是川藏铁路，作为我国民族振兴的标志性基建工程，对国家长治久安和西藏经济社会发展具有重大而深远的意义。其遇到的科学和技术难题之多，修建环境之恶劣为世界少有。① 它的建成不仅体现了中国的自信，更体现了中国在基建领域具备的实力。这种实力是许许多多科研人员夜以继日的不懈拼搏积淀而成的结果。结合川藏铁路等案例，在教学过程中融入大国工匠的乾乾精进、精益求精和敬业奉献、合作创新的职业精神，不仅可以使学生增强对中国特色社会主义道路的自信，同时也可以激发学生的创新精神和担当精神。

我国的现代化进程不断加快，对于工科人才的需求也在不断增长。在人才的培养过程中加入工匠精神的内容，可以提升专业技术人才的文化素质和职业道德，使他们树立更高远的职业理想。

## （三）融入乡土乡情，自信自强，扬民族精神

第一批被纳入中国共产党人精神谱系的46个伟大精神中涉及西藏的就有3个，分别是"两路"精神、青藏铁路精神和老西藏精神。因此，作为西藏地区的高校，西藏大学应着力讲好西藏故事，把西藏故事融入专业课程，引导学生理解惠从何来、恩向谁报、心跟谁走，形塑正确的价值观。

以"两路"精神为例。1950年，为支援解放军和平进军西藏，人民政府组织解放军和各族人民群众组成了一支11万人的筑路大军。他们在极为艰苦的条件下奋勇拼搏，于1954年建成了总长4360公里的川藏、青藏公路，结束了西藏千百年来没有现代公路的历史。3000多名英烈长眠高原，在"人类生命禁区"的"世界屋脊"创造了公路建设史上的奇迹，铸造了一不怕苦、二不怕死，顽强拼搏、甘当路石，军民一家、民族团结的"两路"精神。

在环境地质学课程中，地质灾害防治、矿产资源开发、荒漠化防治等都涉及众多动人的西藏故事。在课堂讲授中用新故事结合老精神，有利于引导学生站在新的历史起点上，将爱国之情、报国之志融入边疆地区改革发展的伟大事业之中，扎根高原，到祖国最需要的地方去拼搏奋斗。通过理论与实际相结

---

① 柴波、周建伟、李素矿：《地质类专业课程的课程思政设计与实践》，《中国地质教育》2020年第2期，第58—61页。

合,使理论落在学生实际生活中,落在学生身边,有利于培养学生对于边疆地区的情怀和对于社会的责任和担当。

## 二、怎么融——课程思政元素设计

课程思政的一个重要的特点就是"浸润式"。课程思政是于广大处尽精微,于隐微处致陶冶,于陶冶中彰价值。

### (一) 浸润式设计,如盐入汤,提味增鲜

课程思政的元素设计要把握浸润式的特点,不能生拉硬拽,要如盐入汤,提味增鲜。课程思政不是简单地在专业课中加入思政课内容,不能把专业课讲成思政课,生硬结合只会让教学效果变差,甚至引起学生的厌倦和反感。实施课程思政,要结合专业内容本身,挖掘其中的思政元素,不能与所授课程知识点脱节,造成"两张皮"的现象①。在环境地质学这门课程中,要结合学科重点和学科前沿,融入相应思政元素,在进行课程思政教学设计时注重价值引领,在专业课的知识传授中融入真、善、美的相关内容,在不同情境里让学生体会家国情怀、感受公共关切、树立责任担当。课程思政的结合要画龙点睛,于无声中陶冶,于陶冶中升华。

### (二) 体验式互动,真听真感,深化陶冶

知识的传授要有严密的逻辑,价值的引领要有生命力、感染力。课程思政元素的选择要紧密结合课程内容,同时,选择的案例要生动,要能让学生真听真感,真正地跟随案例眼热、心动。在选取具体案例时,不但要讲明知识要点,同时要讲好中国故事。例如,在"地震"的相关内容中,可以结合汶川地震、玉树地震等具体案例,在讲解专业知识同时介绍抗震救灾的光辉事迹,彰显中国精神,培养学生的责任担当意识。

实施课程思政,要求创新教学方式方法。采用情景式教学、小组讨论、翻转课堂等教学手段,是增强学生学习体验感的重要路径。尤其是翻转课堂,让学生成为课堂的主角,不仅可以让老师真切地了解学生的思维方式和思想动态,同时也能锻炼学生的表达能力、信息筛选和资料整理能力。在翻转课堂的最后,教师一定要有针对性地进行点评,抓住这个机会进一步巩固价值引领效果。

---

① 盛鹏飞:《地学课程思政内容探索与建设思考》,《中国地质教育》2020第3期,第56-59页。

### (三) 时效性融入,更新案例,与时俱进

处于新时代的大学生,面临着当今世界百年未有之大变局,对世界的感知和对自身的诉求与规划都发生了变化。面对更加国际化的信息冲击,当代大学生的家国情怀与公共关切更加凸显。同时,科技革命给社会带来了深刻的变革,大学生们对专业知识、专业技能方面的重视程度变得更高,追求知识的欲望也越来越强烈。

开展课程思政教学设计,应秉持一种大专业观,关注社会现实、拓宽国际视野。课程思政元素的选择要具有时效性,这要求教师要勤备课、不断更新案例,不断学习和理解新的形势与政策,与时俱进。专业课程的内容也要随着前沿问题的变化而更新,并结合时事热点和时代精神,甚至是社会热点和学科争议,来挖掘和融入课程思政元素,从而让学生更好更快地领悟和接受相关知识和价值。

例如,在"地质环境问题与地质灾害"部分,可以结合当前百年未有大变局的时代背景,进行课程思政元素设计。当前,非传统安全问题日益突出,全球气候变化、能源安全、土地荒漠化、水资源短缺等全球性的环境问题愈演愈烈,这些现实与课本的知识相互映照,可以帮助学生拓宽国际视野,形成正确的生态观。专业教育和思政教育的结合,不仅能激发学生的学习热情,还能引领学生在价值层面进行思考,进而引导学生树立正确的世界观、人生观、价值观。

## 三、课程思政具体实践

### (一) 更新课程大纲、教案和课件

在课程思政的改革和建设中,西藏大学环境地质学课程团队形成了一套新的课程思政版教学大纲,增设了教学目标、融入了思政元素、更新了教案和课件,对教学设计做了全面整改。

新时代的大学教育,不仅仅是教书,更是育人。要培养合格的社会主义建设者和接班人,首先应该培养学生健康的人格、良好的品德、广博的眼界、崇高的价值取向。因此,在推进课程思政的过程中,课程团队应从根本的教学大纲入手,更新和细化教学目标,在教学内容中合理融入思政元素,在以往考察知识性、理论性目标的基础上增加对价值目标的考察;要着重加大思想政治教育

杠杆,注重"德""能""才""思"的统一培养,实现知识传授、能力培养和价值引领的有机统一。①

(二) 形成一整套评价体系

评价即是导向,要实现课程思政的最终教学目标,还需要设定合理的评价体系。制定一套科学的、具体的评价体系是十分必要的,通过评价体系不断总结经验,纠正日常教学和课程思政建设中存在的偏差,及时发现实际教学中不恰当的思政元素并进行调整和取舍,有利于总结成功经验,改进不足之处。目前,课程思政还是一个比较新的内容,很多高校和教师都在摸着石头过河。作为一项系统工程,课程思政只有建立起科学的评价体系,才能长远发展。

## 四、结束语

党和政府对少数民族地区高等教育一直给予极大的关怀和支持,这些地区越来越多的孩子有机会进入大学深造学习。对于这些地区的高校来说,如何在大学四年培养出优秀的应用型人才,关键在于使培养出的学生在思想上"靠得住",只有在思想上靠得住,才能够真正用得上,留得下。因此,少数民族地区存在着日益增长的思想政治教育需求同滞后的课程建设之间的矛盾,而课程思政就是一个有效缓解这一矛盾的途径。只有充分利用专业课程的"主战场",寓价值观引导于知识传授和能力培养之中,使各类课程与思政课程同向同行,形成协同效应,才能构建全员全程全方位育人大格局,才能培养出一代又一代合格的社会主义建设者和接班人。

---

① 谢国民:《工科专业课程思政建设的路径探索》,《学校党建与思想教育》2022第1期,第72-74页。

# 面向新工科的智能交通系统课程思政建设探究

周 锐  徐礼祯  周海俊  周智冠  郑晓隆

**摘要**：课程思政建设是推进新工科建设、开展高等教育教学改革的一项重要内容，对提升课程教学效果和构建"三全"育人格局具有重要的意义。本文以"智能交通系统课程"为例，分析该课程教学存在的主要问题，在此基础上深入挖掘和运用课程包含的思政元素，从课程建设目标、要点和实践等方面开展课程思政建设，以提高学生的综合专业技能，培养学生的职业道德规范与工程伦理意识，促进我国智能交通行业的复合型人才培养，实现立德树人教育目标。

**关键词**：智能交通系统；课程思政建设；思政元素；立德树人

2020年，教育部印发的《高等学校课程思政建设指导纲要》要求高等学校

---

**基金项目**：本文系2021年广东省高等教育教学研究和改革项目"面向智慧交通技能培养的《智能运输系统》的教学改革与思政探索"、2022年深圳大学研究生课程思政示范课程建设项目"交通基础设施工程"（项目编号：SZUGS2022Szkc01）、2021年深圳大学教学改革项目"数字时代背景下智能运输系统课程的教学改革与探索"（项目编号：JG2021080）、2022年深圳大学聚徒教学导师项目"空天地一体化监测技术在轨道交通结构病害识别的应用"（项目编号：803/0000311664）研究成果。

**作者简介**：周锐，博士，深圳大学土木与交通工程学院副教授，研究方向为交通基础设施安全运维。

推进课程思政建设,将思想政治教育融入专业培养方案里面,实现"价值塑造、能力培养、知识传授"三位一体人才培养。当前,我国新工科的建设,需要更广泛的学科交叉融合。这不仅给交通工程专业学生带来了更多的就业机会,也对他们提出了更高的人文素养、科学素养、职业素养要求。

"智能交通系统"课程是培养智能交通专业人才的核心课程之一,是交通工程专业的一门重要专业课程。但是,现有的智能交通课程在教学中存在局限性,例如,思政教育在教学全过程中的实施力度不够、师资队伍配备不足、启发式思政教育不强,导致专业知识与思政教育结合度低、育人效果差等问题①②③④⑤。本文在《高校思想政治工作质量提升工程实施纲要》指导下,根据新工科建设的要求,挖掘智能交通专业知识中蕴含的思政元素,将思想政治教育融入专业课程,进一步明确课程的思政教学目标,改进现有的教学模式和评价方式,探索智能交通系统课程思政建设有效方案。

## 一、课程教学存在的问题

"智能交通系统"课程主要介绍智能运输系统的基本概念、发展现状、理论基础、关键技术、体系框架及其各个子系统应用,涉及通信与信息技术、传感技术、电子技术、大数据分析、人工智能技术等多学科知识。然而现有的课程体系缺乏思政相关内容,教学手段较单一,具体表现如下。

### (一) 教学内容不够与时俱进,缺少课程思政内容

目前,大多院校使用的教材虽为新版的《智能运输系统概论》(第4版,于德新主编),但教材里面理论概念多而实践知识少,讲述的现代信息技术仍较为落后且主要关注道路交通应用,近年来的深度学习方法、数字孪生模型、元

---

① 金辉:《新工科背景下智能交通系统课程教学改革的有效措施——以苏州大学轨道交通学院为例》,《西部素质教育》2021年第21期,第1-3页。

② 朱菊香、张赵良、潘斐、罗丹悦:《新工科背景下轨道交通类专业课程思政的探索与实践——以"城市轨道交通概论"课程为例》,《教育教学论坛》2022年第18期,第109-112页。

③ 赵燕、张广娜:《课程思政下智能交通技术专业协同育人培养模式构建》,《速读》2021年第22期,第92-93页。

④ 王楠、吴国伟、祁文洁:《〈城市轨道交通概论〉课程中思政元素的设计与探索》,《科技资讯》2020年第12期,第154-156页。

⑤ 周锐、赵宇航、林亦楠、王嘉伟、殷洪章:《轨道交通基础设施课程思政的设计与建设》,《科教文汇》2021年第36期,第99-101页。

宇宙等新兴技术在教材中还没有相关的介绍与案例，轨道交通的智能化部分没有突出呈现，使得学生对轨道交通等不同交通方式的掌握不够全面；更重要的是，现有的教学大纲和教学内容基本没有思政内容，因此亟须对课程内容的思政部分进行补充完善，不仅引导学生树立科技报国的理想和培养科学思维的理念，还要提高学生的道德品质、思想水平和政治素养。

（二）教学手段和课程考核方式单一

现有的智能交通系统课程教学大多采用"填鸭式"多媒体或板书教学，导致学生对学习专业知识和思政知识的兴趣不高，无法发挥其主观能动性，教学效果差。因此，需要通过讨论小组、典型案例、研究报告等多样化的教学方法，增强课程内容专题的互动性，提高学生的自主创新能力。此外，现有的课程考试方式过于注重理论知识的考查，缺少对学生动手能力和实践能力的锻炼，因此，需要采取过程式的考核方法，重点培养学生的创新实践能力，让考核结果更加客观公正。

针对上述教学中存在的突出问题，结合新工科中交通领域交叉人才培养的新要求，课程教师应通过明确课程思政建设目标、补充课程思政内容要点、加强课程思政实践应用，既让学生掌握智能交通行业的新概念、新技术与新发展，也对学生的价值观念、言行举止和职业规划发展等产生潜移默化的影响。

## 二、课程思政建设的目标

"智能交通系统"课程的主要目标是使学生掌握智能交通系统体系框架、各智能交通子系统应用及其关键技术，了解国内外智能交通系统的发展现状与趋势、基础理论、标准化与评价方法，领会智能交通系统在提高交通运输水平方面的重要作用；通过介绍国内外典型案例，使学生在交通工程技术领域具有扎实的知识和能力，具备从事智能交通系统相关研究和应用管理的能力。

课程教师应基于三全育人的建设目标，结合课程特点，进一步完善课程思政建设的目标：第一，激发学生对智慧交通行业的兴趣与信心，培养学生科技报国的爱国主义精神；第二，培养学生严谨踏实的工作风格、吃苦耐劳和乐于奉献的精神；第三，提升学生理论结合实践的能力，引导学生积极利用新一代信息技术进行创新实践应用，从而成长为具有科学素养、职业素养、人文素养的复合型人才。

## 三、课程思政建设的要点

"智能交通系统概论"课程内容主要包括国内外智能交通系统的体系框架、四大基本理论和九大系统平台,详细介绍了交通大数据、智能驾驶、车联网、车辆定位等七大关键技术,以及智能交通系统的标准化和评价等。笔者团队针对课程内容的具体分布,注重挖掘与每章节重要知识点息息相关的思政元素点,如表 1 所示,将"云大物移智区"(云计算、大数据、物联网、移动互联网、人工智能、区块链)新一代信息技术和思政元素融入专业知识要点中,重构课程内容的概念原理、关键技术和系统应用,并将其贯穿到课程教学的各个环节,不断完善该课程的思政内容,提升润物无声的教学与育人效果。

表 1 融合课程主要知识点与思政元素

| 序号 | 课程要点 | 思政元素 | 教学方式 | 教学目的 |
| --- | --- | --- | --- | --- |
| 1 | 智能交通系统的发展现状及趋势 | "四个自信"、工匠精神 | 解读《交通强国》《超级工程》等纪录片 | 使学生熟悉智能交通发展史,增强学生专业兴趣和热情 |
| 2 | 智能交通的体系框架 | 绿色交通、时代和人文精神 | 启发、对比分析、小组讨论 | 引导学生严格遵守规章制度,培养学生的责任感和使命感 |
| 3 | 智能交通的理论基础 | 百折不挠、追求创新的精神,运用马克思主义观点分析问题和解决问题的能力 | 线下讲授、云课堂授课 | 培养学生的科学思维的品质和吃苦耐劳的精神 |
| 4 | 智能交通的关键技术 | 科技创新、科技强国、大国工匠精神 | 实体模型展示、案例分析 | 使学生体会工程师精益求精的追求,增强创新意识 |
| 5 | 智能交通的系统应用 | 解放思想、求真务实、团队合作、积极探索的科学精神 | 实体模型展示、案例分析、小组讨论 | 鼓励学生追求进步、做时代新人 |
| 6 | 智能交通的标准与评价 | 职业规范、安全意识、工程伦理 | 线下讲授、解读纪录片 | 使学生了解"中国标准" |
| 7 | 智能交通的应用实践 | 理论联系实际,敬业、诚信、友善的社会主义核心价值观 | 现场实践、案例分析、小组讨论 | 培养学生奉献社会、服务人民的人生观 |

### (一) 展示智能交通发展史,加强政治意识教育

在向学生介绍发达国家智能交通系统的发展现状时,也展示我国近年来智能交通系统的快速发展事实,以加强学生的政治意识教育。我国的智能交通研究开始于 20 世纪 70 年代末,最初都是引进国外先进的交通控制系统。经过近 50 年的快速发展,在国家科技项目的资助下,我国智能交通系统行业的整体水平得到了不断的提升,形成了适用于我国智能交通系统领域的研究队伍和机构。例如,ETC 建设已经覆盖了全国 31 个省份,截至 2021 年底超过 3 亿用户,平均使用率超过 85%,接近国际最高水平。而且第 29 届智能交通世界大会也在我国苏州举办。这些成果有利于进一步增强学生的荣誉感和责任感,使其对智能交通行业的前景充满信心和兴趣,激发大家勇于投身我国的智能交通行业。

### (二) 宣扬交通行业优秀人物,加强人文素养教育

在课程讲述过程中宣扬交通领域的优秀人物,充分发挥他们在立德树人方面的榜样作用,以加强学生的人文素养教育。近年来,我国智能交通行业涌现了大批优秀科学家和工程师。例如,东南大学王炜教授对智能交通的发展做出了较大贡献,如创设城市交通管理规划理论方法,打造虚拟交通系统仿真平台,以及提出城市交通规划定量化分析和公交主干线绿波通行技术;深圳市金溢科技股份有限公司创始人及董事长罗瑞发是我国电子不停车收费(ETC)领域的第一代开拓者,是物联网和智能交通领域先行者,并获得了"中国标准创新贡献奖"。宣扬交通行业优秀人物,可以使学生更加了解他们的成长史,从而不断地向优秀人物学习,积极为行业和社会做贡献。

### (三) 解析关键技术内核,加强技术思想教育

通过典型应用案例解析智能交通关键技术的内核,展示我国如何实现科技创新,以加强学生的技术思想教育。例如,为了摆脱对 GPS 的依赖,我国先后发射了超过 50 颗卫星,独立自主建设了北斗卫星导航系统,并形成了一个初具规模的北斗导航产业集群,和美国 GPS、俄罗斯 GLONLAS、欧盟 Galileo 共同组成了成熟的全球卫星导航定位系统。此外,在 5G 建设方面,我国华为公司不仅掌握着全球最多的 5G 专利,而且还是唯一可以提供 5G 端到端技术解决方案的供应商。这些案例说明只有科技创新才能使祖国走向强大,从而强化学生勇于变革、精益求精的意识,激发人才自主创新的活力,激励他们奋

力破解交通领域的无人驾驶、超导磁悬浮、超高速商用飞机等"卡脖子"难题。

（四）学习交通安全事故，加强职业情怀教育

通过展示交通领域的重大安全事故，加强学生的职业情怀教育。例如，2022年3月21日，一架东航波音737-800客机在广西梧州市莫埌村坠毁，造成MU5735航班上123名乘客和9名机组人员全部遇难；2022年6月4日，由贵阳北开往广州南站的D2809次列车由于在高速运行中撞上突发溜坍侵入线路的泥石流，在贵广线榕江站进站前发生脱轨，造成2名列车人员和10名旅客受伤，1名动车组司机不幸殉职；2022年6月22日，一辆蔚来测试车辆从上海创新港停车楼三层坠落，造成2名试车员死亡。这些典型事件充分显示了保障交通安全的重要性，可以强化学生的交通安全意识，增强学生的交通安全责任感，培养学生科学严谨的职业素养。

## 四、课程思政建设的实践

（一）线上线下教学中强调思政教育理念

制作课程视频等电子资源，方便学生线上了解国内外智能交通系统发展历程、理论基础和相关的系统应用，随时查看和学习课程知识，从而培养学生的爱国主义热情；通过介绍近年来我国智能交通系统建设取得的成就，来激发学生的专业自信和荣誉感；为了帮助学生更好理解课程内容的部分热点和难点，让学生成为课堂主人，通过举例解读、翻转课堂、小组讨论等形式，培养学生的终身学习能力。

（二）实习实践中融入思政教育要素

在课程实习中，带领学生参观深圳地铁、深圳公交集团、深圳机场、深圳市交通中心等重要交通机构，使学生更加直观了解如何打造粤港澳大湾区交通互通互联，让学生感受到交通系统应用的智能性和先进性，同时也发现这些子系统应用的不足（目前开放的主流软件大多是国外的），让学生意识到自己身上担负着实现卡脖子技术自主研发的重任，培养学生的爱国情怀。在课程实践中，加强学生理论联系实践的训练，引导学生树立安全意识与承担安全保障责任，培养学生的自主创新能力、善于发现和解决问题的能力，以及吃苦耐劳和团队合作的精神。

### (三) 课程考核要体现思政教育成果

破除唯传统期末考试论，深化过程考核机制，采取期末考试和课程报告相结合的考核方法，且课程报告的权重更大。在期末考试中，题目要体现出科技创新、大国工匠、安全意识、行业规范等内容，课程报告中注重考查学生的团队合作、严谨诚信、大胆创新、操作规范等素养。教师要具有评估的意识，并能采取有效手段对课程思政达成情况进行评价，检验过程性思政教育的效果，从而建立客观公平的全过程考核评价方法。

## 五、结论

智能交通系统作为交通工程专业的核心课程，须面向新工科的建设要求，通过融合专业知识与思政元素，从教学目标、内容设计、实习实践和考核方式等方面进行课程思政改革，实现润物无声的思政教育，这样才能更好地适应我国智能交通行业发展对创新型人才的需求。在笔者团队近三年的课程思政实践中，学生的课程成绩、就业率均有明显的提高，学生的精神面貌焕然一新，老师的课程测评方式更加全面完善，取得了良好的教学效果，可为同类交通工程专业的课程思政建设提供重要的参考。

# 首届全国"课程思政教学研究"学术研讨会邀请函

尊敬的老师：

全面推进课程思政建设是新时代全面贯彻党的教育方针的必然要求，是落实立德树人根本任务的重要举措。2020年5月，教育部印发了《高等学校课程思政建设指导纲要》，要求在全国所有高校和所有学科专业全面推进课程思政建设，构建全员全程全方位育人格局。当前，全国各高校在全面推进课程思政建设方面取得了不少成绩和经验，也存在一些疑难和问题。鉴于此，华中科技大学哲学学院和华中科技大学课程思政教学研究中心发起全国"课程思政教学研究"学术研讨会。首届全国"课程思政教学研究"学术研讨会将于2023年3月10—12日召开，鉴于您在此领域所做出的卓越成绩，诚挚地邀请您前来参加会议。

一、会议时间:2023年3月11日（星期六）。

二、报到地点:华中科技大学8号楼。

三、日程安排:3月10日报到，3月11日举办会议，3月12日离会。

四、会议形式:线下线上相结合。

五、会议费用:会议统一安排食宿，交通费、住宿费自理，其他费用由承办方承担。

六、会议主题:课程思政教学研究。

七、分主题包括但不限于：

(1) 课程思政理论研究；

(2) 课程思政实践探索；

(3) 课程思政教案设计；

(4) 课程思政问题争鸣；

(5) 课程思政政策解读；

(6) 其他课程思政有关问题。

八、回执提交：请于2023年2月20日前将与会回执通过电子邮件发至：kcszjxyj@hust.edu.cn。

九、论文提交：请于2023年2月20日前将参会论文全文电子版发至以上邮箱，并在邮件名中注明"参会论文"字样。优秀论文将择期在《课程思政教学研究》发表。

十、联系人：

舒年春：87557744  18702714596

杨思嘉：13971065108

期待诸位老师参加，共襄盛会。

华中科技大学哲学学院

华中科技大学课程思政教学研究中心

2022年12月30日

与会回执

| 姓名 | | 单位 | |
|---|---|---|---|
| 职称 | | 职务 | |
| 论文题目 | | | |
| E-mail | | | |
| 联系电话 | | 备注事项 | |

# 《课程思政教学研究》征稿启事

　　《课程思政教学研究》是根据《高等教育课程思政建设指导纲要》文件精神，由华中科技大学主管、华中科技大学哲学学院主办，于2021年创刊的思想政治教育类专业性学术集刊。本刊旨在为高等学校全面推进课程思政建设搭建理论平台，为课程思政教学提供理论支撑，推动高等教育高质量发展，服务于高等学校为党育人、为国育才之鹄的。

　　本刊每年出版两辑，设置有"理论研究""实践探索""教案设计""问题争鸣""政策解读""思政焦点""专题研讨""经验交流""会议综述""书讯书评""人物专访"等栏目。欢迎广大高等教育工作者踊跃投稿！

　　投稿论文要求讲求学术诚信，符合学术规范，政治立场正确，问题意识明确，观点鲜明，论证严谨，研究结论具有可靠性、原创性、前瞻性。

　　论文格式要求如下：

　　论文应具有标题、作者、摘要、关键词、正文（字数0.7万～1.2万为宜）信息。全文字体为宋体，行距为1.25倍。作者简介、基金项目和注释以脚注形式标注，注释须每页重新编号，编号采用带圈数字（①②③……）。引用文献须加详细注释（注释为图书的，应包括作者、书名、出版社、出版年、引文页码；注释为论文的，应包括作者、论文标题、来源期刊、出版年/卷/期、引文页码；注释为报纸文章的，应包括作者、文章标题、来源报纸、出版日期、引文版面；注释为网络文献的，应注明作者、文献名称、网址、发表日期）。其他体例可参照本刊刊发的论文。

　　文末请附作者详细通信地址、电话、邮箱，便于联系和寄送样刊。

　　作者可通过本刊编辑部邮箱投稿（邮箱：kcszjxyj@hust.edu.cn），投稿论文应为word文件。联系电话：027-87557744。

　　本刊实行专家双向匿名审稿制度。论文重复率不得超过20%。严禁一稿两投。

　　本刊不收取版面费、评审费等任何费用，论文一经采用，即酌情支付稿酬。

《课程思政教学研究》编辑部<br>
2022年12月